中国人民大学科学研究基金（中央高校基本科研业务费
项目批准号：13XN1002
项目名称：意见证据制度在我国的构建和完善

■ 李学军 朱梦妮 等 著

法学理念·实践·创新丛书

意见证据制度研究

中国人民大学出版社
·北京·

意见证据制度研究

前　言

　　威格摩尔先生在其著作《司法证明原则》① 的扉页上讲述了一个关于"证据科学"（the Science of Evidence）的故事：

　　　　古德曼问内务大臣："您是否曾经关注过证据科学？"内务大臣相当困惑，他反问道："您的意思是指什么？我很难认为证据是一门科学；我将它视为一个常识问题。""请您见谅，先生。"古德曼回敬说："在我看来，证据是所有科学中最为精妙、也最为繁难者。实际上，它是科学中的科学。正如培根和密尔所言，归纳逻辑的全部不过是评估证据价值的一种努力，这里的证据就是造物主所留下的痕迹。能否这么说呢？造物主已经——这么说是因为我心怀敬畏——以无数的虚假线索掩盖了这些痕迹。但是，真正的科学家在探索大自然的奥秘之时，将会拒绝被那些不实的表象所遮蔽。"

---

　　① 该书在威格摩尔先生（John H. Wigmore）生前共出版了三版，分别是：1913 年的第 1 版和 1931 年的第 2 版，这两版全名均为《建立在逻辑学、心理学和一般生活经验基础上的司法证明原则》；1937 年的第 3 版则更名为《司法证明科学》。

在我国，20 世纪 70—80 年代出版的一批《证据学》教材被视为传统证据法学研究的开端，可是之后的十余年间，相关理论探讨与制度建设几乎陷于停滞。直至 90 年代中后期，证据法学研究才很大程度上因受一些暴露出的冤假错案的"锥心刺激"以及我国大力开展的证据立法工作之需要而步入繁荣时段，并在近年来逐渐成为诉讼法学领域的一门"显学"。置身这片方兴未艾的学术景象之下，有一个现象引起了我的注意和思考：同样是英美法系现代证据制度的重要组成部分，相较于非法证据排除制度、传闻证据制度、品格证据制度、作证特免权制度、最佳证据制度等其他证据制度而言，意见证据制度在我国法学理论界得到的关注及在法学实务界适用的现状，均远远没有达到其应有的程度和效果。我们从意见证据的一般规则——"事实证据可以采纳，而意见证据，即包括推测、评价和结论在内的从所知事实中做出的推论不得采纳"在我国的构建和发展过程中就可见一斑。

在立法层面，关于普通证人意见的该规则可谓长期处于边缘地带。从时间上看，它最早确立于民事诉讼领域，2002 年 4 月 1 日起施行的最高人民法院《关于民事诉讼证据的若干规定》（以下简称《民诉证据规定》）第 57 条规定，"出庭作证的证人应当客观陈述其亲身感知的事实"，"证人作证时，不得使用猜测、推断或者评论性的语言"。同年 10 月 1 日起施行的最高人民法院《关于行政诉讼证据若干问题的规定》（以下简称《行诉证据规定》）第 46 条也有类似要求。但 2012 年修订的《民事诉讼法》、2014 年修订的《行政诉讼法》中均没有提及相关内容，与此新法配套实施的司法解释就此也未有只言片语。在刑事诉讼领域，由最高人民法院、最高人民检察院、公安部、国家安全部、司法部联合发布、2010 年 7 月 1 日起施行的《关于办理死刑案件审查判断证据若干问题的规定》第 12 条参照前述《民诉证据规定》和《行诉证据规定》，在指出"证人的猜测性、评论性、推断性的证言，不能作为证据使用"的基础上，进一步规定了"但根据一般生活经验判断符合事实的除外"。尽管包括该例外在内的第 12 条规则后来被最高人民法院《关于适用〈中华人民共和国刑事诉讼法〉的解释》第 75 条完全吸收，但是其重要意义并没有被深刻挖掘、未获得足够重视。

在司法层面，法院对普通证人意见证据的取舍则较为模糊和混乱，远

未形成统一标准。裁判文书显示：一方面，以"我怀疑""我估计""我猜测"等习惯性表述为典型表征的意见证据，是认定被告人主观方面、责任能力以及犯罪事实中的因果关系等事实的重要根据。例如，"我猜是被占地的十七户人家破坏了铁丝网""因为我们认识，我就总去卖，他们也没说啥，但是我感觉他们应该知道这些东西来路不正""同村何某某上午在家附近转悠，可能是他偷的"等证言，均被法院作为与案件具有关联性、经庭审质证且予以确认的证据。另一方面，针对类似待证事实的类似推论，在不同案件中却得到大相径庭的处理结果。例如，在一起故意杀人、窝藏案中，证人证言"我找不见人便怀疑是不是秦某某把我们家孩子害了。因为秦某某和我姐刘一某婚后关系一直不好，我丈夫也爱管这事，并去他家砸过一次，对此秦某某可能对我丈夫有成见"被法院采纳了；但在另一起故意杀人、盗窃案中，证人证言"我见过曾某乐的男朋友，他容易冲动，对于曾某乐的死我怀疑是曾某乐的男朋友所为"却被法院排除了。而这两个主观推断被区别对待的深层次缘由，我们则不得而知。

　　同样的，有关鉴定意见、专家辅助人意见的审查、判断规则，在理论的架构及实务的运用中也存在着这样、那样的问题，进而影响到相关案件的公正处理和相关证据制度的科学、有机架构。

　　由此可见，我国有关意见证据的审查规则和评判标准亟待梳理、澄清和规范，以使相关规则体系与制度建设更加科学、严谨和缜密。而这无疑有赖于理论研究与实践经验之间的良性互动。可惜的是，目前我国结合实证展开的意见证据制度研究总体上较为薄弱，数量不多、深度也有限。可以说，实务工作者对意见证据规则的视而不见和无所适从，与理论研究者对相关制度研究的遗忘和冷落有很大关系。换言之，理论探索没有从既有的一线办案中汲取足够的智慧养分，也无法为未来的司法工作提供必要的理论指导。有鉴于此，本书旨在对意见证据制度的价值内涵、法理精要、基本规则等理论内容及其在司法实务中的适用现状、所存不足、完善路径等实践问题进行研析，以期重新焕发该制度的鲜活生命力。

　　应当看到，作为舶来品，诞生于英国、发扬于美国的意见证据规则，需要与我国特色的法制框架相融合、与我国独特的司法土壤相适应，才能完好地嵌入在内、紧密地扎根于此。而其中涉及的一个主要问题就是意见

证据规则指向的对象，它也直接影响到本书的内容体例安排。

顾名思义，在英美证据法上，意见证据规则所规制的是证人的意见，证人又分为普通证人和专家证人。一般来说，意见证据不得被采纳；当然，但凡规则，往往会衍生出一些例外。这里最为重要的例外之一，即专家证人可以基于科学、技术或其他专业知识，在符合法律要求的情况下出具专家意见证据，以证明专业领域的相关事实。同时，对于普通证人的意见，普通法通过判例或法典也确立了例外情形，主要包括两种：一是关于某些特定事项，例如辨认身份、个人印象、家族血统、婚姻关系、本人自身状况及某人品行好坏的意见等，在满足相应法定条件时准允采纳；二是普通证人在自己的知识和能力范畴内，依据自我经验对一定事项所作的意见证据，可以得到容许。

鉴于我国采用的是狭义的证人概念，故前述援引的民事、行政和刑事诉讼中针对普通证人意见的证据规则，被普遍认为仅指向于了解案件事实情况的第三人的猜测性、评论性或推断性证言，至于诉讼当事人所做陈述或供述中的意见是否应受限制、如何认定和规范的问题则留下了法律空白。又鉴于我国主要借助建立鉴定制度来应对诉讼中出现的专门性问题①，该制度下生成的鉴定意见——有专门知识的鉴定人利用多种科学方法或仪器设备，经检验、分析后围绕与案件有关的专门性问题得出的推断，属于法定的证据形式之一；而证人证言是另一种法定的证据形式，故现有关于域外意见证据制度的比较研究，通常会将其规则体系内的普通证人部分与专家证人部分分开，例如单独抽离出专家意见证据规则来探讨它与我国鉴定制度的冲突、交叉之处和解决、完善之道。

我们认为，关注狭义证人意见的适用或者鉴定意见的审查判断固然重要，但考虑到普通意见证据与专家意见证据在一定程度上的同质性，很多问题有必要站在意见证据规则的制高点上、将两者整合为一个有机整体加

---

① 尽管我国的法律没有明确而又直白的规定，但从三大诉讼法以及相关的法律、法规可以看出，它们通过各种法条表达了这样一个基本原则，即"诉讼中的专门性问题由具有专门知识的人来解决"。以鉴定的方式由鉴定人给出鉴定意见，是该原则的一个具体而又主要、并重要的体现，但却不是唯一的体现。事实上，建立专家辅助人制度、聘请具有专门知识的人在侦查人员的主持下勘验现场等等，均是该原则的具体表现。

以统一分析，此时，研究视阈会豁然开朗，并随之迸发出新的思维火花、启迪出新的认识答案。例如，关于意见证据规则的法律基础，传统观点多认为，排除意见证据的正当理由主要在于其与待证事实缺乏相关性及防止僭越事实裁判者的权力。如果说，这尚可以对普通证人意见规则做出解释的话，但当我们同时考虑意见证据规则对专家证人意见的容忍态势时，便会发现，对相关性的质疑及事实裁判职能被侵犯之疑虑并不是意见证据规则决定取舍意见证据的根本原因——真正的关键，是事实认定者的"能"与"不能"：受知识和经验的局限，面对自己无以、即"不能够"自行给出判断的专门性问题，事实认定者只好"忍痛"暂且让渡自己的裁判职能交由具有专门知识的专家们比如说鉴定人去解决，由他们给出有关的意见即判断；而面对自己的知识、经验等足以解决，也就是"能"自行解决的问题时，事实认定者自然不需要普通人来置喙，所以普通证人的"我认为""我猜测"等等，无疑就是多余的，就应该被排除。该逻辑起点也能够对普通证人意见证据规则的例外给出令人信服的论证。再如，由于诉讼模式的天然差异，移植专家证人制度在我国确实存有一定困惑并招致反对声音，但在合理借鉴的基础上进行本土化改造，则是当下深化推进的司法体制改革所提倡和鼓励的。2012 年先后修订的刑事诉讼法和民事诉讼法，在鉴定制度之外正式构建了专家辅助人制度，进一步扩展了专家介入诉讼的方式，为我们开辟了广阔的制度创新天地。由此，参与诉讼就涉案鉴定意见或专业问题发表意见的专家辅助人，就可以与鉴定人一起，共同对应于英美法系的专家证人范畴。在专家证人意见证据制度的视角下考虑专家辅助人及其意见的证据属性、审查规则和评断标准等问题，也能实现理论自洽和实践可行。

同时，不难发现，在国内引介英美证据制度的论著中，意见证据规则常常与传闻证据规则、品格证据规则、相似行为证据规则被安排在一起。但这些既有研究多止步于对相关规则内容的分别阐释，没有进一步分析意见证据规则与其他三者间的并存及分界关系，而这显然是深入理解意见证据规则之内涵与外延的理论契机。此外，制度的构建与完善并不能仅仅停留在证据规则层面，意见证据规则在我国的贯彻落实还仰赖于配套制度的协调跟进、匹配运作，尤其是在当前"以审判为中心"的诉讼制度改革浪

潮中。因此，证人出庭作证制度、鉴定人出庭作证制度、专家辅助人制度的立法背景、主要内容、适用现状和发展完善等，无疑也是意见证据制度的研究重点。

综上可知，作为证据科学的有机组成部分，意见证据这一主题在我国学界虽少有人涉足，但其相关内容一如古德曼先生的评价用语所言——精妙且繁难。而《意见证据制度研究》这本书，正是在我国司法语境下围绕该领域展开全面和系统研究的一种努力。

《意见证据制度研究》一书，是本人承担的中国人民大学科学研究基金（中央高校基本科研业务费专项资金资助）项目"意见证据制度在我国的构建和完善"（项目批准号：13XN1002）的最终成果。

本书依章节顺序，作者分别是：

朱梦妮（中国矿业大学（北京）文法学院讲师）：第一章；

李学军（中国人民大学法学院教授）：第二章；

梁坤（西南政法大学刑事侦查学院副教授）：第三章；

杜春鹏（中国政法大学刑事司法学院副教授）：第四章；

徐月笛（山东师范大学法学院讲师）：第五章；

张鸿绪（中国人民大学法学院博士生）：第六章。

全书由李学军和朱梦妮两人负责体例的确定和最后的修改定稿，中国人民大学法学院的林倩博士生参与了书稿的审校工作。而在本书撰写之前，何家弘教授、刘品新教授也给予了很好的意见。

在此，我谨代表全体作者向何老师、刘老师，以及中国人民大学科研处对我们研究工作的支持表示诚挚的感谢，并对中国人民大学出版社各位编辑们的辛苦工作表示衷心的感谢！同时，也期待读者们就本书给出批评及建议！

李学军

2018 年 2 月

目　　录

第一章　意见证据制度概述 …………………………………… 1

一、意见及意见证据界说 …………………………………… 1

二、意见证据的特征要素 …………………………………… 5

三、意见证据制度的基本内容 …………………………… 15

四、意见证据制度的价值意义 …………………………… 35

第二章　意见证据规则精要 ………………………………… 44

一、问题的提出 …………………………………………… 44

二、意见证据规则的法理基础 …………………………… 47

三、普通证人的意见与事实之区分 ……………………… 57

四、专家鉴定意见的可靠性判断 ………………………… 62

五、终极问题原则与专家意见的受限性 ………………… 71

六、意见证据规则的适用要求 …………………………… 77

第三章　意见证据规则与其他证据规则的并存及分界 …… 81

一、传闻证据规则 ………………………………………… 82

二、品格证据规则 ………………………………………… 90

三、相似行为证据规则 …………………………………… 97

四、意见证据规则与前述三种证据规则的异同 ………… 103

第四章　我国司法语境下意见证据规则的配套制度 ……… 120

一、证人出庭作证制度 …………………………………… 120

二、鉴定人出庭作证制度 ………………………………… 133

三、专家辅助人制度 ……………………………………… 143

第五章 | **普通证人意见的审查判断** ················· 157

一、普通证人意见审查判断的基础理论 ············· 158

二、普通证人意见的运用现状与审查判断 ··········· 162

三、普通证人意见排除的规范分析 ··············· 175

四、刑事被害人陈述、被告人供述中意见的审查判断 ···

················· 187

第六章 | **专家证人意见的审查判断** ················· 192

一、专家证人意见概述 ····················· 192

二、鉴定意见的审查判断 ··················· 199

三、专家辅助人意见的审查判断 ··············· 214

意见证据制度研究

第一章　意见证据制度概述

一、意见及意见证据界说

　　普通法制度上的证据规则，严格坚持着对于证据是否最为可靠这一问题的审查判断。证据信息必须来源于证人的亲身目睹或者直接感知，就是这种严格态度最早和最有影响力的表现之一，投射到中世纪法律的古老规则上，即促成了意见证据规则（opinion evidence rule）的诞生。作为普通法中的一般规则，意见证据规则又称意见证据排除规则，概言之它要求证人只能就其切身感知的事实发表陈述性证言，明确禁止证人就已经发生而尚待证实的案件争议事实发表意见。显然，对于该规则及以之为核心构建的意见证据制度的认知和理解，需要从意见及意见证据的界说谈起。

　　（一）事实陈述与意见表达

　　从信息的基本组成结构角度上看，人们的言论内容可以划分为两个维度——事实陈述与意见表达。就前者来说，核心词"事实"由"事"与

"实"组合构成：事，指事情、事件、事物；实，指真实、实际、实在。①相应的，事实陈述主要强调的是人们对已经发生或正在发生的事件、事情及其过程、状态等的客观描述，不掺杂主观色彩。而就后者来说，中心词"意见"是关于事物的一种看法、见解、概括或者立场等。与此相关的意见表达，主要突出的是人们以自己的观察、感知方式对某事实做出的主观评估，其特征落脚为一种评价性表态。②

在日常生活中，人们的言论内容往往并不会刻意区分事实陈述与意见表达，例如，"他常常不能按时下班，工作非常繁忙"，这句话中就夹杂着"经常加班"的客观描述和"工作繁忙"的个人评论。一定程度上说，人们之间的语言交流就是在事实陈述及建立在此之上的意见表达中发生与延续的。但在有的专业领域，事实与意见间的界分因意义重大而受到关注。例如在新闻界，事实与意见间的分离可谓是现代新闻事业迈向职业化发展的重要推动力，并由此诞生了客观主义新闻报道思想。③法学界同样重视事实与意见问题：以宪法中的言论自由为例，确定受该基本权利保护的言论范围及其提供的保护程度时，一种基本的论证结构就是区分出意见表达和事实陈述。而另一个特别强调须区分事实与意见的法律部门即证据法，其相对应的规则内容就集中体现在意见证据之上。

（二）证据法中的意见证据

那么，何谓意见证据？查阅英美法相关文献后可知，证据法意义上的"意见"经历了一段概念演进过程。在最早孕育意见证据规则的18世纪以及更早些时候的英国法院的司法实践中，其所反对的"意见"对象的最基本、最重要的含义为"并非亲身所见所闻"或者"没有证据或某种知识去说服别人"，换言之，意见即证言中缺乏根据的内容。④例如，法官会告知证人："我们需要的是你所了解的事实，而不是你自己认为或者相信的

---

① 高家伟．事实与真实的语义之辩//诉讼法学研究：第12卷．北京：中国检察出版社，2007：9-10.

② 汪志刚．德国法上的意见表达和事实陈述的区分．北方法学，2011（3）：156.

③ 李秀云．事实与意见：新闻报道思想历史演进的内在逻辑．内蒙古大学学报（哲学社会科学版），2008（4）：104.

④ 斯特龙主编．麦考密克论证据：第五版．汤维建，等译．北京：中国政法大学出版社，2004：26.

事实，那是纯粹的意见。"① 可以说，最初对意见进行质疑和反对是基于这样一种观点——证人陈述的背后没有根据、陈述的内容缺乏知识，显然，此时证人所提供的案件事实无法满足真实、可靠和有效的条件。而该指向证人证言的要求，"仅仅是对于一般的证言能力原则的一种特殊适用"，现代证据法意义上的"意见证据"的含义与其相差甚远。②

意见证据的现代内涵转型发生在 19 世纪中期，从此时开始，对于"纯粹的意见"的排斥就局限在了超越源于事实的客观感知或直接观察而更进一步的见解和猜测这样的范围内。③ 这主要采用和依循了美国司法实践中对"意见"的理解，即特指证言中未经完全证实的推论性内容，这些看法、推断、概括或结论等的总和就被称为"意见"，与之相对的是证人就自己所了解的案件事实而作的客观性陈述。④ 正如麦克威（McKelvey）先生的阐释："证人基于直接呈现于其感官之上的事实所做出的关于争议事实是否存在的推论，在法律上被称为'意见'。证人对于该推论的陈述就是'意见证据'。"⑤ 该内涵转型也使证人和事实裁判者间的职责区分得以明确：意见的本质是对事物的潜在归纳概括，而法律将作出相关的归纳概括并决定其价值的权力赋予了裁判者，证人的工作只是准确复述所发生的事实，其不应篡夺或侵犯事实裁判者的权力。英美法系有关意见的规则正控制着这一界限。⑥

我国的证据制度建设起步较晚。意见证据规则自 2002 年《最高人民法院关于民事诉讼证据的若干规定》（以下简称《民事证据规定》）的出台才被纳入我国的证据规则体系内，并经同年《最高人民法院关于行政诉讼证据若干问题的规定》（以下简称《行政证据规定》）和 2010 年《关于办

---

① 柯克（Coke）先生在 1622 年发表的著名论断就指出："证人不应该用他'认为'或者'自己相信'这样的字眼。"

② 李培峰，潘驰.英国证据法史.北京：法律出版社，2014：95 - 96.

③ 斯特龙主编.麦考密克论证据：第五版.汤维建，等译.北京：中国政法大学出版社，2004：26.

④ 薛波主编.元照英美法词典：缩印版.北京：北京大学出版社，2013：1006.

⑤ JOHN JAY MCKELVEY, Handbook of the law of evidence. 2d rev., 1907：216.

⑥ RONALD J ALLEN, RICHARD B KUHNS, and ELEANOR SWIFT, Evidence：text, problems, and cases. Fourth edition. New York：Aspen Publishers，2006：610.

理死刑案件审查判断证据若干问题的规定》（以下简称《死刑案件证据规定》）的相关规定而将适用范围扩充至三大诉讼活动中。分析指向意见证据的规则条款可知，我国是通过内容类型列举的方式来界定意见证据的概念，即将证人证言中的猜测性、评论性和推断性这三大类内容规定为意见证据。根据《现代汉语词典》的释义："猜测"是指凭想象估计；"评论"强调的是对已知情况的议论；"推断"则是经推测而断定，即含有结论性内容。① 具体来说：（1）当证人使用"我猜""我估摸"等字眼时，其后内容就是典型的猜测性证言。例如在某涉毒案件中，就毒品由谁带进房间的问题，证人说"我们四人进入房间时吸毒的瓶子和工具已经在房内，我猜测是那个身材偏瘦的男子带去的"；再如在某敲诈勒索案件中，过往路人被要求描述案发场景时表示"我估摸着他们就是'碰瓷'的"。这些都是缺乏事实支撑的主观见解。（2）评论性证言中包含着证人对于客观事物的个人看法，此时证人往往会借助一些简洁、抽象、凝练的形容词来表达意见。例如在某以危险方法危害公共安全案件中，证人作证指出"一辆白色的水泥罐车飞快地沿工程兵大道从东往西开，当时车子速度很快，没一点减速的意思"，这就是对案发车速的评论；再如在某争议焦点为是否正当防卫或防卫过当的故意伤害案件中，证人说"甲像疯了一样向乙扑过去，于是乙拿起一根木棍抵抗"，这就是对甲精神和行为状况的主观评价。（3）当证人给其目击所得或耳闻内容添加一个自认为是重要部分的总结时，证人表达的即为一种推断性意见。例如在某贿赂案件中，证人在描述某争议钱款的来源和收受情况后，所附加的"我认为这是'回扣'"就不是其所观察到的客观事实；再如在某故意杀人案中，报案人在描述如何知道有人被杀、怎样进行初期核实等情况时指出："听说我们村公路边有人被杀了……我立刻拨打110报警，并组织了人员保护现场。人聚多了后，有人说看到王某某手上拿有刀。结合他脑部动过手术，有时正常、有时不正常且喜欢发脾气等，我觉得是他杀的。"这后一部分对王某某杀人的断言显然是脱离了直观陈述的意见表达。

---

　　① 中国社会科学院语言研究所词典编辑室编 . 现代汉语词典 . 6 版 . 北京：商务印书馆，2012：117, 1003, 1322.

综上不难发现，虽然我国与英美法系国家对意见证据的界定方式有所不同，但从总体上看，我国证据规则体系下的意见证据的实质内核与域外的并无多大差别。

二、意见证据的特征要素

（一）意见证据传统上的主体分类

对于意见证据，斯蒂芬先生在其 1876 年的著作《证据法摘要》中做过一段经典论述："任何人就争议事实、或与争议事实相关的、或认为相关的事实给出的意见，与事实的存在与否没有相关性。但是针对科学或艺术问题，专业人士的意见就具有相关性。"① 据此，意见证据的给出主体可以被区分为普通人和专家这两大类。

1. 主体两分的发展历程

普通人和专家是英美证据法传统上对证人的一种分类。所谓专家证人，就是"具有专家资格，并被允许帮助陪审团理解某些普通人难以理解的复杂的专业性问题的证人（expert witness）"②。

其实，在英美法系，专家参与诉讼的萌芽可追溯到 14 世纪，即现代陪审团制度的产生初期。只是当时，根据案件情况的不同，专家在诉讼中扮演的角色也时有不同。有时，专家充当着事实裁判者的身份，例如在 1351 年一起涉及食品安全的案件中，被告人被指控故意出售腐败变质的鱼，法官为了准确判断鱼是否腐败变质及被告人对之的明知状态，特意召集了一个全部由厨师和鱼贩子组成的陪审团③；有时，专家是作为专家证人的身份介入审判，例如在 1353 年一起关于严重伤害罪的起诉中，法庭对被害人的人体损伤程度及案件性质能否认定为严重伤害存在疑问，于是传唤了外科医生出庭，对伤口的严重程度发表专业性意见④；而在没有陪审团的案件中，法官有时为了弥补专业知识上的不足，还会直接聘请专家

---

① JAMES FITZJAMES STEPHEN. A digest of the law of evidence. The Macmillan Company，1906：60.

② 薛波主编．元照英美法词典：缩印版．北京：北京大学出版社，2013：515.

③ 周湘雄．英美专家证人制度研究．北京：中国检察出版社，2006：16.

④ 李培峰，潘驰．英国证据法史．北京：法律出版社，2014：96-97.

充当其顾问,来帮助解决事实认定中出现的专门性难题。① 不难发现,早期参与诉讼、发表意见的专家更宜定位于法庭的帮助者。直至从 16 世纪中期开始,英国法院允许当事人双方自行委托专家提供意见证据②,进而与我们现在对专家意见证据的理解框架基本趋于一致。

2. 主体两分的积极意义

虽然专家及其所发表意见在诉讼中的立场定位经过了一段演进历程,但美英证据法实践对于运用专家意见的积极态度,奠定了将意见证据给出主体予以两分的经验性基础,而这不仅契合了人类社会的发展规律,也尊重了司法活动的科学规律。

一方面,伴随着社会的发展、科学的进步,在生产力极大提高、生活品质极大改善的同时,纠纷焦点、诉讼争点也变得越来越多样化、复杂化和专门化。对于案件中出现的很多专门性问题,只有具备专业理论、技术和经验等的专家才有能力给予准确可靠的回答。这就要求司法对科学敞开怀抱。正如 1554 年英国斯坦福法官(Stanford J.)在巴克莱诉托马斯案(Buckley v. Thomas)中所强调的:"如果在法庭上出现了涉及其他科学或学科的事项,那么在通常情况下,我们都应寻求相关科学或学科的帮助,这种做法在法律中是一件值得称颂和推崇的事情。这表明我们并不排斥法律之外的一切其他科学或学科。"③ 可以说,对专家意见的引入成为将科学手段融入司法活动的一项创举。

另一方面,专家意见证据的诞生过程,勾勒出对普通人意见证据和专家意见证据予以区别对待的现代意见证据规则之雏形。我们发现,无论是依据"证人须提供他所知道的事实"之法谚,还是遵循"证言知识④应被排除"之原则,司法对于普通人的意见证据的初始态度就是质疑和反对;而由于专家最早就是以法庭帮助者的身份出现于诉讼之中的,因而司法对

① 汪建成. 专家证人制度研究//何家弘主编. 证据法论坛:第 15 卷. 北京:法律出版社,2010.

② LOUIS BLOM-COOPER. Expert and assessors:past,present and future. Civil justice quarterly,2002,vol.21:4.

③ 齐树洁主编. 英国证据法. 2 版. 厦门:厦门大学出版社,2014:347.

④ 所谓证言知识(Testimonial Knowledge),是指认知主体通过他人、书籍或媒体等间接渠道获得的"二手知识"。

于专家的意见言论的基本立场就是接纳和采用。可以说，上述两分做法长期以习惯和经验的形式存在于英美法系的证据运用实践中，虽然对其正当性和合理性一直未有较好的解释。① 直至 18 世纪后期，专家意见证据的可采性原因开始被深入探讨，现代意义上的意见证据规则也由此初步形成。这部分内容将在下文阐述意见证据制度的价值意义时作进一步展开。

（二）意见证据在我国的载体形式

在我国的证据规则视阈下讨论意见证据，需要格外注意我国采用的证人概念范围，它直接导致意见证据在我国的依附载体形式具有一定的特殊性。

1. 两大法系证人概念范围的差别

就实质而言，证人是因了解案件情况而向法定机构（通常是法庭）提供证据或作出陈述的人。这里的"了解案件情况"，是某人具有证人资格的基本条件，也是各国证据法对证人所下定义的共同特征。但是，证人概念之实质内涵的一致，并不等于其外延范围的相同——两大法系所采用的证人范畴大小就存在着明显差别。

在英美法系，以英国为例，其对证人概念主要持一种广义粗放的态度，表征之一就是将证人的外延扩大化，即泛指一切向司法机关陈述与案件有关情况的人。该人是否与案件有特殊的利害关系或属于特定的诉讼身份，均在所不问。② 而在大陆法系国家，其通常对证人概念采取的是狭义限缩的做法，即证人仅指了解案件事实情况的第三人，诉讼中的直接利害关系人或者其他具有特定身份的诉讼参与人，均被排除在证人之外。

我国对证人的定义亦坚持着狭义理解的原则。一方面，在我国诉讼法所规定的"证据"条款中，证人证言就特指独立于当事人及其他特定的诉讼参与人之外的普通证人所做的陈述。其他在英美法系归于普通证人之下的诉讼参与人，包括刑事诉讼中的犯罪嫌疑人、被告人和被害人以及民事诉讼、行政诉讼中的当事人，他们关于案件之有关情况的陈述，或者属于犯罪嫌疑人、被告人供述和辩解以及被害人陈述，或者属于当事人的陈述。这就导致英美证据法惯常所指的普通证人意见的范围，要远远大于我

---

① 李培峰，潘驰. 英国证据法史. 北京：法律出版社，2014：95 - 100.
② 牟军. 中英两国刑事证人制度中的两个基本问题的比较研究. 社会科学研究，2000（4）：93 - 94.

国证据规则中的证人意见之范围。

另一方面，我国证据理论和诉讼实践中并没有以专家证人为中心构建制度，就其概念内涵与外延也没有达成共识。应当看到，为了消除诉讼活动因遭遇专门性问题而衍生出的查明事实障碍，不同于英美法系确立的专家证人制度，我国（大陆法系亦同）旨在借助建立鉴定制度来解决问题。于是，鉴定意见也就作为一种法定证据形式被规定在我国的三大诉讼法中。但是，鉴于鉴定制度与生俱来的僵化性，主要即表现为国家对从事司法鉴定业务的鉴定机构和鉴定人实行着"事前"登记管理的制度模式，故我国的鉴定意见之范畴要小于英美法系的专家证人意见。而我国 2012 年修订的《刑事诉讼法》和《民事诉讼法》，在鉴定制度之外正式构建了专家辅助人制度，进一步扩展了专家介入诉讼的方式。由此，参与诉讼就涉案鉴定意见或专业问题发表意见的专家辅助人，就与鉴定人一起，共同对应于英美法系的专家证人范畴。

2. 不同载体形式的意见证据例举

由前述可知，英美法系传统证据法上的意见证据，在我国以不同的依附载体形式而"借壳"存在。这些"外壳"主要是证据规则中已规定的法定证据形式，包括证人证言，当事人的陈述，犯罪嫌疑人、被告人的供述和辩解，被害人陈述，以及书证、鉴定意见。此外，还包括专家辅助人的意见。① 具体来说，英美法系意见证据和我国不同载体形式之间的对应关系，可如图 1-1 所示。

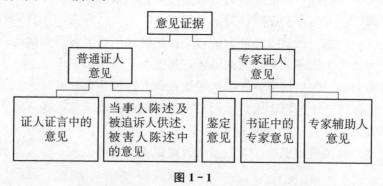

图 1-1

---

① 专家辅助人意见在我国诉讼法中的证据地位问题，目前立法上处理不同，司法上争议较大，下文对此将展开详述。

　　下面，笔者通过例举方式，来进一步阐释我国证据规则框架下的意见证据。

　　（1）证人证言中的意见，即我国狭义概念上的证人所作证言中包含的猜测、推断或者评论性内容，这在刑事、民事和行政诉讼中均有所见。例如，在庄某某与王某某的承包合同纠纷案件中，针对庄某某有无受到胁迫的心理状态，证人杨某某作证表示："你要不移交，不交出去，她这些卡贱买①掉，最后呢？庄姐就害怕你这个，她才没办法，跟你签下来，你什么条件，她都必须得签，一定是这个心理状态。"对该证言内容，法院就认为是一种猜测性陈述。②

　　（2）被追诉人供述中的意见，是指刑事案件中存在于犯罪嫌疑人、被告人供述和辩解中的猜测性、评论性、推断性内容。例如，在段某某涉嫌受贿案件中，辩护人就提出段某某的供述中有关行贿人李某某送钱之目的多次使用了猜测性表述，证据内容并不客观。③ 值得注意的是，相对而言同案犯供述中出现意见的情况比较常见，例如关于共同作案人在犯罪中所起作用的供述。

　　（3）被害人陈述中的意见，即刑事案件中被害人使用猜测性、推断性或者评论性语言所作的陈述内容。例如，在李久明冤案中，被害人最初关于凶手外形特征的描述——"蒙着面、用窗帘布裹着头，实在看不清面貌样子，身高好像一米六八左右，中等身材"就是直观感知，不是意见；但其后来指出"凶手的身高、体态和走路姿势很像自己的同事李久明"，就超出了体验性客观陈述的范围，而属于推断性意见了。④

　　（4）当事人陈述中的意见。相应的，民事案件和行政案件的当事人陈述中也可能包含判断、推测或者评论，这同样也是意见证据。例如，在夫妻离婚纠纷案件中，当事人一方关于夫妻感情状况的陈述，就常常被另一方当事人质疑使用了推断性或评论性言语，要求法院不予采信。⑤ 再如，

---

　　①　原文如此，但从意思推断，疑应为"卖"。
　　②　参见福建省高级人民法院（2009）闽民终字第 713 号民事判决书。
　　③　参见云南省福贡县人民法院（2014）福刑初字第 51 号刑事判决书。
　　④　何家弘主编．迟到的正义——影响中国司法的十大冤案．北京：中国法制出版社，2014：86.
　　⑤　例如，湖南省隆回县人民法院（2015）隆民一初字第 989 号民事判决书；湖南省隆回县人民法院（2015）隆民一初字第 1606 号民事判决书。

在张某状告某地区人民政府及信访局的行政诉讼中，原告关于被告转移支付、隐瞒截流补助款项的陈述中，所罗列的款项均为猜测性或推测性的项目，这也成为被告的质证重点之一。①

（5）鉴定意见，是指有鉴定资格的专业人员就案件中的专门问题向司法机关提供的结论性意见。可以说，鉴定意见的名称和概念已将其专家证人意见之属性表现得非常清晰和明确。但其实，鉴定意见在修正前的《刑事诉讼法》和《民事诉讼法》中的"原名"是鉴定结论。"结论"二字在汉语中有定论或最终论断的味道，从而在一定程度上"抬高"了该证据形式的证据地位，使之往往被误认为具备当然的证据能力、预设的证明效力。于是，为了改变鉴定结论之术语可能带来的不利影响，2005 年全国人大常委会颁布的《关于司法鉴定管理问题的决定》中首次用鉴定意见替代了鉴定结论；随后，司法行政管理部门颁布的与鉴定有关的各项规定中相继使用的也是鉴定意见；2010 年"两个证据规定"② 也认可了鉴定意见之称谓；最终，鉴定意见的更名在 2012 年的修法中得到了正式确认。这强调了，鉴定意见纵然是基于观察、比较、分析、检验等一系列的科学技术活动而产生，但其本质仍然是鉴定人的一种主观性认识意见，带有意见烙印，隶属于意见证据的范畴之下。

（6）书证中的专家意见。我国现行鉴定管理制度的特点决定了，诉讼中有相当数量的专门性问题，因无法找到现成鉴定机构、现成鉴定人进行鉴定，所以只得以分析报告、检测报告、业务说明等方式，来承载相关行业、领域里有专门知识者就涉案专门性问题给出的判断、分析。例如，在一起技术服务合同纠纷案中，当事人一方就出具了由某建材工业设计研究院所做的分析报告，以证明技术改造未达到合同约定的技术目标。③ 实务中，这些分析报告、检测报告、业务说明等往往被视为书证使用，但从本质上言，这些证据与鉴定意见一样，都应归属专家意见的范畴。此外，实

① 参见安徽省临泉县人民法院（2015）临行初字第 43 号行政判决书。
② "两个证据规定"是理论界和实务界对 2010 年最高人民法院、最高人民检察院、公安部、国家安全部和司法部联合发布的《关于办理死刑案件审查判断证据若干问题的规定》和《关于办理刑事案件排除非法证据若干问题的规定》约定俗成的简称。
③ 参见陕西省高级人民法院（2009）陕民三终字第 18 号民事判决书。

务中还有大量案件，出现了使用公证书这一具有特殊法律效力的司法文书之方式，来处理涉案专门性问题的情况。例如，在一起侵犯著作财产权纠纷案件中，一方当事人为了证明在涉案网站可以观看自己享有网络著作权和其他新媒体著作权的某电视剧，申请某公证处进行了证据保全；而为了证明"客户端在真实的互联网环境中，访问指定内容时，会访问到局域网预设的内容"，另一方当事人也到另一公证处进行了证据保全。①

（7）专家辅助人意见，即依法参与诉讼活动的有专门知识的人，就案件中出现的鉴定意见或者专门问题提出的专业性意见。应当看到，专家辅助人意见是一种"意见"，这一点毫无争议；目前的问题焦点在于专家辅助人意见能否归为一种"意见证据"，这一点因民事诉讼和刑事诉讼的规定存在不同而在总体上有较大争议。最高人民法院《关于适用〈中华人民共和国民事诉讼法〉的解释》（以下简称《民诉法解释》）中将之"视为当事人的陈述"②，肯定了其证据地位；但是《刑事诉讼法》及相关司法解释对该问题未予以明确，选择了模糊处理。笔者认为，这里有两点需要阐明。第一，无论是从证据的关联性、客观性以及合法性标准出发，还是从诉讼证明的必要性视角考虑，抑或是从司法实践的需求性角度着眼，我们均应确认专家辅助人意见具有证据属性，认可其证据效力。③ 第二，专家辅助人意见不宜与当事人陈述做等同处理。因为，前者由专家做出，后者由广义普通证人范畴内的当事人做出，两种主体身份的不同，导致两类意见所适用的证据规则有明显差异。如果混同，将导致证据采用的混乱，也将动摇相关证据规则的法理基础。由此，笔者将专家辅助人意见作为存在于我国证据规则中的一种意见证据，且是专家意见证据的另一组成部分。

（三）意见证据诉讼中的用途区分

作为很早就出现在司法实践中并一直在不断发展的一种证据类型，意见证据在事实认定过程的很多方面都可以发挥作用。总体来说，意见证据的诉讼功效可主要归纳如下：

---

① 参见浙江省高级人民法院（2009）浙知终字第 129 号民事判决书。
② 参见《民诉法解释》第 122 条。
③ 相关的详细论述参见李学军，朱梦妮. 专家辅助人制度研析. 法学家，2015（1）：157-159.

1. 生成证据性事实本身

"证据性事实"之概念由威格摩尔教授最先提出，意指由证据所证明的推论性命题，它可以用以支持即待证明的要件事实。[①] 这里，无论是专家证人意见，还是普通证人意见，都能化身为可生成证据性事实的证据。

例如，在一起承包地征收补偿费用分配纠纷案件中，每亩土地的开垦费用是双方分歧巨大、需要查明认定的一项事实。由于该土地原貌已不存在、无法鉴定，法院遂通过征询专家意见的手段来确定费用。可见，专家这里就发挥了生成基本事实的功用。[②] 再如，在一起走私案件中，纸箱内白色固体块状物的性质显然是判断犯罪嫌疑人是否实施了走私毒品行为的关键之一，而该要件事实亦需要鉴定人员出具的毒品检验报告来提供。

虽然普通证人意见的可采性往往不被认可，但在符合法律要求的情况下，普通证人的意见也可以被接纳进入诉讼大门，并被作为定案根据使用。例如，根据美国法院的判例，原告关于被告向其"使眼色"（winking）、前倾着身子、带着"挑逗眼神"（provocative look）等的评论性证言，就被认可能够作为认定有性骚扰事实存在的证据；再如，在合众国诉加西亚案件中，法院也采纳了证人关于被告不像是（did not seem）智力迟钝、相反其"看上去很有逻辑"（appeared to be logical）的意见证言。[③]

2. 提供专业性背景知识

在有的案件中，一些涉及专门性问题的事实本身并不是该案的要件事实或待证事实，但是，它们又是查明案件事实、帮助案件定性的重要前提性事实。此时，专家证人意见就可以发挥为这些重要前提性事实之认定提供专业性背景知识的作用。换言之，即由专家证人就有关生成证据性事实之推论所需要的专业或科学知识，向事实裁判者进行解释和说明。

例如，在一起医疗损害赔偿纠纷案件中，原告的伤口内留有部分污染物，且这些污染物的存在使伤口感染并发骨髓炎、骨头坏死，"这是不争的

---

① 安德森，舒姆，特文宁. 证据分析：第二版. 张保生，朱婷，张月波，等译. 北京：中国人民大学出版社，2012：120.

② 参见最高人民法院（2014）民一终字第 75 号民事判决书.

③ RONALD J ALLEN, RICHARD B KUHNS, and ELEANOR SWIFT. Evidence：text，problems，and cases. Fourth edition. New York：Aspen Publishers，2006：615 - 616.

事实"。但该情况能否定性为医疗事故，还需要借助另外一些先决条件进行判断，尤其是原告的伤情本身是否决定了不可能通过一次手术将污染物彻底清除干净，换言之，被告未能履行彻底清创之职责是否另有客观原因？对此，多名医学专家提供意见表示，被告的伤情（较重的骨折类型，而且外伤面积较大，局部肌肉组织毁损污染严重，胫腓骨骨折断端的髓腔有泥沙填塞）导致"如果要保住这条腿，客观上难以一次彻底清创"①。显然，被告面对原告的伤情有几种可以选择的医疗方案、各方案的科学性及利弊得失等并非本案的待证事实，但它们是分析伤口为何出现感染、并判断手术有无过失和不当的前提性事实。这些就离不开专家证人所提供的专业性背景知识来予以揭示和支撑。

3. 审评其他的专业证据

如前所述，在我国司法实践中，可供选择用以解决案件中专门性问题的法定证据形式主要有两种：第一，鉴定意见，这是此时最为常见的证据形式；第二，作为书证使用的咨询意见、分析报告、业务说明等。面对上述鉴定意见或者书证这类专业证据，作为专家证人意见之一的专家辅助人意见，就能起到审查评判其证明效力的重要作用。

例如，在被认为在我国刑事司法领域具有"法治标杆意义"的念斌案中，正是依托于专家辅助人的介入及其所提出的专业性意见，包括标注为其中一位被害人之心血和呕吐物的两幅质谱图完全相同、标注为另一位被害人之尿液的质谱图与实验室该毒物的标准质谱图完全相同、检验过程均未做"空白"对照检验、特征峰值数量不符合行业判定标准等，从而暴露出控方用以指控念斌有罪的关键证据——鉴定意见和检验报告在科学可靠性上的漏洞所在，致使控方的证据体系轰然崩塌。

民事案件同样如此。例如，在一起环境污染责任纠纷案件中，原告用以证明该案生态环境修复费用的证据之一，为委托三名环保专家出具的"技术专家咨询意见"。而评判该咨询意见是否科学的关键，就在于其选择

① 方金凯诉同安医院医疗损害赔偿纠纷二审案（厦门市中级人民法院二审）. 无讼·案例. http：//www. itslaw. com/detail？judgementId = e73de950-c244-4a1f-b607-d70c91-782065&area = 1&index=2&sortType=1&count=17097&conditions = searchWord％2B 医疗事故％2B1％2B 医疗事故. [2016－08－15].

的"虚拟治理成本法"是否具有客观合理性。据此,法院聘请了环境领域的一名技术专家作为该案专家辅助人,就"虚拟治理成本法"是否适宜于运用在本案发表意见。鉴于专家辅助人给出的肯定性答复,法院最终支持了咨询意见中得出的修复费用主张。①

4. 作为查明事实的线索

在刑事诉讼活动中,还有的情况下普通证人或专家证人的意见证据虽然不能作为定案根据,但可以作为查明案件事实的侦查线索使用。

就普通证人的意见来说,它即便通常被认为"与事实的存在与否没有相关性"而不可采纳,但我们不应忽略其可能成为侦查线索的功效。换言之,这些猜测性、推断性或评论性的个人见解,可以在分析案件性质、划定侦查范围时予以考虑。例如,在一起刑事案件中,张某发现自己的两个孩子失踪,第二天在院内水井里发现并打捞出尸体,经鉴定,两个孩子均为机械性窒息死亡。侦查人员在向张某了解相关情况时,张某向侦查人员表示,"怀疑"两个孩子是姐夫刘某杀害的。因为刘某与妻子(即张某的姐姐)婚后感情一直不好,张某及家人总为姐姐打抱不平,大致刘某怀恨在心,且其曾扬言要报复张家人;另外,案发前后,很少与张某联系的刘某,连续三天打电话问其是否上街。显然,张某关于刘某与其妻子的婚姻关系、与家人的过往恩怨、近日来反常表现的证言属于客观描述,但基于此作出的"杀人怀疑"就纯属个人猜测了。对侦查人员来说,他们可以将刘某作为嫌疑对象进行排查,但切忌就此"笃定"刘某就是杀人凶手,以避免犯下赵作海等冤案中类似的错误。

专家证人以专门知识为基础给出的某些意见,有时虽同样不宜作为证据直接定案,但可成为帮助侦破案件的助推力量之一。例如,笔迹鉴定意见一般是作为认定笔迹书写人的证据使用,但有些情况下,鉴定人根据笔迹对书写者性格特征所作的分析判断也能发挥破案线索的价值。在一起绑架案件中,锁定绑匪的证据仅有一封共129字的勒索信。而鉴定人通过对信中用词水平、错别字情况和方言特征等的把握,提出嫌疑人为"讲广东方言、小学文化程度、居住在案发地不远"的意见,帮助警

---

① 参见江苏省徐州市中级人民法院(2015)徐环公民初字第3号民事判决书。

察及时查出了真凶。①

三、意见证据制度的基本内容

意见证据制度，是指由国家法律规定或者确认的关于意见证据之收集、审查和判断等的一整套规则体系。它以意见证据规则为核心而构建确立，同时依托于一系列配套程序、机制的保障而有效实施。这里，笔者将主要立足于我国的现行规则、司法实践和证据理论来就意见证据制度的基本内容开展研析；考虑到意见证据规则诞生于英美证据法且其立法和实务较为成熟和完善，故相关代表性国家的做法和经验也将成为论述探讨时的重要参考。

（一）核心规则

前文已略有提及，意见证据规则依意见证据传统上的给出主体不同而有所区别：对于普通证人证言，意见证据规则的原则是一般不予采纳，除非法律另有规定；对于专家证言中的意见，一般则可以采纳。

1. 普通证人意见规则

根据英美普通法，普通证人一直不被允许使用意见形式的证言来作证。尽管如此，但在英美法庭审判实务中，依托于意见形式存在的普通证人证言比比皆是。而这种情况出现的原因又是无法避免、亦无法解决的，那就是——证人证言的形成过程、人们的语言交流习惯以及变化的背景环境下截然不同的判断结果，均注定使我们无法将普通证人的意见表达和事实陈述完全剥离开来。

以证人王五"我和张三走到某某路段时，张三说他发现偷他车的两个男青年正在路边行走，我看见其中的一个青年就是李四"的这段证言为例。看上去，它符合"我说我所闻、我言我所见"的事实判断标准，故应是王五就其感知之事实给出的客观陈述无疑。但是，如果从作证机理的实质、语言表达的准确度和背景知识的改变来看，这样的陈述又似乎应当定

---

① 笔迹鉴定让秘密无所遁形．网易新闻：http://news.163.com/15/0416/03/AN9TCPQ000014Q4P.html．［2016-08-15］.

位为意见！因为，证人的作证过程从本质上说是一种"回忆重塑"，换言之，"我看见其中一个青年就是李四"，其实意味着"我看见的这个青年很像我认识的李四，所以我判断他们是同一个人"。这显然内含一种主观心理印象。同时，该"潜台词"告诉我们，严格地说，王五应该使用"我认为""我觉得"之类的意见表达用语，而非"我看见"这一容易让人误认为是事实陈述的句式。可是惯常的语言交流方式让王五最终选择了使用"我看见"，否则，在日常生活中，他的"准确"表达可能会让人感到啰唆、奇怪和浪费时间。此外，证言内容之性质换个环境就会变得模棱两可的地方在于，假设李四有一个双胞胎兄弟或者与他长得很像的亲戚，那么，王五的这句"我看见"证言究竟是完全客观的事实陈述，还是夹杂着推断色彩的意见表达呢？

由此可见，对于普通证人证言来说，意见和事实之间存在很大的中间地带，法官不可能绝对地排除普通证人的意见，否则，许多案件的事实认定将变得异常复杂和艰难。因此，英美法系代表性国家的现行证据法已有条件地认可普通证人意见的可采性，即普通证人意见证据排除规则之例外。例如，依《美国联邦证据规则》第701条的规定，除非证人是以专家身份作证，否则不得给出意见或推论形式的证言。但如果证人给出的意见或推论形式的证言同时满足下列三个条件，则可被法庭采纳："（a）合理地基于证人自身的知觉；（b）有助于清晰地理解证人证言或对争议事实作出判断；（c）不是基于科学、技术等专业知识而作证。"再如，《澳大利亚联邦证据法》第78条规定："在下列情况下，意见排除规则并不适用于某人表达的意见证据：（a）该意见证据建立在该某人对某事项或者事件的所见、所听或者其他方式的感知基础上；并且（b）该意见证据为足以说明或更好理解该某人关于该某事项或者事件的感知所必需。"又如，英国并没有统一的证据法，对于意见证据问题，其《1972年民事证据法》第3条第2款规定："在一切民事诉讼中，当某人被传唤作为证人时，即便其不具备就相关事项提供专家意见证据的资格，其依然可就其亲身感知的相关事项发表意见性陈述，该陈述作为感知的意见证据同样具有可采性。"而在刑事诉讼中，英国相关法律虽至今并未就普通证人意见的可采性给出明确答案，但其司法实践表明，上述民事证据规则的内容和标准基本上适

用于刑事诉讼，当然，法官此时的自由裁量会更加严格，普通证人的意见证据需要满足更高的要求才会被采纳。①

通过上述法规例举不难发现，英美法系各国确立普通证人意见具有可采性之规则例外的大致方向基本趋于一致，归纳来看，即意见证言须同时满足直接性和帮助性的标准。所谓"直接性"，即意见须建立在直接知识之上，也就是意见是基于普通证人通过目睹、耳闻或其他方式等直接感知所获得的信息而产生，普通证人意见证据排除规则之例外绝不能规避或取代对直接知识的要求。在确为直接观察的前提下，法庭一般允许证人使用其惯常的表达方式提供证言。当然，法庭之所以秉持该许可态度是"别有用心"的，其出发点就在于，证人使用最自然、最符合日常语言习惯的方式提供证言，往往能够让证言以一种更容易理解、把握和判定的方式被传递至法庭，换言之，这使证言具有了"帮助性"。因此，假设证人采用意见形式的结果是妨碍事实认定，那么其意见证言将被阻拦在法庭之外。

再将视线转移到我国，必须承认，我国面向普通证人的现行意见证据规则是比较粗疏的。这主要表现在两个方面：其一，调整对象具有局限性。如前所述，英美法系传统普通证人意见对应于我国的法定证据形式，应当包括（狭义）证人证言、被害人陈述、被追诉人供述和当事人陈述中的意见。然而，我国三大不同类型诉讼相对应的证据规则中：民事和行政方面都只针对（狭义）证人证言规定了意见证据规则，即《民事证据规定》第57条和《行政证据规定》第46条；刑事方面虽然也是直接就证人证言给出的规范，但其同时指明的"对被害人陈述的审查与认定适用前述关于证人证言的有关规定"参照适用条款（即《死刑案件证据规定》第12、17条），略微扩大了意见证据的调整范围。但是，民事、行政诉讼下当事人陈述和刑事诉讼下被追诉人供述中出现的意见能否采纳，还处于"无法可依"的局面。其二，规则忽略了例外内容。不同于域外就普通证人意见所采取的"排除常态＋可采例外"的规则程式，我国民事和行政诉讼的意见证据规则均尚停留在"排除常态"之层面，即只规定了"证人作

① 齐树洁主编．英国证据法．2版．厦门：厦门大学出版社，2014：366.

证时，不得使用猜测、推断或者评论性的语言"（《民事证据规定》第57条）或"证人根据其经历所作的判断、推测或者评论，不能作为定案的依据"（《行政证据规定》第46条）。但应当注意到，比《民事证据规定》《行政证据规定》晚出台8年的《死刑案件证据规定》在这方面发生了巨大进步——其承认了普通证人（只是狭义证人证言和被害人陈述）意见也应有"可采例外"，即"证人的猜测性、评论性、推断性的证言，不能作为证据使用，但根据一般生活经验判断符合事实的除外"（《死刑案件证据规定》第12条，该条后被2013年最高人民法院《关于适用〈中华人民共和国刑事诉讼法〉的解释》[①] 吸收）。当然，什么属于"一般生活经验"、如何据此判断"符合事实"又着实比较模糊、难以准确驾驭，由此导致该例外规定在司法实践中的实效性和可操作性有待进一步考察。

2. 专家证人意见规则

对于专家证人，法庭允许其发表意见。就这一诉讼态度的规则表述，《美国联邦证据规则》第702条被视为"范本"，即："如果科学、技术或其他专业知识，能够帮助事实裁判者理解证据或者认定争议事实，那么，因知识、技能、经验、培训或教育而具备专家资格的证人，可以通过意见或推论等形式对此作证。"但需要注意的是，"可以通过意见或推论等形式对此作证"之规定并不等同于肯定专家证人意见就具有出现在法庭上的必然证据资格，也并不直接带来完全的证明效力。

（1）英美的专家证人意见规则

1）专家证人意见的可采性

就专家证人意见的可采性而言，英美法系的证据规则通常将必要性和可靠性作为须重点考虑的两项标准。

所谓"必要性"，是指专家证人意见只有在针对需要专门知识介入才能解决的事实认定问题时才具有可采性。假如争议问题属于事实裁判者借助普通知识或一般经验即可判断的事项，则专家证人意见的可采性就会因没有必要而遭到否定。英国判例法提出并发展形成了有关该必要性标准的权威解释。早在1782年的Folkes v. Chadd案件中，曼斯菲尔

---

① 以下简称《刑诉法解释》。

德勋爵就指出，专家指向待证事实的意见应出自专家自己的专门知识体系内。[1] 自此，该准则就深深扎根于英国普通法。近两百年后，劳顿法官通过 R. v. Turner（1975）判例就应如何把握该意旨予以了进一步阐明。在该案中，被告人 Turner 被指控谋杀了女友，他的辩护人请求传唤一位精神病专家作证，以帮助陪审团理解和接受 Turner 关于自己是被女友激怒才实施杀害行为的自我辩解。这里，专家作证表示：Turner 并未表现出有精神疾病，很明显，他也没有精神病史，且也不需要进行精神治疗；但是，Turner 的性格导致他异常脆弱，很容易因愤怒而崩溃，在这种情况下，他对女友的深爱就使其在听闻女友背叛的消息时更加无法控制盲目怒火的爆发。对于专家出具的上述意见，法庭认为前半部分虽基于专业知识作出，但与本案无关；而后半部分却显然处于通常经验的范畴内，"陪审员不需要精神病专家来告诉他们一个没有患精神病的正常人会对生活中的重压和痛苦作出怎样的反应"，对于这些问题，"法律假定陪审员们能够正确适宜地完成其职责"。据此，R. v. Turner 案确立了审查专家证人意见是否可采的规则之一，即必要性标准——专家证人意见，只有在向法庭提供超出法官或陪审团普通常识或经验外的专业知识时，才具有可采性。如果对于待证事实，法官或陪审团能够不借助专家帮助就得出自己的结论，那么专家证人的意见就是不必要的。[2] 当然，对专家意见是否必要的判断，英美法系普遍认为这属于法律问题，应交由法官根据案件的不同情况依自由裁量权决定。[3] 例如，同样是一起涉及化学肥料的氮素质量这类专门问题的案件，假设其发生在纽约，法官就会判定需要专家证人提供相关内容的专业性意见；但假设其发生在爱荷华州的一个农业区，法官很有可能就不会认为专家意见具有必要性，因为对来自农场的陪审员们来说，这纯属其常识和经验范围内即可解决的问题。[4]

而所谓"可靠性"，是指专家证人意见应当具有科学技术层面的基本

① Folkes v. Chadd（1782），3 Doug KB 157.
② R. v. Turner（1975），1 All ER 70.
③ 宋英辉. 意见证据规则. 人民检察，2001（7）.
④ RONALD J ALLEN, RICHARD B KUHNS, and ELEANOR SWIFT, Evidence: text, problems, and cases. Fourth edition. New York: Aspen Publishers, 2006: 629.

可靠性，否则，其也不具有在法庭上提出的资格。应当看到，可靠性作为真实性的别称，通常是在证据的证明效力层面被探讨。但对于专家意见证据而言，其可靠性具有一定的特殊性：首先，有必要从可靠性"有无"这一定性角度出发，分析某些将直接影响到专家证人意见是基本客观还是凭空捏造的因素，显然，这对应着意见的可采性问题；接下来，再从可靠性"强弱"这一定量角度出发，研究某些可供参考认定专家意见之可靠性是完全存在还是仅部分存在的因素，其所关涉的才是意见的证明力大小问题。那么，从美国的相关判例经验和规则演进过程会发现，专家证人意见可采性层面的可靠性审查，主要是围绕证言所依托之原理和方法的科学性而展开。1923 年，美国哥伦比亚特区联邦巡回法院在弗莱伊诉美国案件中就一项测谎仪检验结果的可靠性进行了讨论，法院指出"科学原理或发现究竟在何时跨越了实验和证明阶段之间的界限是难以界定的。在这个破晓时分的某一时点，科学原理的证据力量必须得到承认，然而在采纳由公认的科学原理或发现演绎而来的专家证言方面，法院还有很长的路要走。必须充分证实的是，由演绎推理得出的事情在其所属的特定领域已经得到普遍接受"[1]，从而形成了被称为"普遍接受性"的弗莱伊（Frye）标准。这一标准尽管引发了诸多争议和责难，但在随后的 70 年时间里，它一直作为美国法院评断专家证人意见所基于的科学原理、技术或方法等是否具有可靠性、进而裁判该专家证人意见是否可采的主导标准，直至 1993 年美国联邦最高法院在多伯特诉梅里尔·道制药有限公司案件中作出新的裁断。在多伯特案中，最高法院表示鉴于弗莱伊标准与 1975 年生效的《美国联邦证据规则》第 702 条（前文已有引用）所倡导的宗旨相违背，在联邦审判中不应再适用弗莱伊标准。但最高法同时强调，虽然弗莱伊标准本身没有被《美国联邦证据规则》吸纳，但其所确立的须在可采性层面就"据称"科学的证据是否可靠进行判断之动向值得肯定、应予延续，并重新提出了评判专家证人意见可靠性的"一般性裁量准则"，供法庭在审查意见所依据之原理和方法的科学有效性时作为参考。相关准则被称为"多伯特标准"，包括四项内容：即争议中的科学理论或技术能否被检验或已

---

① Frye v. United States，293 F. 1013（D. C. Cir. 1923）.

经被检验，该理论或技术是否经过了同行审议并公开发表，争议技术已知或可能存在的错误率和是否已存在对该技术操作予以控制的标准，以及该理论或技术在所属领域被普遍接受的程度。① 目前，在美国各州的司法实践中，只有少数州仍在采用弗莱伊标准，绝大多数州都已将多伯特标准作为衡量专家证人意见可靠性的通用标准。②

2）专家证人意见的证明力

有别于极少通过制定规则来提前预设或者限制证据证明力的传统做法，英美法系证据法在专家证人意见的证明力问题上也倾注了较多的注意力。这主要体现在适用性规则和利益性规则两个方面。

"适用性"规则其实可视为对多伯特标准的进一步发展，它关注的就是专家证人意见的可靠性在证明力侧面的问题。根据多伯特案所确立的规则，只要专家证人意见所依据的原理、技术或方法等是科学的，那么无论意见在个案中的推理过程是否有说服力、所得结论有多么荒谬，法官都无权排除该专家意见，因为这已属于证明力领域的事项，应由陪审团作出决定，否则，法官就是不适当地侵犯了陪审团的权力。③ 对此，2000 年修订的《美国联邦证据规则》为第 702 条增加了新的内容，在肯定可靠性这一可采性规则的同时，提出了"（专家）证人应将具有可靠性的原理和方法可靠地适用于个案的事实"这一证明力层面的证据规则，即"适用性"规则。2011 年，英国法律委员会发布了历时两年讨论和修改形成的指向刑事诉讼中专家证人意见应如何规制的立法建议——《刑事程序中的专家证据》，其同样要求"合理可靠的理论、技术和假设应被恰当地运用到案件事实的分析判断中"④。这里，我们借助辛普森案来对该适用性规则予以更准确阐释。在该案中，辩方律师质疑控方提交的证明现场多处血迹的 DNA 与被告人辛普森的 DNA 相吻合的 DNA 检验报告不具有科学可靠

① Daubert v. Merrell Dow Pharmaceuticals, Inc., 509 U. S. 579 (1993).

② 齐树洁主编. 美国证据法专论. 厦门：厦门大学出版社，2010：169-171.

③ 刘晓丹. 论科学证据. 北京：中国检察出版社，2010：65-66.

④ The admissibility of expert evidence in criminal proceedings in England and Wales: a new approach to the determination of evidentiary reliability. The Law Commission Consultation Paper No. 190.

性，其出发点显然不是 DNA 鉴定技术本身的可靠性，而是 DNA 鉴定技术是否被合理、恰当、没有瑕疵地应用于该案。例如：经过交叉询问，检验人员承认自己的具体操作不符合相应规范，给辛普森采血取证者对于采血量的回答与控方案卷所记载的采血量不相吻合，有 1.5 毫升血液"不翼而飞"了；同时，辩方对关键物证进行自行检测后发现，袜子上并未沾有其他来自现场的物质，这说明其上的血渍很可能是事后伪造，同时，辩方在一份据称从犯罪现场发现的血迹中检出了微量的 EDTA 成分，这是一种防止血液变质的保护剂，只会出现在采集的试管中，而不可能存在于现场的新鲜血液中。上述种种均说明控方出具的 DNA 检验报告并无法满足适用性标准，故真实可靠性非常令人怀疑。

"利益性"规则主要围绕专家证人的客观中立性展开，这是英国法院在审判实践中比较关注的一个问题。英国通过一系列规定，明确了专家证人应在诉讼中提供客观中立意见的重要职责。具体来说，以专业知识帮助法院解决涉案专门性问题，是专家证人的首要职责；专家证人对于法庭的该客观中立义务要优先于对委托聘请方所承担的各项义务。[①] 然而，针对以此为中心铺陈的专家证人意见规则来说，是将其置于可采性层面来规制、还是放在证明力层面来调整为宜，经历了一番探讨。在一起涉及税务类专门性事项的案件中，一审法院认定专家证人的意见因为该专家与其当事人之间存在密友关系而不可采。法院在判决书中强调，在明确专家与其当事人间存在利益关系的情况下，一个理性的观察者可能认为这将会影响专家的观点，使其证言不当地有利于其当事人，因此，专家意见不应被采纳，不论其结论可能多么的客观公正。[②] 然而，上诉法院在随后的案件中否定了上述论证逻辑。后经相关判例的积累和各种典据的引证，目前，英国在专家证人意见的利益性问题上确立了如下规则：第一，专家与其当事人之间具有利益关系（不论是作为雇员还是出于其他原因）的事实本身，并不自动导致专家意见不可采；第二，在此情况下，判断专家是否被允许出庭作证，主要须考虑的是利益关系的性质与程度，法官此时尤其有必要

---

① 例如英国《1998 年民事诉讼规则》第 35.3 条的规定。

② Liverpool Roman Catholic Archdiocesan Trustees Inc. v. Goldberg（No 3）[2001] 1 WLR 2337.

权衡排除专家意见证据后的替代性选择空间有多大;第三,如果该利益关系并不足以禁止专家作证,则可以将之作为影响专家证人意见之证明力大小的因素。① 由此可见,"利益性"规则被更多地鼓励在法院审评专家证人意见的证明力时予以适用。

（2）我国的专家证人意见规则

为了公正、合理、科学地解决涉及专门性问题的诉讼纠纷,我国选择建立了鉴定制度,并且在三大诉讼类型的证据规则中围绕鉴定意见这一法定证据形式确定了相应的审查判断内容。应当看到,虽然我国少有人将这些指向鉴定意见的审查判断规则与英美法系的意见证据规则、尤其是专家证人意见规则相提并论,但两者在本质上并无差异。因此,这里对我国专家证人意见规则的简述,就将以鉴定意见规则为主体而展开。

总体来说,我国针对鉴定意见之证据规则的内容大致包括如下方面:第一,鉴定机构和鉴定人的资质条件。根据我国在司法鉴定领域具有"基本法"地位的《关于司法鉴定管理问题的决定》第9条的规定,诉讼中对于需要鉴定的专门性事项,应当委托列入鉴定人名册的鉴定人进行鉴定,鉴定人及其所在的鉴定机构应当在其名册注明的业务范围内从事司法鉴定业务。该《决定》第4、5条同时明确了可以申请登记从事司法鉴定业务的个人、法人或者其他组织的具体条件,《司法鉴定人登记管理办法》和《司法鉴定机构登记管理办法》又对相关资质和条件予以了进一步细化。当然,考虑到实践中有可能出现涉案专门性问题"需要鉴定,但没有法定司法鉴定机构"的情形,《刑诉法解释》规定此时可以指派、聘请有专门知识的人进行检验,并将检验报告作为定罪量刑的参考。第二,审查鉴定意见时须着重关注的要素。我国《死刑案件证据规定》第23条、《民事证据规定》第29条和《行政证据规定》第32条均专门列明了法院在审查鉴定意见时应注意的主要内容,归纳起来可以分为五类:鉴定主体从法定资质和回避情形上看是否适格;鉴定程序,包括鉴定材料情况、送检流程、鉴定方法、分析过程等,是否满足法律和技术两方面的规程或标准;鉴定

---

① 艾伦. 英国证据法实务指南:第四版. 王进喜,译. 北京:中国法制出版社,2012:315-316.

意见的形式要件是否完备；鉴定意见是否符合证据关联性和印证性上的要求；其他，例如鉴定意见是否明确、当事人对鉴定意见是否持有异议等。第三，鉴定人出庭作证规则。早在 2002 年《民事证据规定》第 59 条和《行政证据规定》第 47 条中，我国就明确树立了"鉴定人原则上应当出庭接受质询、确因特殊原因且经人民法院准许可不出庭之例外"的鉴定人出庭作证规则。① 但在司法实践中，原则演变为例外，而例外则畸形为常态——鉴定人实际极少出庭作证。为改变该诉讼顽疾，2012 年修订的《刑事诉讼法》第 187 条和《民事诉讼法》第 78 条明确规定了鉴定人必须出庭作证的情形，并就不出庭的鉴定人规定了严厉的法律后果，即应当出庭作证却没有出庭作证的鉴定人所出具的鉴定意见，不得被用作定案的根据；且《民事诉讼法》在此之外还给出了额外的制裁措施，规定"支付鉴定费用的当事人可以要求返还鉴定费用"②。第四，鉴定意见的排除规则。除上述"经人民法院通知，鉴定人拒不出庭作证的，鉴定意见不得作为定案的根据"之外，《刑诉法解释》在充分借鉴《死刑案件证据规定》第 24 条相关要求的基础上，还明确规定了九类应当排除鉴定意见的法定情形，涵盖鉴定机构和鉴定人资质条件缺陷，鉴定程序和方法错误，送检材料鉴定程序违法，鉴定文书形式要件欠缺以及鉴定意见的关联性等内容。且置于我国非法证据排除模式的法制框架下分析可知③，上述鉴定意见排除规则属于"强制性的排除"规则，即此时既无须考虑侦查人员、鉴定人员违法行为的严重程度，也无须权衡相关违法行为会否严重影响司法公正，只要发现它们属于《刑诉法解释》所规定之违法情形的，就可以自动排除，不需要附加其他方面的任何前提条件，也不应给予办案机关进行补正的机会。④

应当说，我国已围绕鉴定意见制定了比较完备的证据规则，但在如下

① 其实，从我国 1979 年《刑事诉讼法》第 115 条、1996 年《刑事诉讼法》第 156 条以及 1991 年《民事诉讼法》第 125 条可知，鉴定人是需要出庭接受发问的。只是相关法条当时并没有直接使用"应当出庭"这样的表述。

② 该制裁措施的科学合理性值得商榷，详述参见李学军，朱梦妮. 新诉讼法规制下的鉴定制度评析. 中国司法鉴定，2012（6）：11 - 12.

③ 陈瑞华. 非法证据排除规则的中国模式. 中国法学，2010（6）.

④ 陈瑞华. 刑事证据法学. 2 版. 北京：北京大学出版社，2012：207 - 210.

两方面所凸显出的不足同样不容忽视。一方面，证据规则没有与"两步走"的认证模式相协同。对于法官的认证活动，目前的主流观点均认可"两步认证"是最合理的认证模式，即法官对证据的审查认定过程应区分为采纳和采信两个阶段：第一步先审查证据能力，认定证据是否具有证据资格、是否可以进入诉讼大门；第二步再审查证明效力，确认已获准进入诉讼程序的证据是否真实可靠，是否具有充分证明案件事实的证明力，是否足以作为定案根据。① 那么，证据规则的相应语言表述就通常为："是否具有可采性""可否作为证据使用"或者"能否当庭宣读并接受质证"对应于第一步，"是否具有或具有怎样的证明力"或者"能否作为定案的根据"则对应于第二步。由《刑诉法解释》第 85、86 条可知，我国现行鉴定意见排除规则所使用的语言均为"不得作为定案的根据"，亦即从证据理论上说应属认证活动中的第二个步骤。但是，从这两个法条所规定的具体情形看，有些明显归为证据能力层面的分析要素，例如，"鉴定意见与案件待证事实没有关联的"聚焦的就是关联性问题，"鉴定人不具备法定资质，不具有相关专业技术或者职称，或者违反回避规定的"和"鉴定文书缺少签名、盖章的"等指向的就是合法性问题，这两者均主要属于证据的采纳范畴。而之所以强调该问题，原因就在于规则语言使用的混乱有可能会导致法官认证理解的误差、甚至认证逻辑的颠倒。另一方面，证据规则对鉴定意见科学可靠性的判断过于形式化。换言之，现有证据规则对鉴定意见所依据的科学原理、技术方法是否具有基本的科学性和个案的适用性尚未给予应有的重视。不难发现，不论是规定鉴定意见审查内容的规则、还是规定排除非法鉴定意见的规则，它们对鉴定过程与方法、包括检材情况和鉴定程序的关注，都主要落脚于"是否符合相关专业的规范要求"。然而，"虽然我国已经制定了很多不同行业或不同技术问题的鉴定技术规范，但这些规范内容未必就是科学合理的，完全遵守这些技术规范，并不当然地就能得出具有可信性的鉴定意见"；"另外，这些审查要求是建立在有关鉴定意见存在相关技术规范的基础之上的，对于那些还未制定相

---

① 与此相对应的是"一步认证"的模式，即法官对证据的审查认定过程不分为采纳和采信两个阶段，而是一次性完成对证据能力和证明效力的认定。何家弘. 证据的采纳和采信——从两个"证据规定"的语言问题说起. 法学研究，2011（3）：145-146.

关技术规范，但又不得不依靠鉴定意见的问题，很难适用"①。而这就容易导致对鉴定意见之科学可靠性的"盲目崇拜"很难根除。同时，司法实践中出现就同一争议事项存在不同鉴定意见而法官此时无所适从的现象，与这也不无关系，因为并没有证据规则指导法官可以先从鉴定原理和方法本身的科学性、再从它们之于个案的适用性和合理性上入手，就鉴定意见的真实可靠性进行审查、判断和取舍。

再转向鉴定意见之外的其他专家证人意见，必须承认，这方面的证据规则所暴露出的疏漏更加严重。问题主要体现为如下两点：第一，片面性地适用规则。根据《刑诉法解释》第 87 条的相关规定，对案件中的专门性问题需要鉴定，但没有法定司法鉴定机构，或者法律、司法解释规定可以进行检验的，可以指派、聘请有专门知识的人进行检验，检验报告可以作为定罪量刑的参考。对检验报告的审查与认定，参照适用鉴定意见之审查与认定的有关规定。然而，司法实践中，对部分检验或检测报告，有些司法人员"有选择性地"作为书证采用，以避开审查判断内容的复杂烦琐与当事人可能提出重新鉴定的不可控性。第二，无规则可供适用。其他旨在处理和解决专门性事项的业务说明或分析报告等，往往只能被定位于书证以使之证据地位合法化。而我国虽然围绕书证的审查认定制定了一些规则，如《刑诉法解释》第四章第二节的相关内容，但并没有针对涉及专业问题的特别书证作出特殊规定。显然，现有内容集中于是否原物原件、收集程序是否合法、收集过程中有无受损、内容是否全面等的证据规则，对于审查和认定指向专门性事项的书证并不具有太大的指导意义。更何况对于专家辅助人的意见来说，在其可否作为证据使用、是否具有证据效力这一最基本的前提性问题上，刑事诉讼领域尚存极大争议，从而导致实务中的处理方式差异很大：有时被否认证据属性，有时被模糊对待，有时虽被作为证据使用、但具体归为法定证据形式中的哪一类又情况各异。这就对确保裁判尺度的统一、实现同案同判之目的造成了很大的障碍。

（二）保障制度

在我国，意见证据规则虽然经《民事证据规定》《行政证据规定》和

---

① 樊崇义，吴光升. 鉴定意见的审查与运用规则. 中国刑事法杂志，2013（5）：10.

《死刑案件证据规定》的确立以及诉讼法和配套司法解释的发展已有十多年的时间，但相关理论研究和实践经验仍较为薄弱和欠缺。这与意见证据规则的历史积淀不足固然有关——毕竟，与英美在意见证据主题上的悠久历史相比，我国司法场景下的意见证据规则尚属待放的含苞；但相关配套制度上的落后和规则适用环境中的顽疾应是需承担更大责任的成因——显然，意见证据规则绝非能够自给自足的制度孤岛，配套制度的架构和适用环境的完善才能保障具体规则在实践中的良好运转，继而推动理论上对相关制度的探索热情。

总的来说，对于意见证据而言，在众多的保障制度中，质证当仁不让地位列关键程序排行榜之首。① 因为，一般规则下对意见与事实的正确区分、例外规则下对直接性或帮助性的准确判断、专家意见中对方法之可靠性或个案之适用性的有效审查等，均离不开质证活动的保驾护航。故这里对"配套"之判定，即主要以如何才能更好地围绕意见证据展开质证为标准进行解读和选择。换言之，能够促使指向意见证据之质证程序真正落地并发挥价值的相关制度，就是非常重要的配套制度，它们与核心规则一起，共同构成了意见证据制度的基本内容。前文将意见证据之核心规则依主体划分为普通证人意见规则和专家证人意见规则两种，而相应的，不同类型之意见在实现充分对抗以去伪存真的目标之路上，所面临的主要难点及所须满足的主要条件也存在较大区别。

1. 普通证人意见的质证保障

对意见与事实进行正确区分，是普通证人意见证据规则及其理论根据的核心，也是该规则适用时面临的首要任务。然而，即便是在孕育该规则诞生的英美法系，学术界和实务界也越来越感受到做出这种区分的难度——因为，意见与事实之间的区分与其说是一个可以进行非黑即白之解析的简单判断题，不如说是一个只能进行程度划分之感知的复杂论述题。正如英美法系的学者所言，所有陈述事实的证言都含有"意见"，我们几乎"很难找到一个不受任何意见因素玷污的事实"②。既然如此，那么凝

---

① 李学军. 意见证据规则要义——以美国为视角. 证据科学，2012（5）：532.
② 艾伦. 英国证据法实务指南：第四版. 王进喜，译. 北京：中国法制出版社，2012：312.

聚着司法理性的证据规则为什么还要坚持对意见与事实进行区分呢？"答案是，这么做可以促使（普通）证人陈述出更接近直观知识、而非经过浓重修饰的感知印象"①，从而确保"直接性"的实现。另外，这么做也有助于相关证据裁判的做出，因为，当证言越集中于感知印象，事实裁判者就越容易在不同证人就同一争点所陈述的相互冲突的证言中游刃有余地进行可靠性判断。当然，值得特别注意的是，事实裁判者的这项工作能够妥善顺利地完成，完全得益于另一项证据规则的保障，那就是英美法系相当宽松、自由的交叉询问规则，该规则"允许对证人的认知状况和表达情感的方式做出全面彻底的审查，以发现可能导致该证人如此作证的所有线索"②。

具体来说，借助交叉询问规则对出庭证人开展的审查主要包括两方面内容：其一为证人的认知状况。证人本身的经验积累和个人常识对认定相关陈述是意见、或事实、抑或可以采纳之意见这样不同的归属具有较大的影响力。例如，"我觉得车速达到了80码"的证言，如果出自不会开车者之口，那显然是一种没有合理推断作为基础的意见；但如果出自车技娴熟的老司机之口，则鉴于他们对车速的熟悉而可以认定为符合其"一般生活经验"的意见例外。因此，我们有必要通过质证活动清楚地展示出隐藏在证人证言背后的常识或经验，并判断其能否支撑住意见证据排除规则之例外的成立。其二为证人的表达方式。有时，一些普通证人的惯常表达方式会使意见"包裹上"事实的伪装外衣，相反，事实陈述"化身为"意见表达方式存在的情况也时有发生。例如，"那个摩托车就没有给汽车停下来的时间"的证言，乍看上去带有明显的评论性色彩，但是对习惯于用意见表达来描述自我感知印象的人来说，这种表达方式可能恰恰是其陈述事实的一种捷径。这时，通过充分的交叉询问，证人将有途径更为准确地传达其感知，即摩托车的车速很快，而质证方亦有机会通过进一步盘问来揭示该证人有无做出"车速很快"之判断的基本常识或生活经验。正如美国诉科

---

① RONALD J ALLEN, RICHARD B KUHNS, and ELEANOR SWIFT, Evidence：text, problems, and cases. Fourth edition. New York：Aspen Publishers, 2006：612.

② RONALD J ALLEN, RICHARD B KUHNS, and ELEANOR SWIFT, Evidence：text, problems, and cases. Fourth edition. New York：Aspen Publishers, 2006：613.

特案（United States v. Cotter）的裁判中所言："大多数人在讲述案情时往往会使用遗漏了某些基础事实的口语，而只关注到'最终事实'。……通过交叉询问可以极好地探明其所讲内容的准确性。"[①] 由此可见，在事实与意见很难区分、但又不得不做出区分的情况下，交叉询问是使相关司法活动具备合理性和正当性的非常重要的一项保障机制。

但交叉询问规则的落实还有赖于一项更为基础的前提性条件的实现，即证人出庭作证，给予诉讼双方对证人进行面对面询问或者质疑的实际可能性。的确，从质证的本质特征来看，其落脚于"质"，"即对证据的质疑和质问，而且这种'疑'和'问'都带有当面对抗的性质"[②]。从质证权保障的角度来看，这也以"面对面规则"的身份被囊括在质证权的基本内容之中。面对面规则在质证权保障的诸项规则中具有非常重要的地位，有学者甚至认为它是质证权的核心要求。[③] 联合国《公民权利与政治权利国际公约》明确规定，任何人在法庭上都有权在同等条件下讯问对他不利和有利的证人；美国联邦最高法院在马里兰州诉克雷格案（Maryland v. Craig）中也指出："不论另外还含有哪些规则，质证权在任何情况下都必须包括'与审判时出庭并且提供证据之证人面对面的权利'"，"当庭质证时，证人与被告人四目相对，这样将有助于提升事实发现的准确性"[④]。

而在实现"面对面"的过程中，英美法系形成了根深蒂固的"具备作证资格的人都有作证义务"的诉讼理念，并建立了较为完善的强制出庭制度以使面对面质证在法律制度上得到切实贯彻。可以说，英美法系国家的法庭审判几乎就是以证人为中心的制度设计，以至于诞生并流传开"没有证人就没有正义"的格言。[⑤] 例如，美国法中制定了种种措施以强制证人出庭：美国许多州均规定，证人经合法传唤而不到庭者，构成藐视法庭罪；联邦法律专门就"逃离以避免起诉或者作证"的行为作出规定，认定

---

① United States v. Cotter，60 F. 2d 689.

② 何家弘，刘品新. 证据法学. 5 版. 北京：法律出版社，2013：233.

③ 刘文化. 权利与规则：我国刑事被告人质证权的透视与完善——以"司法文明指数"的数据样本为依据. 证据科学，2016（1）：49.

④ Maryland v. Craig，497 U. S. 836（1990）.

⑤ 湖南法院赴美加司法考察团. 中美诉讼证人出庭作证制度比较分析. 人民司法·应用，2007（5）：102.

这是联邦犯罪行为，得处 5 年以下有期徒刑或罚金。① 除此之外，美国联邦和各州还都有《重要证人法》，规定在刑事诉讼中为确保重要证人——其证言对查明案件事实具有高度价值、就控方或辩方而言极为重要——出庭作证，有权对证人采取逮捕、取保或拘禁等强制措施。据统计，美国依《重要证人法》而拘禁的证人很多，统计数据显示联邦政府 1978 年共拘禁重要证人 20 万人。②

我国诉讼法中虽然也确立了证人出庭作证制度，但实施效果一直很不理想。在民事诉讼中，法律虽然规定经法院通知证人应当出庭，但条款随后做出的例外容许，即经法院许可证人也可以通过其他方式作证成为司法常态，尤其是例外情形之最后一项——"其他有正当理由不能出庭的"，几乎可用作卸除出庭义务的"万能法定借口"。近年来，我国民事审判"在证人出庭作证方面形成了一种恶性循环：出庭作证的证人越来越少，证人证言提供得越来越多，法院查明事实越来越困难"③。如果说，民事诉讼证人不出庭，是由于法律不完善所导致的实践赢弱，那么刑事诉讼中证人出庭率也那么低，相关法律规定无法真正执行就难辞其咎了。2012年《刑事诉讼法》修订时为了解决"证人不出庭"之顽疾，对证人作证制度进行了一系列完善，确立了强制证人出庭作证规则、明确了证人应出庭作证而未出庭的后果等等。但令人失望的是，实践数据表明，修法后证人出庭的比例并未提高。例如某地方法院 2013 年共审结 411 件刑事案件，有证人证言的案件 287 件，而审判阶段证人出庭的案件仅 3 件，出庭率1%。④ 再如，在修改后的《刑事诉讼法》实施后的数月中，全国范围内的证人出庭比例为 0.12%。⑤ 相关调研报告显示，"证人出庭作证：不容乐观"，问题主要表现在"证人出庭的强制性明显不足"，也就是"大多数

---

① 18 U. S. Code § 1073-Flight to avoid prosecution or giving testimony.
② 王兆鹏. 美国刑事诉讼法. 2 版. 北京：北京大学出版社，2014：643 - 644.
③ 黄明. 对民事诉讼中证人作证的再思考. 中国法院网. http://www. chinacourt. org/article/detail/2014/05/id/1303233. shtml. [2016 - 09 - 28].
④ 田源，杨继伟. 新刑诉法实施后证人出庭率低的原因分析. 中国法院网. http://www. chinacourt. org/article/detail/2014/04/id/1285118. shtml. [2016 - 09 - 28].
⑤ 最高人民检察院关于 1 至 4 月全国检察机关侦查监督、公诉部门执行修改后刑诉法情况通报（高检诉 [2013] 33 号）.

案件法院虽同意证人出庭，但不使用强制力作为后盾，证人是否前来凭其自愿"，"强制作证在实践中大打折扣"①。在质证保障制度难以具体落地的情况下，我国普通证人意见规则如何有效适用、在"硬邦邦"的书面证言中如何正确判断某些内容为"一般生活经验"等，均不免令人担心和疑虑。

2. 专家证人意见的质证保障

出庭作证对专家证人来说，是否如同普通证人一样也是一项法定义务？对此有学者指出，鉴于诉讼法将出庭作证作为证人的一项法定义务的背后深藏着证人具有不可替代性之法理，"具有相同科技知识或特殊经验的人均可以作为专家证人，其不可替代性的证人本质是不存在的"，因此专家证人并不存在出庭作证的自然义务。② 但情况并非如此简单。

从专家证人的历史沿革中不难发现：从中世纪专家现身英国司法舞台的第一天起，其就是以陪审团成员或者法官顾问的身份出现在庭审现场；到18 世纪专家的诉讼角色慢慢演变为当事人双方聘请的证人之后，其也一直经传唤程序出庭而在法庭上就与案件事实相关的专门性问题提出自己的专业见解③；从 19 世纪至今，专家证人出庭质证已经是英美法系诉讼活动中不可或缺的组成部分，是诉讼双方在科学证据时代维护己方利益的重要武器之一。可以说，于法庭审理、出席庭审之场景而言，专家证人从未离开过。

再从专家证人的出庭必要性来看，为了妥善解决至少以下三方面问题，专家应当出庭接受交叉询问。其一，审查专家证人意见的可靠性和适用性。如前所述，科学具有局限性，科学错误是证据领域永远的悖论。④我们需要借助交叉询问的猛烈炮火，将专家证人所依据的科学方法是否尚不成熟、所采用的仪器设备是否受到检验能力或实验条件的制约、专家证人的视角差异或经验多寡是否对意见的科学性产生负面影响、意见的推理论证过程是否存在错误或缺陷等问题充分暴露出来，以排除在相关内容上

---

① 汪海燕. 论刑事庭审实质化. 中国社会科学，2015（2）：113.

② 郭华. 鉴定人与专家证人制度的冲突及其解决——评最高院有关专家证人的相关答复. 法学，2010（5）：12.

③ 罗芳芳. 从"科学的代言人"到"当事人的枪手"——专家证人历史沿革与我国现实考察. 证据科学，2013（4）：499-506.

④ 常林. 司法鉴定专家辅助人制度研究. 北京：中国政法大学出版社，2012：127.

存在瑕疵的专家证人意见，或者相应降低其证明效力。其二，审查个案中的证人是否具备成为专家的资格以及已确立资质之专家证人的个人品行、认知偏见和经验多寡等。一方面，专家证人具有专家资格，是其证言拥有证据资格的基础前提。不同于前文已提及的我国所采用的"事前许可"式资质管理模式，英美法庭对专家证人资格实行"无固定资格原则"，即由法官根据个案的具体情况进行自由裁量。于是，展示专家证人的资格是庭审直接询问环节中的重要目的之一，正如美国的资深律师们所言："若能够充分地展示本方专家证人的资质状况，直接询问即成功了一半。"[1] 相应的，质疑对方专家证人的资格也就成为交叉询问的一项关键内容，其中，对方专家证人专业领域的局限、资格证明的缺失及相较己方专家的资质不足往往是质证方所抢占的主要"高地"[2]。另一方面，从证明力角度来看，专家证人的品行、偏见和经验对其所提意见的可靠性影响巨大，尤其是因个人性格及所处的制度、人文环境等原因造成的专家证人的某种思维定式及对某一问题所具有的一种无意识的主观偏见，将使不同专家针对以各种数据图谱现象所呈现出的鉴定结果的判断和推理——亦即专家证人意见之实质——截然不同。由此，攻击专家证人的偏见、进而就专家意见的实质和证据价值提出异议也就自然而然地成为支撑有效交叉询问的一个着力点。其三，审查专家意见所依据的事实或数据是否存在漏洞。显然，一项意见立足之基础根据的确实度直接与该意见带给事实裁判者的信赖度"挂钩"。因而在普通法中，一旦证人取得以专家身份出庭就某涉及专门性问题之事实作证的资格，就要求在展示和质询该专家意见之前，引出该意见的事实或数据根据。但慢慢地，出于对举证者自由、合理、高效地组织证据以重现案情的考量，法律允许专家在未显示所有根据细节的情形下即以意见或推论的方式作证，《美国联邦证据规则》第 705 条就是典型例证。[3] 此时，披露有关事实或数据、检视其是否可信的工作就被交给了交叉询问程序中

---

① RAYOND PAUL JOHNSON. Preparing for the moments of truth：your experts direct and cross-examination. 转引自刘晓丹．论科学证据．北京：中国检察出版社，2010：100.

② 刘晓丹．论科学证据．北京：中国检察出版社，2010：103 - 104.

③ RONALD J ALLEN, RICHARD B KUHNS, and ELEANOR SWIFT, Evidence：text, problems, and cases. Fourth edition. New York：Aspen Publishers, 2006：660 - 661.

的质证方——该第705条的作用就在于，"将探察专家证人意见所依赖之事实和假设的重任直接干脆地置于交叉询问中的对方律师的肩上"①。例如，对方律师可以询问专家证人是否存在其他的结论可能性，是否进行了对于检验意见可靠性而言必不可少的某项检验，是否考虑了可能得出不同意见的其他假设性事实。

可见，就当事人来说，我们应当确认其享有并保障其能够实际应用针对不利于己之专家证人意见的当庭质证权。但就站上庭审舞台的专家群体而言，相伴生的另一个问题应运而生——面对某些质疑和批判，他们会感到非常无奈、无力和不公，特别是诉讼过程中某些当事人对待专家的"简单粗暴"方式，其中的表现之一即那些对科学技术一无所知的当事人在交叉询问中对专家证人本身以及其出具专家意见的可信性所进行的猛烈而无谓的攻击②，损害了科学和专家的权威，亦体现出对科学和专家的不尊重。站在这个角度看，专家证人也应当享有相应的质证保障。《美国联邦证据规则》的起草咨询委员会在回答"让交叉询问者揭示专家意见背后的支持性数据是否不公正"之疑问时就指出，这一做法并不会出现不公，但"该回答假定，交叉询问者具有为有效进行交叉询问所必备的知识"③。

对于专家证人意见的质证问题，我国由于选择了以鉴定制度来应对诉讼中的专门性事项，故这里主要表现为通过鉴定人出庭作证制度来解决保障需要。例如，我国2001年通过的《民事证据规定》第59条第1款就明确规定，"鉴定人应当出庭接受当事人质询"。但是在司法实践中，鉴定人出庭接受质证的情况较为罕见。据官方的不完全统计，我国2008年、2009年、2010年和2011年法医类、物证类和声像资料类三大类司法鉴定检案中，鉴定人出庭人次分别为11 870人、15 447人、9 986人和10 379人④，相较于

---

①　Smith v. Ford Motor Co. ，626 F. 2d 784，793 (10th Cir. 1980).

②　EMORY WASHBURN. Testimony of experts. 1 American law review (1866)：63.

③　RONALD J ALLEN，RICHARD B KUHNS，and ELEANOR SWIFT，Evidence：text，problems，and cases. Fourth edition. New York：Aspen Publishers，2006：661.

④　李禹，党凌云 .2011 年度全国法医类、物证类、声像资料类司法鉴定情况统计分析 . 中国司法鉴定，2012 (3)；李禹，陈璐 .2010 年度全国法医类、物证类、声像资料类司法鉴定情况统计分析 . 中国司法鉴定，2011 (4)；李禹，王奕森 .2009 年度全国"三大类"司法鉴定情况统计分析 . 中国司法鉴定，2010 (4)；李禹 .2008 年度全国法医类、物证类、声像资料类司法鉴定情况统计分析 . 中国司法鉴定，2009 (4).

庞大的检案基数来说，出庭的比例极低。于是，2012 年我国《刑事诉讼法》和《民事诉讼法》修订时的一项重要任务就是鉴定人出庭作证难之顽疾、促使鉴定人积极地完成质证工作。根据修正后的现行《刑事诉讼法》第 187 条第 3 款的规定，公诉人、当事人或辩护人、诉讼代理人对鉴定意见有异议的，人民法院认为鉴定人有必要出庭的，鉴定人应当出庭作证；经人民法院通知，鉴定人拒不出庭作证的，鉴定意见不得作为定案的根据。同样的，修订后的《民事诉讼法》第 78 条也指出，当事人对鉴定意见有异议或者人民法院认为鉴定人有必要出庭的，鉴定人应当出庭作证；经人民法院通知，鉴定人拒不出庭作证的，鉴定意见不得作为认定事实的根据。新法针对鉴定人必须出庭作证的情形，以及不出庭的法律后果作了较为统一且严格的规范。尤其是对于后者，法律中首次明确，应当出庭作证却没有出庭的鉴定人之鉴定意见，不得被用作定案的依据。显然，在该法律规定的倒逼下，鉴定意见的举证方为了维护己方的诉讼利益，必然会督促鉴定人出庭，进而确保物证鉴定意见的可靠性能以较为科学的质证方式得到评判。① 实践情况也的确如此，据统计，2015 年 1 月至 11 月间，我国社会司法鉴定机构鉴定人共接到出庭通知 17 867 次，97.86％的鉴定人接到通知后按通知要求依法出庭。②

同时，我国有学者在论及鉴定人的出庭作证问题时，还专门强调了应当重视鉴定人视角的质证保障，并从权利层面提出了鉴定人的"受质权"，指出"鉴定人一旦出庭作证，就相应享有了'受质权'，有权利要求鉴定意见的不利方真正质疑鉴定意见的实质及核心内容"③。而我国"兑现"鉴定人"受质权"的制度之一就是专家辅助人制度，这一经两大诉讼法之修订而在国家基本法层面正式确立的制度，不仅旨在扩展专家参与诉讼的范围，同时也意在借助专家辅助人的帮助，让质证方能够与鉴定人就支撑鉴定意见的相关科学原理、技术方法、操作过程、检验结果以及推理论证

① 当然，还必须认识到，修订后的现行《民事诉讼法》就不出庭鉴定人之鉴定意见的法律后果作出的格外规定，即"支付鉴定费用的当事人可以要求返还鉴定费用"是很不合理、科学的。具体理由参见李学军，朱梦妮. 新诉讼法规制下的鉴定制度评析. 中国司法鉴定，2012 (6).
② 党凌云，郑振玉. 2015 年度全国司法鉴定情况统计分析. 中国司法鉴定，2016 (3)：81.
③ 李学军. 鉴定人出庭作证难的症结分析. 中国人民大学学报，2012 (3)：145.

等展开实质性对抗，从而让法官对涉及专门性问题的争议事实产生内心确信。更令人欣慰的是，专家辅助人制度并非停留在纸面上的空洞宣言，它的重要功效和价值已借由一起起真实个案得到彰显，实务中也开始越来越注重对专家智慧和力量的求助和应用。上文已经提及的念斌案，就是依赖专家辅助人的介入，为律师的充分质证和有效辩护提供了实质帮助。

四、意见证据制度的价值意义

吉尔伯特先生 1754 年的划时代著作《证据法》被视为英美证据法学开启专门化研究的标志，但其中并没有提及意见证据规则，可见在诸如最佳证据规则、传闻证据规则、交叉询问规则等许多证据规则已开始确立和发展的 17、18 世纪，英美司法实践中尚未形成关于意见证据是否可采和如何运用的规则。① 而随着意见证据规则从无到有、从单一的指向普通证人意见到兼容对专家证人意见的规范，以及对普通证人意见从绝对排除到相对排除、对专家证人意见自始即被采纳的做法从不知如何解释到为之奠定法理依据和支撑，在这一发展历程中，意见证据制度的价值也慢慢从模糊变得清晰，从被其他证据规则遮住光彩到凸显出自己独特而不容忽视的意义。

（一）形成了更为立体的保障证言可靠性的规则体系

对于意见证据规则，威格摩尔教授总结说它经历过一个历史性的转折——"早期司法实践中所排除的'意见'是那些并非亲身看见或了解案件的人就事实给出的看法、判断，我们排除该'意见'是因为认为这些人并没有资格作出相关陈述；而现在，该规则适用于证人有直观感知作为基础、但基于客观事实来表达推论的情形。"② 这一就排除对象之实质的调整，使意见证据规则与其他同样旨在确保证人证言之可靠性的证据规则有

---

① 当然，这并不意味着当时的司法实践中完全没有针对"意见"的质疑和反驳。例如在本章"意见及意见证据界说"部分就提到，18 世纪以及更早些时候的英国法院会以证言缺乏根据而将之作为"意见"排除。

② BRYAN A GARNER（Editor in Chief）. Black's law dictionary. Eighth edition. Thomson West，2004：3468.

了根本性的区别。

具体来说，当"意见"停留在"并非证人切身所闻所见的证言"或者"没有/缺乏根据或基础的证言"之范畴时，证据规则所关注的更多是作证地点等形式层面的可靠性影响因素。此时它与更为古老的传闻证据规则也会发生混淆，因为一直以来证据法意义上的"传闻"（hearsay）所指向的通常就是证人不是以自己对某事实的亲身感知为基础，而是就自己从别人那里听说的事实所作的陈述①；除此之外，亲身感受了案件事实的证人在庭审以外所作的书面证人证言以及警检办案人员所作的证人询问笔录（即书面笔录）也属于传闻。显然，不论是前一种情况下的"口头转述"，还是后一种情况下的"书面材料"②，证言是否由证人在当前审判或者听证时作出是判断是否将之排除的标准。换言之，传闻证据规则主要是从证人的作证地点上提出要求。但意见证据规则对于证言可靠性影响因素的把控已从形式层面过渡到实质层面——它着重强调的是证人的作证内容，即证言中所包含的猜测、评论、推断或概括等意见性内容是否具有可采性。

那么，英美证据法中还有没有其他涉及"推论性内容"的证据规则？有，那就是品格证据规则。品格（character）证据，顾名思义即用来证明被告人、被害人或证人平时品格好坏的证据。而某人的"品格好坏"本就是一种个人意见：在将声誉（reputation）作为品格之主要内涵的过去，经典判例"罗顿案"（1865 年）就认为品格证据是"基于短暂而主观的观念、传言、甚至是带有偏见色彩的推测"③；当然，随着社会、经济的发展，一些系统化、数据化的记录增强了品格证据的事实依据，但品格证据的本质仍旧是建立在这些客观记录基础上的主观性判断。诚然品格与意见同属推论性质，可品格证据与意见证据所聚焦的内容本身存在巨大差别：品格证据在原则上之所以不被法庭采纳，是因为品格及其所要证明的事实

① 薛波主编. 元照英美法词典：缩印版. 北京：北京大学出版社，2013：631.
② 一般认为，传闻有广义和狭义之分，这里的"口头转述"和"书面材料"共同构成了狭义上的传闻证据的两种基本类型，广义的传闻还包括非语言行为。详情可参见本书第三章的相关论述。
③ R. v. Rowton (1895), Le & Ca 510. 转引自齐树洁主编. 英国证据法. 2 版. 厦门：厦门大学出版社，2014：302.

往往并不属于系争事实的范围，故并不具有证据法意义上的相关性；而意见证据规则的建立理由虽然也有相关性方面的考量，但这绝非根本和主要的原因，毕竟我们均承认意见所立足之基础事实与案件的相关性，证人假若只是围绕基础事实进行客观性陈述，证言就不会被排除，其只是在可采性问题上画蛇添足了。

由此可见，意见证据制度的构建使旨在确保证言可靠性的规则体系更加立体和完善。且值得注意的是，在并没有明确建立品格证据规则的我国，有时法院会以应当排除主观臆断的意见证据规则作为理由，来否定有关品格之证言或陈述的证据资格①，这也是我国司法实务人员在证据规则尚不健全的情况下的一种变通或救急做法，从中也可以看出意见证据制度在我国当下所另外具有的重要作用。

（二）开辟了专家力量介入事实认定活动的诉讼渠道

达马斯卡教授站在 20 世纪末思考英美证据法的未来时，曾指出这在"很大程度上就是要探讨正在演进的事实认定科学化的问题"，他预计法庭对技术性的专家意见将越来越依赖。② 该"越来越依赖"的前景展望显然是以"过去和现在已经很依赖"作为出发点的。的确，英美法系在很早就认识到有专门知识、技能和经验的专家之于诉讼活动的重要性。当我们还未系统论述什么是意见、甚至当意见证据规则之雏形还未显现时，专家就已经在法庭上登台，并出现了采纳有关专家意见的传统和先例。这一敞开双臂积极拥抱的态度是对科学技术的尊重，也是对接受着科学技术挑战下的新的事实确认方式的尊重。但畅通渠道后相伴而来的是另一个问题——我们应当为已准备好介入事实认定活动的专家开通怎样的渠道？换言之，专家应以怎样的角色参与诉讼，他们给出的意见又应被赋予怎样的地位？

其实，前文对此已有所提及，概言之即司法实践也经历了一段摸索和

---

① 例如天津市第一中级人民法院（2016）津 01 民终 733 号民事判决书。在该案中，法院认定："一建公司以朱玉霞犯诈骗罪认为其陈述虚假，究其实质，是以品格行为来判定朱玉霞的陈述，是主观臆断，根据相关法规规定，品德行为不能作为证据使用。综上，对一建公司的上述抗辩，一审法院不予支持。"

② 达马斯卡．漂移的证据法．李学军，等译．北京：中国政法大学出版社，2003：200.

变化的过程。简单来说：在中世纪，专家主要担任着陪审员或法院顾问的角色，他们的意见被直接用来认定事实，不存还需将证言提交事实裁判者裁决的间接步骤；到了 16 世纪，专家正式踏上证人席，其意见也被定位于须适用证据规则以进行价值评判的证据，但专家的委托人毕竟是法庭本身，也由于身为法庭的证人，故专家在庭审中不会受到交叉询问，其意见对事实结果实质上具有直接而决定性的影响①；直至 18 世纪末，在英美法系审判程序的对抗性因素越来越多的背景下，专家开始受聘成为诉讼双方的证人出庭作证，且随着其利益性和偏见性的逐渐显现，现代意义上的专家证人由此诞生②，相应的，专家意见能否成为定案根据也需要经过交叉询问程序的审慎检验。

我们承认，当下这种诉讼渠道使事实裁判者经常因为要面对专家意见之间的斗争而焦头烂额，但他们至少不会像其曾经的先辈那样，只能盲目迷信自己所选专家提供的单方面意见；我们认为，将专家作为证人、尤其是对诉讼双方负责的专家，将专家意见的使用置于意见证据制度下规范、严格适用判断证人证言可靠性的惯常的质证方式，是面对专家意见的最好选择。也就是说，纵然该传递专家力量的制度媒介存在种种缺陷，但这是在事实认定问题上传统制度缓慢适应正在变化之社会发展情势的必然产物，它将最大限度上缓解向新的事实认定方法过渡的痛苦。③

（三）划定了证人职能与事实裁判者职权的范围大小

如前所述，19 世纪中期意见证据的现代内涵转型在证人的职能与事实裁判者的职权之间划定了一条界线，这也形成了意见证据规则的一项重要理论基础。④ 诉讼理论认为，从客观事实出发进行主观上的归纳、判断和推理等是承担事实认定职能的法官或陪审团的权力，因此，为了阻止证

---

① KEITH J B RIX. The history of expert evidence, advance in psychiatric treatment. Vol. 5 (1999)：72 - 73.

② 作为由诉讼双方传唤至法庭的专家证人，专家的角色定位经历了从保持中立到具有立场的一个转变过程. 罗芳芳. 从"科学的代言人"到"当事人的枪手"——专家证人历史沿革与我国现实考察. 证据科学，2013（4）：503 - 506.

③ 达马斯卡. 漂移的证据法. 李学军，等译. 北京：中国政法大学出版社，2003：211 - 212.

④ 宋英辉，吴宏耀. 意见规则——外国证据规则系列之四. 人民检察，2001（7）.

人对这一职能区分的僭越就要求在原则上排除意见，而可以被采纳的证人意见——不论是普通证人的还是专家证人的，就都不能是就案件终极问题的意见。这被称为"终极问题原则"（ultimate issue doctrine）。

虽然很长一段时间以来该终极问题原则在英美法系的司法实践中都得到了遵循，但由此引发的争议也逐渐积累起来。正如威格摩尔教授的质疑所言，没有人能理解，关于最终争点的意见如何或者为什么会侵犯事实裁判者的职权范围？于是，实践中自发生成了一种废除该原则的趋势：在美国多数的州法院，若专家证言具备了其他全部的可采性条件，那么专家将被允许就终极问题提供意见。① 该实务暗涌最终被立法确认，《美国联邦证据规则》第704条明确规定，以可采纳的意见或推论作证的意见——包括普通证人意见和专家证人意见，不得因其含有待事实裁判者裁决的终极问题而受到异议（当然，它也做出了唯一一项例外规定，即在刑事案件中，专家证人不得就被告人的精神状态或状况是否构成刑事指控或辩护之要件陈述意见或推论，该终极问题只能由事实裁判者独立决定）。

《美国联邦证据规则》对传统做法的基本抛弃反映了对终极问题原则的观念转变，而这背后的原因主要有三：

第一，旧的限制性规则过于苛刻，难以适用和操作，很有可能不公正地阻碍一方当事人完整和有效地提出案件，结果适得其反。如同联邦证据规则起草咨询委员会的意见所述，它"一般而言只起到剥夺事实裁判者获得有用信息的作用"，包括使证人不得不采用古怪的语言、或模糊但从另一侧面来说更为谨慎的措辞、或回避可能与终极问题原则相冲突的全部基础数据。② 如此一来，证人证言确实没有跨过终极问题的边界，但导致的直接后果是，事实裁判者因无法拥有尽可能多的详细事实信息故不能解决诉讼的最终争点疑义，而这恰恰是他们的首要职责。

第二，用以阐释"涉及最终争点的证言究竟是如何篡夺事实裁判者之权力"的机理是站不住脚的。有学者指出，这里所谓的篡夺或者侵犯主要

① 斯特龙主编. 麦考密克论证据：第五版. 汤维建，等译. 北京：中国政法大学出版社，2004：29.

② RONALD J ALLEN, RICHARD B KUHNS, and ELEANOR SWIFT, Evidence: text, problems, and cases. Fourth edition. New York: Aspen Publishers, 2006: 672.

应理解为一种危险，即事实裁判者、尤其是陪审团对于事实结论的独立分析判断，很容易受到就终极问题表达出自我见解或推论之证人证言的左右。该解释背后其实蕴含着很多英美证据规则、特别是排除规则之所以存在的最为古老且往往得到最广泛认可的理由，即"需要去弥补那些担当临时法官角色的业余人员所具有的智力和情感弱点"①。然而，这一理论根据已遭到包括达马斯卡教授在内的很多英美证据法学者的强烈质疑和论证推翻，他们认为其前提已打乱了支撑着传统英美司法机器的价值体系——不仅解释范围极其有限，而且与关于陪审员心理活动质量的基础假定相互矛盾。② 的确，我们怎么能一方面充满信心，即相信拥有全部基础事实和数据的陪审团完全有能力解决事实认定上的终极问题；另一方面又满怀疑虑，即怀疑陪审团仅仅是听到证人对终极问题发表的意见，就会受到误导而被"牵着鼻子走"？

第三，就确实因为包含最终争点而可能对事实认定产生负面影响的意见证据，美国联邦证据规则体系里还有其他一系列的审查判断规则，可以更准确、灵活和有针对性地解决个案中的潜在问题。换言之，在足够缜密的证据评价系统里，终极问题原则的存在必要性已微乎其微。例如法官可适用《美国联邦证据规则》第403条来自由裁量并排除其所具有的不公正偏见、混淆性或误导性已实质上超过其证明价值的那些意见。可见，对于不论是普通证人还是专家证人在终极问题上发表的意见，并不需要一项一概排除的规则；法院通过已有的规则审评体系，即可消化意见所可能带有的危险性。

由此，美国的意见证据制度重新划定了证人职能与事实裁判者职权间的领地界限。值得注意的是，这一过程中的上述各项考量因素表明，对证人意见的范围问题而言，关键点并非该如何描述或定义意见所直接指向之争点的性质，而是落脚于该意见本身是否对事实裁判者有帮助作用。③ 这

---

① 达马斯卡. 漂移的证据法. 李学军，等译. 北京：中国政法大学出版社，2003：37.

② 相关详细论证可参见达马斯卡. 漂移的证据法. 李学军，等译. 北京：中国政法大学出版社，2003：37-50.

③ RONALD J ALLEN, RICHARD B KUHNS, and ELEANOR SWIFT, Evidence: text, problems, and cases. Fourth edition. New York: Aspen Publishers, 2006:672.

就提醒我们，在现代证据法学理论下，关于是否采纳某项意见证据，有一项衡量标尺已越来越重要——那就是帮助性。

（四）明晰了决定意见证据可采性的重要标准和实质

1. 重要标准——意见证据对于事实裁判者是否具有帮助性

研究和分析决定意见证据可采性的重要标准，相较于从意见证据规则的原则内容出发，根据例外情形来把握将更加明确和直观。其中，按照英美法系各国在回应普通证人意见的采纳条件和原因问题时所指明的基本方向来看，帮助性无疑是一项非常重要的标准。对此前文已有论述，这里不再展开。而专家证人意见之整体虽始终作为意见证据规则的一种例外情形而不被排除，但有关其采纳原因的解释经历了一段"螺旋式上升"的过程，并最终将判断专家证人意见可采性的重要标准，与普通证人意见的标准保持了一致，即对事实裁判者有无帮助性。

具体来说：最初，当专家以陪审员或法院顾问的身份参与诉讼时，对其意见的采纳主要受到古老、朴素且实用的法律观念的影响，即专家是法庭的重要帮手，法庭对陪审团认定事实的有效指导离不开这种帮助。可见，从一开始，专家意见被接纳的出发点就在于"帮助性"。随后，当诉讼制度将专家定位至诉讼双方的证人、且要求专家证人像普通证人一样在事实裁判者面前作证并接受交叉询问时，根据当时的"意见"内涵而规定证人应提供切身经历或直观感知到之事实的要求理应同样适用于专家证人。但专家证人显然一般并不具有亲身知识、不曾置身于案发现场，那么，此时应如何为不得不采纳专家证人意见的做法树立正当性呢？前文已提及的 1782 年 Folkes v. Chadd 案对该问题的回答成为著名先例，其三审法官曼斯菲尔德勋爵指出，专家证人虽然没有个人知识，但他们具备的专门知识就是一种事实，该"事实"对于待证的事实真相能够起到充分的证明和支持作用。这一判决及其理念得到了普遍接受，被公认为现代对抗制度程序下"规范专家证人意见规则的基础"①。1801 年，皮克教授对专家可以在其他证人已证明的事实基础上宣誓提供意见作出了进一步阐述，并

---

① TAL GOLAN. Revisiting the history of scientific expert testimony. Brooklyn law review. Vol. 73，2007：879.

点出了"帮助性"的因素,即专家意见能够帮助事实裁判者在争议问题上形成精准裁判。① 慢慢的,"帮助性"标准占据了绝对上风,法院和学者们最终将专家意见得以采纳的原因归结为一个——接受这样一种意见确实能够帮助事实裁判者审理案件,而裁判者也确实需要专家证人的帮助。② 由此,专家所提意见是否可采的重要标准,就从其作为法庭帮助者的彼"帮助性"回归到身为诉讼双方证人的此"帮助性"之上。这一理念一直延续至今。现在,《美国联邦证据规则》第 702 条和英国有关采纳专家意见的司法实践都将帮助性成分作为其中的一项重要标准。

2. 背后实质——裁判者就相关事实问题是否具备推论能力

现代意见证据制度将证言"是否有帮助作用"明确为认定意见证据可采性的重要标准,只是其价值意义的外化方面;它背后蕴藏的实质更值得注意,它真正揭示出了决定普通证人意见和专家证人意见取舍的关键——事实裁判者就相关事实是否具备推论能力。

事实裁判者之所以被赋予认定事实的裁判职权,是因为我们相信其具有满足相应职能要求的裁判能力。显然,如果他们不具有,那么支撑整个司法运转机器和诉讼制度之最低限度的正当性基石就将土崩瓦解。作为专业人士的法官,他们一直被培养和锻炼的就是这种裁判能力;对非专业人士的陪审团而言,相关制度建立的前提假定,就是业余人士在智力和情感等方面也具备进行准确事实认定的工作能力。但随着社会的发展进步,各类冲突和纠纷变得越加多样化、复杂化。于是,不管是法官还是陪审团都感到需要帮助,而需要帮助即意味着对已有能力的不自信,故不得不求助于具有能力的外界力量、暂时让渡出部分职权,以弥补自己现有裁判能力、尤其是就相关事实作出推论之能力的缺陷。从另一个角度看,则要求提供帮助的证人须拥有能准确、合理地给出推论的相应能力。两者是相辅相成的。

例如,从专家证人意见的一般规则来看,无论是对其专业知识的不断强调、还是对其专家资质的反复重申,都是为了确认专家拥有事实裁判者

---

① JOHN HENRY WIGMORE. A treatise on the Anglo-American system of evidence in trials at common law. Vol. IV: Little Brown and Company,1923:103.

② 李培峰,潘驰. 英国证据法史. 北京:法律出版社,2014:99.

所缺乏的知识。而从普通证人意见的例外规定来看，其意见要想不被排除所应满足的"（b）有助于清晰地理解证人证言或对争议事实作出判断"之条件，其实正表明裁判者在此方面存在着能力不足①；所应满足的"（a）合理地基于证人自身的知觉"之条件，则是对证人确实具备发表意见或得到推论之能力的保障，将其转化为我国证据规则所使用的术语，即应来源于证人的"一般生活经验"。有关这一问题，本书第二章还会进行更加详尽的研析，故这里不再赘述。

---

① 李学军. 意见证据规则要义——以美国为视角. 证据科学，2012（5）：522.

第二章　意见证据规则精要

一、问题的提出

证人甲在庭上作证说："当爬上二楼，我突然听到一声巨响；待走到202室的门口，我看见张三右手拿着一把手枪，而李四倒于地下的血泊中。因此，我认为张三开枪把李四打死了。"

鉴定人乙在庭上作证说："我用一定的方法从张三右手虎口处获取了检材，然后借助显微镜法、扫描电镜法及原子发射光谱法和原子吸收光谱法，发现提取自张三虎口处的检材中含有大量的锑、钡、铅等射击残留物。因此，我认为张三开过枪。"

同样是"我认为……"，但证人甲的"我认为……"被法庭排除——"我认为张三开枪把李四打死了"不能作为证据使用；而鉴定人乙的"我认为……"——"我认为张三开过枪"则被法庭接纳为证据并可进一步接受证明力的评判。

决定前述例子中"我认为……"之去向或取舍的，便是意见证据规则。

同样是现代证据规则的重要组成部分之一，相较于最佳证据规则、非法证据排除规则、传闻证据规则、口供补强证据规则、品格证据规则等证据规则而言，意见证据规则在我国法学理论界得到的关注及在法学实务界的适用均远远没有达到其应有的层面：2002 年 4 月 1 日起施行的最高人民法院《关于民事诉讼证据的若干规定》（以下简称《民事诉讼证据规定》）第 57 条有着如下的规定："出庭作证的证人应当客观陈述其亲身感知的事实"，"证人作证时，不得使用猜测、推断或者评论性的语言"。2002 年 10 月 1 日起施行的最高人民法院《关于行政诉讼证据若干问题的规定》（以下简称《行政诉讼证据规定》）第 46 条也强调："证人应当陈述其亲历的具体事实。证人根据其经历所作的判断、推测或者评论，不能作为定案的依据。"但之后的十年时间里，少有听说某某案件中的证人证言因属于意见而被排除，相反，不难发现实务中时有案件采纳了普通证人的意见证据。①

2010 年 6 月，最高人民法院、最高人民检察院、公安部、国家安全部、司法部联合发布并于同年 7 月 1 日施行了《关于办理刑事案件排除非法证据若干问题的规定》（以下简称《非法证据排除规定》）和《关于办理死刑案件审查判断证据若干问题的规定》（以下简称《办理死刑案件证据规定》）（这两个规定被统称为"两个证据规定"）。"两个证据规定"的出台和施行，被誉为我国刑事证据制度发展史上的里程碑式事件，更引发了学术界及实务界对我国刑事证据规则的热烈研讨，诸如证据裁判主义的确立，死刑案件证据标准的严格化、细致化，非法实物证据的裁量排除和非法言词证据的绝对排除，证据合法性证明责任的分配及证明标准的确立等等由"两个证据规定"反映出的新内容均得到了普遍而又密切的关注。同样是新内容，《办理死刑案件证据规定》第 12 条第 3 款确立的我国刑事意见证据规则——"证人的猜测性、评论性、推断性的证言，不能作为证据使用，但根据一般生活经验判断符合事实的除外"，却并没有吸引多少眼球——虽然该规则与前述我国的民事及行政诉讼中的意见证据规则相比，有了巨大的进步：规定了意见证据可被采纳的例外，使得意见证据规则更

---

① 何挺.普通证人意见证据：可采性与运用规则.中国刑事法杂志，2010（10）：86.

具有科学适用性。意见证据规则在立法上也处于边缘地带，2012 年先后修订的《刑事诉讼法》《民事诉讼法》以及 2014 年修订的《行政诉讼法》中均没有提及相关内容，民事和行政领域配套新法实施的最高人民法院《关于适用〈中华人民共和国民事诉讼法〉的解释》和《关于适用〈中华人民共和国行政诉讼法〉若干问题的解释》也未有只言片语，只是刑事领域的最高人民法院《关于适用〈中华人民共和国刑事诉讼法〉的解释》第 75 条第 2 款对《办理死刑案件证据规定》第 12 条第 3 款原封不动地作了吸收和保留。

而且，哪怕是不从时间上加以区分，将 2010 年 6 月"两个证据规定"颁布之前的理论研究全部考虑在内，下面的数据也能充分表明，意见证据规则在我国颇受冷落。

笔者于 2017 年 5 月 27 日 17 点登录了中国知识资源总库（网址为 http://dlib.edu.cnki.net/），分别以"意见证据""非法证据""传闻证据""证据标准""品格证据"作为检索词，将时间段选定为 1979 年至 2017 年，同时在 ① 中国期刊全文数据库、② 中国期刊全文数据库——世纪期刊、③ 中国博士学位论文全文数据库、④ 中国重要会议论文全文数据库、⑤ 中国重要报纸全文数据库、⑥ 中国优秀硕士学位论文全文数据库总计六个数据库中进行跨库查询，获得如下相关论文篇数数据：

	意见证据	非法证据	传闻证据	证据标准	品格证据
①	76	4 460	532	1 650	457
②	0	3	14	7	1
③	0	14	6	1	7
④	0	72	4	11	2
⑤	7	1 263	43	414	44
⑥	22	571	94	105	95
分栏总篇数	105	6 383	693	2 188	606
占全部总篇数（9 975）的百分比	1.05	63.99	6.95	21.93	6.08

该数据从一个侧面表明，有关意见证据规则的理论研究在我国相对薄

弱——就如某学者表述的那样："目前国内理论界对于意见证据规则的研究成果非常少见研究深度也不够。"①

　　理论上的研究和探讨能够指导实务的开展，而实务中揭示或暴露出的问题又将促使理论研究更为深入、更有针对性。理论与实务间这种相互依赖、相互作用的关系在非法证据排除规则在我国的确立和完善这一方面已有了较为充分的体现：2010 年 6 月《非法证据排除规定》的出台及施行是相关理论研究广泛、深入、精细的结果——可以说，没有理论上对非法证据排除规则的法理基础、价值体现、实体内容、程序设计等问题的全面探讨，就不会有《非法证据排除规定》的出台，我国刑事诉讼有关保障人权、保障程序公正的价值追求就不可能真正得以实现；而离开了实务界向理论界回馈实务对相关规定的具体需求、困惑和不适，理论界就不可能针对我国实务中存在的特殊问题而给出相应的对策，已出台的《非法证据排除规定》也就不会具有与我国特殊国情密切相连的制度上创新。

　　但目前，我国理论研究者似乎遗忘了意见证据规则，实务工作者对其也是视而不见，这种冷落无疑不利于我国现有意见证据规则——《民事诉讼证据规定》第 57 条、《行政诉讼证据规定》第 46 条和《办理死刑案件证据规定》第 12 条第 3 款的相关规定以及与鉴定意见有关的证据规定——真正运行起来从而发挥其应有的作用并得以更加完善、更符合审判实务的需要。因此，从理论上探究意见证据规则的基本内容、价值内涵、法理基础、例外或相对性，意见证据规则运行时的制度性要求等精要问题，吸引大家对意见证据规则的关注，进而认识到我国意见证据规则的存在价值并积极主动地让法条中的意见证据规则鲜活地运用于实务中，应该是当前首先要做的工作。而本章，即是这样一种努力。

二、意见证据规则的法理基础

　　从最基本的语义来看，"意见"是人们对某一事件、事实的看法、想

---

① 马贵翔，张海洋. 意见证据规则探析. 华东师范大学学报：哲学社会科学版，2009（2）：60.

法、主张、见解或推论等等主观上的产物；而"意见证据"，顾名思义，即以人们对事件、事实的看法、想法、主张、见解、推论等主观产物，作为判断的依据。

而从法律语境来看，"意见证据"是"指证人就争议问题陈述的自己的观点、看法或推论，区别于证人就自己所了解的案件事实而作的客观性陈述"①。"（意见）证据是以一个推论或结论的形式存在，而不是以推论或结论据以得出的事实陈述的形式存在；或者是基于推测或信念的事实证据。"②

显然，由普通语义得出的"意见证据"之解释，与法律语境下的"意见证据"本质上并没有什么区别。因此，可以明了的是，意见证据规则应该是规范证人以推论、看法、见解等意见作证时的基本准则。而事实上，也正是如此。

意见证据规则发端于英国17世纪，并在美国得到了最为广泛的适用及发展。鉴于英美法系国家如英国、美国等国区分证人为普通证人和专家证人的传统，意见证据规则实质上同时调整着普通证人和专家证人作证时所给出的相关意见的证据资格问题，规范或约束着证人作证时的内容。③根据其各自调整的具体对象，意见证据规则可区分为普通证人意见规则和专家证人意见规则。

按照中世纪法律的古老法则，普通证人讲述的，应该是其所闻所见的事实——"我说我所闻，我言我所见"。也正是基于此，意见证据规则要求法院排除普通证人就争议事实给出的相关意见：证人只能就其感觉、感知的事实给出具体的陈述，但却不能给出自己基于这些感觉、感知的事实得出的推论、看法、猜测或观点等。④遵循该证据规则，本章问题提出部

---

① 薛波主编．元照英美法词典．北京：法律出版社，2003：1006.

② MARK REUTLINGER. Evidence：essential terms and concepts. New York：Aspen Law & Business，1996：181.

③ 这就与同样是为了确保证人证言之可靠性的传闻证据规则有了根本的区别：意见证据规则从内容上要求，普通证人通常只能给出事实证言，专家证人则可以给出意见证言；而传闻证据规则则从作证地点上要求，证人的证言通常应该当庭给出。

④ 这使得我们不难理解，为什么"普通证人"在英美法系学者著述，如法律出版社2002年出版、杨良宜和杨大明合著的《国际商务游戏规则：英美证据法》一书中，又被称为"事实证人"。

分案例中的证人甲作证时只能说："我听见了一声巨响①，随后在 202 室门口看见张三右手拿着一把手枪，而李四倒于地下的血泊中。"但他不能说，"因此，我认为是张三开枪打死了李四"，除非他亲眼看见这一事实发生，否则即使证人甲在陈述完他的所闻所见之后又说出了自己的"认为"，"认为"这部分内容也因为意见证据规则的存在而会被排除。

而专家证人（expert witness，即我国的鉴定人），显然异于普通证人（lay witness），虽然他/她有可能并没有像普通证人那样亲历/亲闻案件事实，也就是说对争议的事实没有直接的感官上的认识或知识，但他/她拥有专门知识或经验——而该专门知识或经验恰恰是裁判者阙如、且在构建本案中某一事实时又不可或缺。为此，意见证据规则允许专家证人作证时给出推论、观点、看法，哪怕这些推论、观点、看法所依据的事实有时并非其亲历、亲闻。这也就是为什么本章问题提出部分案例中鉴定人乙能够在作证时给出他的"我认为……"并且该"我认为……"不会因其是意见而被排除之缘由。

源自英国的意见证据规则在美国得到了最为完善的发展，其重要标志是，《美国联邦证据规则》中以第 701 条、第 702 条、第 703 条、第 704 条等条款分别就普通意见证据规则和专家意见证据规则的证据资格、也即可采性给出了甚为明确的规定，再结合其第 602 条等，这些规定可概括如下：

1. 普通证人作证，需其对所证事项有个人知悉，即有感觉、知觉上的直接接触，否则不得作证。

2. 除非证人是以一个专家的身份作证，否则他不得给出意见或推论形式的证言；但如果证人给出的意见或推论形式的证言同时满足下列三个条件，则可被法庭采纳：（1）合理基于证人自身的知觉；（2）有助于清晰理解证人证言或对争议事实作出判定；且（3）不以科学、技术等专业知

---

① 严格说来，"巨响"中的"巨"也属于一种观点、看法，也即意见，因为所谓的"巨"无疑揉入了证人的看法——该声响很大，而不是弱弱的、小小的。但如果不允许证人在陈述响声大小时使用"巨""轻"等字眼，那么，又该如何或者又该用怎样的语言描述这一声响的大或小呢？显然，有些事实、现象可以用中性的、纯描述性的语言相对具体地陈述出来，但有些事实、现象则难以如此表述，因而普通证人意见证据规则不得不正视"事实"与"意见"之区分的艰难性、不易性，而允许某些意见以事实的面目出现，进而不被普通证人意见证据规则所排除。详见后文内容。

识为基础而得出。

3. 专家证人可因知识、技能、经验、培训或教育而作证，其作证的缘由是，相关科学、技术或其他特定知识能够帮助事实审理者理解证据或者裁断争议的事实。作为专家证人，他可以以意见或推论等作证，但需满足下列条件：（1）意见证言以充足的事实或数据为基础；（2）意见证言是依可靠的原理和方法得出的；且（3）专家证人可靠地将这些原理和方法适用于本案事实中。

4. 在某特定案件中，专家意见或推论所依据的事实或数据，可以是在听审之前就为专家所知悉或了解的知识。如果专家就此问题形成意见或推论时合理依据的，是特定领域的事实或数据，那么该意见或推论被采纳与否不以该事实或数据可采纳为前提。除非法庭确认，在帮助陪审团评价专家意见时，它们的证明力实质上超过了其具有的偏见作用，其他那些不可采的事实或数据不得由意见或推论证据的提出者向陪审团披露。

5.（1）在刑事案件中，就被告之精神状态或状况作证的专家证人，不得就被告是否构成被指控犯罪要件或辩护因素的精神状态或状况陈述意见或推论。此类终极问题属于事实审理者应独立决定的事项。

（2）除了前述（1）的规定之外，证人其他可采纳的意见或推论等，不得因其包含需由事实审理者裁决的终极问题而受到异议。

《美国联邦证据规则》有关意见证据的条款同时兼顾了普通证人意见证据和专家证人意见证据的可采性问题，较为细致、具体、周密，因而可以说是现代证据制度中较为完善、并可称作典范的意见证据规则。

之所以英国、美国等英美法系国家确立有意见证据规则，其根本原因在于，意见证据规则的存在，能够确保相关证据客观、真实可靠。而追求证据的真实可靠性，则是这些国家严格而又不懈的目标：英美法系国家最为古老、最为传统的最佳证据规则或原物原件规则（the documentary o-riginals rule），以及在英美证据制度中占绝对比重的传闻证据规则[1]与意

---

① "《麦考密克论证据》一共 36 章，其中传闻证据规则及其例外就占了 11 章，就涉及的篇幅而言，其内容接近全书的 1/3。传闻证据规则的重要性是不言而喻的。如果我们说，传闻证据规则是英美证据法体系的核心和灵魂，大概是不为过的。一定意义上完全可以认为，没有传闻证据规则，就没有英美证据法。"汤维建 . 英美证据法学的理性主义传统（代译序）//斯特龙主编 . 麦考密克论证据：第五版 . 汤维建，等译 . 北京：中国政法大学出版社，2004：9.

见证据规则一样，均是为了确保证据的可靠性而诞生的重要证据规则。

当人类的司法证明由曾经的非理性渐次走向理性时，证据便成为探求案件真相时不可或缺的方法。而证据裁判主义的确立，即利用证据来求证案件真相、没有确实充分证据不得裁判，不仅成为非理性司法证明与理性司法证明的分水岭，更是将我们对神示证据不得已、而又盲目的信赖转变为对现代意义之证据的可靠性的普通关注上，因为，只有客观、真实可靠的证据才能实现公正这一司法目标，才能真正定纷止诉。

一般而言，证据的可靠性与证据来源的可靠性密切相关，而证据来源的可靠与否又往往取决于证据提供者的能力与知识①，因此，严格掌控证据提供者的能力水平及知识内涵便成为确保证据真实可靠的关键环节之一。而意见证据规则恰恰是从证据的源头，也就是从证据提供者的能力水平与知识内涵的角度为证据的可靠性架构坚实的屏障。

就证据提供者的能力水平而言，意见证据规则要求证言的提供者，即普通证人或专家证人，有着与其作证身份相称、相适应的能力：若是普通证人，也即某些学者所称的事实证人（fact witness），应具有普通人通常具有的一般心智，他对发生于周遭的事实、现象、味道等要有相应的感觉、知觉能力——他应看得到、听得见、闻得着；对其看到、听见、闻着的事实、现象、味道等，他应该有记忆能力，能够记得住；对他记得的事实、现象或味道等，他应有组织语言加以表达以便他人能够"身临其境"般地明了的能力，也即准确回忆并复述其所闻所见的能力。普遍证人的感知能力、记忆能力和表达能力是证人证言形成的生理基础，其在这三种能力方面的高低或是否有缺陷决定了相应的证人证言是否可靠。若是专家证人，也即我国及众多大陆法系国家称作的鉴定人，不仅应具有前述普通人通常应具有的一般心智——否则他也无法作证，更为重要的是，他应具有解决、分析、判断专门性问题所必备的专门能力，而该专门能力所依赖的科学、技术等专业知识或特定知识，既可源自他受过的教育、培训，也可源自他长期从事某专门性或特定工作而积累的经验。②

---

① 何家弘，刘品新．证据法学．3版．北京：法律出版社，2008：379．
② 但在实行鉴定人制度的大陆法系国家，如我国，鉴定人具有的专门能力应该是通过教育、培训而不是通过经验积累而获得的。换言之，我国对鉴定人具备的专门能力的要求要比英美法系国家对专家证人专门能力的要求苛刻些许。

就证据提供者的知识内涵而言，意见证据规则要求证言的提供者，即普通证人或专家证人，应拥有与其作证身份相吻合的知识背景：若是普通证人，其占有的知识应是其感官直接接受外界信号刺激而在其大脑皮层留下的印象或痕迹，这种直接的印象或痕迹通常被称为第一手知识，也被我国学者称为"亲身知识"①或"直接知识"②；普通证人之所以能被要求作证，恰恰是因为他占有这种第一手知识。他具体、如实、中性地陈述了这种第一手知识，他便给出了可靠的证人证言。若是专家证人，其占有的知识并不需是第一手的，他的知识可来源于自身的实验，可来源于教育或培训，可来源于其实际工作的经验总结，可来源于他的同仁、助手等等。但不论这些知识源自何处，其均应是解决诉讼中相关专门性问题必不可少，并以非普通人通常能够拥有的相应科学、技术、经验等为基础。专家证人之所以能被要求作证，恰恰是因为他占有普通人通常不具有的专门性知识。因为有这些专门性知识作为基础，并结合了个案的具体情况，所以其给出的专家证言，即推论或意见，也就具有了可靠性。

为什么意见证据规则会针对普通证人和专家证人给出完全不同、大相径庭的做法，即普通证人只能陈述事实、不得给出推论或意见，而专家证人则可以结合个案情况、基于相关事实甚至是基于该案中的其他证据给出推论或意见？换言之，意见证据规则的法理基础是什么？有学者给出了如下看法："英美证据法学理论一般认为，意见证据不可采主要是基于以下两方面的原因：第一，就所证明的事实，证人的意见不具有相关性：如果待证事实属于需要专业知识的事实，非专家证人的意见显然没有任何证明价值；如果待证事实属于不需要专业知识的事实，由于事实裁判者同样可以进行判断或推论，证人的意见又显得没有充分的相关性。第二，该一般原则可以阻止证人侵越事实裁判者的权力。证人职能与裁判职能的区别是意见规则的一项重要理论基础。"③ "之所以排除

---

① 艾伦，等.证据法：文本、问题和案例：第三版.张保生，等译.北京：高等教育出版社，2006：209.

② 艾伦，等.证据法：文本、问题和案例：第三版.张保生，等译.北京：高等教育出版社，2006：708.

③ 宋英辉，吴宏耀.意见规则——外国证据规则系列之四.人民检察，2001（7）：60.

普通证人的意见证据，是基于一个前提和两项理由：一个前提是证人证言中的事实和意见是可以明确区分的，证人可以在其作证过程中将其所感受到的案件事实和其对案件情况的推断意见完全区分开来，并只将其中的案件事实告知事实审理者。两项理由是：（1）侵犯事实审理者的职权。在诉讼中，从事实出发进行推理判断是承担事实审理职能的法官或陪审团的职权，如果允许普通证人提供意见证据，就相当于允许普通证人代替事实审理者在诉讼中进行推理判断，这就会侵犯事实审理者的职权，造成诉讼中的混乱。（2）可能造成偏见或预断，影响准确认定案件事实。普通证人意见证据超出了其所感知的案件事实，可能误导事实审理者，以至于错误认定事实。"① "对于普通证人而言，证据法之所以排除意见形式的证据主要考虑到以下两个方面的理由：第一，证人发表的意见并非是自己亲身感知的事实而是对事实的看法或观点，这样的看法或观点有可能是一种主观猜测，容易发生错误。第二，对证人所感知的客观事实作出评价应当属于法官的职权范围。允许证人对自己所感受的事实发表所谓看法或者观点，有侵犯审判权之嫌疑。"②

　　诚然，这几位学者就意见证据规则排除普通证人的缘由给出了不尽完全相同的理由，但他们无疑均认为，如若普通证人给出的意见证据具有可采性，那么法官，也就是事实审理者裁判的职能便被普通证人所僭越，最终认定的事实就有不可靠的可能。

　　但在笔者看来，单纯讨论意见证据规则排除普通证人意见证据的缘由，无疑会认为，事实审理者也就是事实裁判者不可让渡的职权是根本所在。但如果同时考虑意见证据规则对专家证人之意见证据的容忍态势，我们便能发现，事实审理者的职权该否让渡、或者是否被僭越并不是意见证据规则决定意见证据之取舍的根本由来：如果作证的是专家证人，依据意见证据规则的基本判断原则，其给出的意见证据具有可采性，那么此时事实审理者的裁判职权就没有被僭越，最终认定的事实就一定可靠吗？

　　就此问题的回答显然是否定的。

----

　　① 何挺.普通证人意见证据：可采性与运用规则.中国刑事法杂志，2010（10）：81.
　　② 马贵翔，张海祥.意见证据规则探析.华东师范大学学报：哲学社会科学版，2009（2）：60.

"'理性'的证明制度是一种使用推理来决定纠纷的事实和法律问题的方法。"① 显然，现代诉讼离不开理性的证明制度，"使用推理并作出决定"，无疑是事实审理者依法享有的职权："在诉讼中，从事实出发进行推理判断是承担事实审理职能的法官或陪审团的职权"②。专家证人的意见证据，实质是专家证人基于数据、现象或者该个案中的其他证据，借助专业知识给出的推论、推理、推断。该推论、推理、推断，如"根据现场的指印和被告人王五左手拇指指印，可以认为两者来源于同一个手指头，即均来自被告人王五的左手拇指"，本应由事实审理者作出，但因事实审理者没有能力作出这样的推理、推断，只能假专家证人之手而完成，因而也就不得不认可专家证人的意见证据，视其具有可采性！此时，专家证人无疑代替事实审理者行使了本应由后者行使的法定职权，但此时为何又不以侵犯或僭越了事实审理者的职权为由去排除该专家证人的意见证据呢？显然，事实审理者裁判职权是否会被侵犯或僭越，并不是意见证据规则决定普通证人或专家证人之意见证据可否成为裁判依据的根本缘由。

那么决定普通证人意见证据和专家证人意见证据之取舍的根本缘由到底是什么？

就笔者看来，决定普通证人意见证据和专家证人意见证据之取舍的关键，是事实审理者的"能"与"不能"！

无论是职业事实审理者即法官，还是非职业事实审理者即陪审员，之所以可以依法行使裁判权，是因为他们具有满足相应职能要求的"能"。对于陪审员而言，其行使事实认定之职能的要求是，他"能"基于确实、充分的证据就某些争议事实是否存在给出独立的判断——当然，该判断的给出无疑要借推理、推论而行，但作出该推理、该判断所需的"能"只是常人所具有的普通"能"，并不苛求其在法律或其他专业方面要"精"或"专"。对于法官，无论是否陪审团审，其行使职能均要求他不仅要有陪审员那样就事实的存在与否给出基本判断的普通"能"，而且还要、并特别要有熟谙法律条文、精通法律适用的法律专业之"能"——否则，他当然

① 汤维建．英美证据法学的理性主义传统（代译序）//斯特龙主编．麦考密克论证据：第五版．汤维建，等译．北京：中国政法大学出版社，2004：2．

② 何挺．普通证人意见证据：可采性与运用规则．中国刑事法杂志，2010（10）：81．

就不可能被冠名为"法官"。

因此，除却职业的事实审理者即法官必须有法律专业"能"的职能要求外，法官及陪审员应具有的基本"能"是相同的，该基本"能"也正是一般民众通常具有的。

当普通证人就案件中的某一事实陈述其当时当地的所闻所见时，其陈述的是现象、外观等客观存在，由这些客观存在推导出某结论，只要不涉及专门性问题①，完全可由具有一般民众、也即普通证人之基本"能"的陪审员、法官来完成，因此，普通证人在陈述完所闻所见之后、或在陈述所闻所见的同时发表个人意见或看法显然也就是多余的了：这时的推理、分析判断并不深奥复杂，如果任由普通证人去完成，那么法官、陪审员又该做什么去呢？法官、陪审员的裁判职权在此时当然有被僭越之嫌，排除普通证人的意见证据也就顺理成章，更何况普通证人还可能不够聪明，给出的推论或意见还可能是错误的，进而不当影响法官、陪审员！

无疑，排除普通证人的意见证据，实际上是仅仅让普通证人充当事实审理者的眼睛、耳朵等感官，当事实审理者借助普通证人知悉了当时的真实情况，"那他就处于如证人一样好的位置，就能得出合理的推论了"②。换言之，对于普通事项，可以借助普通证人去看、去听、去闻，普通证人的眼睛、耳朵、鼻子等感官就是裁判者的眼睛、耳朵、鼻子，但之后的思考，却因事实审理者有能力独自完成，自然就不需要借用了。

当需要专家证人出现时，必然是诉讼中涉及了专门性的问题，如现场指印的来源、火灾的起火原因、炸药的种类和具体数量、现场弹头的发射枪支、现场轮胎痕迹的遗留车辆、死者体内精斑的所有者、死者中毒或死亡的原因，等等。即使是尊为法官的事实审理者，精通法律专业知识，面对这些通常与科学、技术、特定知识等密切相关的专门性问题也是束手无策，根本无法依靠自身的"能"去加以解决，更遑论普通的陪审员。因此，此时再讨论是否会僭越裁判职权已经没有任何意义；即使明知自己的

---

① 要注意的是，如果涉及专门性问题，此时就不会是要求普通证人、而是要求专家证人作证了。

② GRAHAM C LILLY. Principles of evidence. the 4th edition. Thomson/West，St. Paul，2006：15.

职权将被僭越，但因自己没有这个"能"，事实上是裁判者普遍没有这个"能"，也就只能认可暂时且部分地将作出推理、推论的职权让渡与专家证人：因为占有事实审理者普遍不具有的专业知识、技术这种"能"①，所以专家证人给出的推论、意见的可靠性②相应就远远高于无"能"的事实审理者了！

因此，笔者并不赞同英美证据法理论的一般观点及我国一些学者的看法：意见证据规则排除普通证人的意见证据是为了防止裁判者的裁判职权被僭越。而事实上，美国的立法例及某些学者的论述也表明，笔者就意见证据规则的排除缘由所给出的观点更为准确、贴切，即，决定普通证人意见证据和专家证人意见证据之取舍的关键，是事实审理者就某事实进行推论或作出判断时是否具有相关的能力。

《美国联邦证据规则》第 701 条规定："如果证人不是以一个专家的身份作证，那么证人作证时意见或推论形式的证言仅限于下列意见或推论：（a）合理基于该证人的知觉；并且（b）有助于清晰理解证人证言或对争议事实作出判定；以及（c）不是基于科学、技术或其他属于规则 702 范围的专业知识。"③ 按照该规定，普通证人的意见证据是存在不被排除之例外的，而判断是否例外的重要依据是，如果某普通证人的意见证据是合理基于证人的知觉，并且不是以科学、技术或其他属于法定范围的专业知识为基础得出的，而且还"有助于清晰理解证人证言或对争议事实作出判定"④，那么该意见证据就可采。撇开是否基于证人的知觉、是否属于专业知识不谈，因为这两点是辅助"有助于"这一实质评判标准而存在的限

---

① 在我国，有学者称这种与"专业知识、技术"有关的"能"为"技术能力"。宋英辉，吴宏耀．意见规则——外国证据规则系列之四．人民检察，2001（7）：61.

② 此时言及的"可靠性"，指的是专家证人的意见证据普遍来说应否具有可采性，这是证据资格层面的问题。当认可与普通证人意见证据不同，专家意见证据应具有普通可采性之后，就某专家意见是否可靠再行讨论，则是证据证明力层面的问题。虽同样被称为"可靠性"，但此"可靠性"与彼"可靠性"有着本质的不同，后文将详细论述。

③ ALLEN, KUHNS, SWIFT and SCHWARTZ. Evidence：text, problems, and cases. 4th edition. New York City：Aspen Publishers，2006：611.

④ 原文为"helpful to a clear understanding of the witness' testimony or the determination of a fact in issue"，也有将之译为"有助于澄清对证人证言的理解或争议事实的判定"。艾伦，等．证据法：文本、问题和案例：第三版．张保生，等译．北京：高等教育出版社，2006：706.

定条件。那么何为"有助于"？就笔者看来，在"清晰理解证人证言"或者在"对争议事实作出判定"时还需要外界的帮助，则表明裁判者的能力在此方面还是存在缺陷，也就是还有一定的不"能"——正是因为这样的不"能"，所以只好允许普通证人意见证据的存在，也就只好向普通证人让渡自己的裁判权了。"然而有时，证人所处的位置很优越。于是我们说证人的意见对陪审团的理解很有帮助，因而他的意见是可以接受的。"①弗吉尼亚大学法学院格拉汉姆·C.利里教授的这番话也表明，普通证人的意见证据如果可帮助到陪审团的理解能力，那么它便可采了。

　　总之，意见证据规则之所以通常对普通证人意见证据和专家证人意见证据的可采性做出大相径庭的取舍，其根本原因在于，事实审理者面对普通知识和专业知识时自身能力存在的普遍差异性。准确把握了这一点，在构建我国的意见证据规则时，便能较好地根据普通裁判者的一般能力，科学地确定普通意见证据及专家意见证据在可采性方面的一般和例外。

三、普通证人的意见与事实之区分

　　按照意见证据规则的规定，普通证人的意见证据不得作为裁判的依据，那么区分普通证人作证时的事实与意见，无疑就是准确适用意见证据规则的前提。表面看来，区分"事实"与"意见"易如反掌，因为"意见"不过就是证人对其所观察到的"事实"作出的推论、概括或总结的总和。②但实际上，何为"事实"？何为"意见"？许多情况下我们难以回答。而恰恰是难以区分"事实"与"意见"，我国去年出台的刑事意见证据规则较已有的民事及行政诉讼意见证据规则而言，才多出了构成意见证据规则之例外的重要内容，"证人的猜测性、评论性、推断性的证言，不能作为证据使用，但根据一般生活经验判断符合事实的除外。"

　　"那片林子茂密得很，中间还夹杂着几棵饱经风霜、行将腐朽的大

---

　　① GRAHAM C LILLY. Principles of evidence. the 4th edition. Thomson/West，St. Paul，2006：15.

　　② 艾伦，等. 证据法：文本、问题和案例：第三版. 张保生，等译. 北京：高等教育出版社，2006：716.

树。""我看见一辆桃红色小轿车从我身边驶过,速度有 90 公里/小时。""王五醉醺醺地从李四家的院走了出来。""那个人很老了,足有 75 岁。""为了寻找老张失踪的儿子,我们整整一夜没有睡觉,当太阳出来时,老张已经是精疲力竭而且着急不堪。""当听说女儿还是跟着那位画家走了时,她妈妈很生气。""我进到房间时,房间里满是血腥味,丁 * * 倒在血泊里。""在楼道里,我听到了一声枪响。"

以上陈述不难在证人作证时出现。那么,"茂密""饱经风霜、行将腐朽""红色小轿车""90 公里/小时的车速""醉醺醺""75 岁""精疲力竭、着急不堪""很生气""血腥味""枪响"等,究竟是"事实"还是"意见"?换言之,在适用普通证人之意见证据规则时,首先要解决的就是,普通证人当前的陈述哪些是"事实"、哪些是"意见"。然而,看似简单的"事实"与"意见"的区分当与实务挂上钩时,我们便发现,区分不那么容易!而这种不易区分,不仅使得普通证人意见证据规则的适用处于两难,还有可能令普通证人在作证时不知如何是好:怎样陈述,才能"避免自己的证言不被自己的意见或推断注水"①?

以语词而不是画面方式(如播放摄像)重现曾经发生的事情,决定了"事实"与"意见"之间的区分并非看上去那般清晰明确。"实际上,描述事实与给出意见或结论之间,所谓的区别只是描述到底是概括还是特定这么一回事。对事实描述得越特定,那么它看上去似乎更不像是由事实得出的一个一般概括。"②换言之,"事实"与"意见"之间的区分是相对的,它们的差异只是体现在程度方面:有关"事实"的证言通常是具体、细致并且是中性的;而有关"意见"的证言往往是概括、粗略且表现出一定的偏好。例如,"从李四家院子出来时,王五的眼睛血红,走起路来忽而歪向右方、忽而倒向左方,有时则张开双臂上身往前扑,但脚却没有跟着挪动,因而差点摔到地上;他反复地说着一句话'把那杯酒给我、给我';当我试图去扶他时,他则一把推开我,并问到'要占我便宜,咋的?'时

---

① GRAHAM C LILLY. Principles of evidence. the 4ᵗʰ edition. Thomson/West, St. Paul, 2006: 15.

② MARK REUTLINGER. Evidence: essential terms and concepts. New York: Aspen Law & Business, 1996: 182-183.

不时地，王五还弯下腰来要呕吐，可他什么都没吐出来，只是呼出更为刺激的酒味。""王五从李四家院子里出来时醉醺醺地。"这两种描述中，前者，因为具体、细微且中性，所以被认为是"事实"；后者，因为概括、粗略且有一定的偏见，因而被看作是"意见"。同样，"太阳出来时，老张的双眼已布满血丝，头发乱蓬蓬地歪向左侧，脸上还有几道脏手抹脸时留下的污迹。尽管每走几步他就得弯下腰费力地喘上几口气、歇上一两秒钟，但他还是时不时地东看西望，偶尔则会突然立直，踮起双脚向某一处探头望去。""太阳出来时，老张已经是精疲力竭而且着急不堪。"前者被认为是"事实"，后者被当作"意见"。"事实"和"意见"不过是两个标签，被我们分别贴在对同一事件的两种细致程度不同、概括程度不同的表述上了！

当然，前述两个例子似乎还是能让我们"准确地"将它们分别贴上"事实"或"意见"的标签。但如果，证人的作证是在事件发生后三个月、三年、甚至三十年，他已经记不清当时的具体情形、具体细节，可他印象深刻于自己得出的"王五醉醺醺""老张已经是精疲力竭而且着急不堪"的结论并就如此概括地说了出来，那么此时是否该因这两个表述是"意见"而将之排除？又如果，证人作证时说，"那个老人大概有 75 岁"，那这是"意见"还是"事实"呢？类似的还有关于车速、声响的大小和性质、气味、颜色等的表述。如果说"75 岁""血腥味""90 公里/小时""红色小轿车"等是"事实"，那么证人又是如何这么确定的？"90 公里/小时"的车速是他根据被观察到的那辆车驶过的距离除以对应的时间算出来的吗？显然不是。而就同样的问题，其他证人则可能会说是"85 岁""死鱼味""80 公里/小时""砖土色赛车"，因而这些表达终归是"意见"——来自个人当时直接感知后，经由与自己以往的经验相比较得出的结论或看法。但如果这些有关年龄、气味、时速、颜色、车型、人的身高或胖瘦、声响的大小和性质等的表述被当作是"意见"，那么当证人作证时涉及这些问题，他又该如何就这些非用具体数字、味道、颜色、形状就无法表达的现象给出最为准确的陈述？"那只足球很快地从我头边飞过，一下击中李四家窗玻璃。"不允许证人用"很快地"这样一个意见味道浓厚的词汇，那他该如何表达那只足球飞得很快？

　　显然，"事实"与"意见"这种相互胶着、相互庇护的情况使得我们难以分它个一清二白，而事实的认定或最终的裁判必须有相应的证据，如证人证言，来支撑、来帮助。也正是因为此，才有了《美国联邦证据规则》第701条的规定，有了我国刑事意见证据规则中例外的出现。《美国联邦证据规则》第701条规定："如果证人不是以一个专家的身份作证，那么证人作证时意见或推论形式的证言仅限于下列意见或推论：（a）合理基于该证人的知觉；并且（b）有助于清晰理解证人证言或对争议事实作出判定；以及（c）不是基于科学、技术或其他属于规则702范围的专业知识。"我国《办理死刑案件证据规定》第12条第3款规定："证人的猜测性、评论性、推断性的证言，不能作为证据使用，但根据一般生活经验判断符合事实的除外。"

　　按照《美国联邦证据规则》第701条的规定，普通证人当不是以专家身份作证、且作证时不以特定的专业知识为基础，那么他是可以给出意见证据的，只要该意见证据合理依据该证人的知觉并且有助于裁判者清晰理解证人证言或有助于裁判的作出。此处对"该证人的知觉"之强调，突出了证人给出的意见只能依据其自身获得的第一手知识，这是对"亲身体验"之证人身份的格外重视！至于"合理"，其潜台词无疑是，"你以前见过很多喝醉酒的人""你平时对人的年龄与外观的表象总是判断得很一致""因为工作的原因你经常闻到血腥味或来苏水味、柴油味""你是名猎人，能够准确听出某声响是枪声""你是名出租司机，能够准确判断出车速"等等，所以，这些相应的经验积累使得你在目击该案件当时的某一情形时能给出较为贴切的结论和推论。而这样的结论和推论虽属于意见，但因可帮助裁判者清晰理解你的表达——有时，证人将构成意见之基础的基本情节细致地描述了半天，裁判者却不能明了他说的是什么，但证人如若将自己的"意见"呈递上："那是种血腥味""那是硫化氢的味道"，则裁判者立即能明了这是一种怎样的"事实"；或者有助于裁判者作出判断，那么这样的结论和推论也是可采的。

　　虽然英美法系的普通证人意见证据规则借我国《民事诉讼证据规定》和《行政诉讼证据规定》早在我国得以确立，但直到2010年7月1日生效的《办理死刑案件证据规定》，我国的普通证人意见证据规则才真正算

得上是较为完整、科学并有一定可操作性了，因为它正视了"事实"与"意见"之区分的艰难和不易，允许在适用意见证据规则时采纳那些由证人得出的意见——只要该意见是根据一般生活经验得出的，并符合事实。换言之，我国刑事诉讼中目前也已经允许证人以概括、抽象的语言，给出与当时该证人亲身观察、体验到的现象或事实相符合的意见："我尝起来觉得它像是可卡因"是个意见，但如果给出者是个瘾君子，有着这方面的特定背景和经验，不妨可接纳该意见；但如果给出者只是个普通人士，没有任何经验支撑他得出这样的意见，那么显然该意见不得被采纳。

《美国联邦证据规则》以高度概括的方式给出了普通证人意见证据在特殊情况下可被采纳时的评判标准，即第701条；此外，其还用鲜活而又丰富的判例，以较为具体、便于理解和掌握的方式表明，当涉及以下内容时，普通证人的意见证据可经裁判者自由裁量权的行使而具有可采性：身份、笔迹、数量、价值、重量、尺寸、时间、距离、速度、外形、年龄、力量、热度、冷度、疾病及健康、性格、脾气、愤怒、恐惧、兴奋、迷醉、诚实、普通性格等。[①]

这些内容综合而言，通常与个人的精神面貌或身体状况，个人的性格或声誉，个人的行为、表情显示出的喜怒哀乐等情绪，以及物体的客观物理状态等有关。要求证人将亲身观察到的、构成身份、数量、热度、兴奋等诸如此类意见的基础事实或者说是物理指征细细地描述出来，既不符合人类普遍的表达习惯，还有可能不被裁判者准确地理解。实际上，普通证人给出的"我哥生气了""这是我妈妈的笔迹""那天天气很热，至少有40度的高温"等结论性证言，也就是意见证据，并非没有具体的行为、现象等物理指征作支撑，他也确实观察、感觉到了这些具体的指征，但是，人的观察、记忆和思维模式决定了，证人对这些指征的观察和记忆并非是以独立、片断的方式进行。在观察、记忆之初，这些指征就已经潜意识地被集合在一起"注册"或以类似于"速记"的方式"翻译"成"我哥生气了""这是我妈妈的笔迹""那天天气很热，至少有40度的高温"等

---

　　① 张军主编，最高人民法院刑事审判第三庭编著．刑事证据规则理解与适用．北京：法律出版社，2010：143.

整体性事实。虽是证人经亲身感受具体指征后得出的意见，但在证人的脑海里它已经是一个整体性的感知，又如何要求证人再将它分解回去？更何况费时、耗心地分解式陈述后，基于该陈述，裁判者还是很难得出一个结论。基于此，美国还存在一个同样被普遍使用、被视为普通证人意见证据规则之例外的评判标准，即"集成事实规则"（the collective facts rule）。该规则也称为"速记翻译规则"（the shorthand rendition rule）。根据该规则，普通证人作证时，如果其给出的意见或结论性证言是基于无法以其他方式具体表达的众多特定事实得出的，那么该意见或结论性证言便可视作"集成事实"而具有可采性。[①]

对照《美国联邦证据规则》第 701 条的规定，"集成事实规则"显然能够满足其要求："集成事实"是作证证人在其亲身感知的众多特定基础事实之上形成的，其集成式记忆、存储、表达的方式符合人类观察、记忆、存储及表达的习惯，因而集成事实的得出具有合理性；"集成事实"对裁判者清晰理解该证人的证言或者准确作出裁判显然有帮助；该名证人并不是利用专业知识来得出这些可称作"集成事实"的意见。因此，可以认为，"集成事实规则"并非《美国联邦证据规则》第 701 条之外的又一新规则，它只不过是第 701 条规则的一个具体化体现而已。

我国刑事意见证据规则的出台无疑是一个巨大的进步，因为它承认"事实"与"意见"有时难以区分、有时则明知其是意见仍需采纳的现状，也就是说，意见证据规则在我国也有例外。但是，仅"但根据一般生活经验判断符合事实的除外"这样一句话，显然过于抽象、概括，不利于其具体的适用。而前面有关美国意见证据规则之例外的讨论，应能给我国相关立法以足够的启发并供我国司法实务中加以借鉴。

四、专家鉴定意见的可靠性判断

如前所述，因为事实审理者，即法官或陪审员们，不具有与案件中专

---

① MARK REUTLINGER. Evidence: essential terms and concepts. New York: Aspen Law & Business, 1996: 184-185.

门性问题有关的专业知识，没有能力就该专门性问题给出相应的推理、判断，所以此时必须引入专家，借专家的"能"弥补法官或陪审员们的"不能"——裁判职能在此时的让渡是为了保证与专门性问题有关的推理、判断具有可靠性。换言之，在专门性问题上，专家给出的意见较法官们的意见更为可靠，因此专家可以给出意见、专家给出的意见普遍不会被排除。

那么，是否只要冠名为"专家"，他/她给出的意见便是可靠的，便不需要再经审查判断而直接加以运用？行文至此，这样的问题必然会被提出来，特别是在我国，出于对专业知识和专家的崇拜、敬重，人们普遍对专家意见，也即我国的鉴定意见[①]，持信从、甚至是盲目信从的态度，那么，该如何看待专家们的意见？如何看待得到意见证据规则首肯的专家意见的可靠性？

按照现代证据法理论，证据能否在诉讼中被采纳、采信，首先取决于其是否具有证据资格，即该证据是否客观存在、是否与案件事实有关联、是否满足法律就证据作出的特殊规定。当在客观性、关联性和合法性方面得到了肯定也就是获得可采性之后，证据将接受证据力、也就是证明力的评价：证据是否真实、是否对案件待证事实具有证明价值。[②] 获得了证据资格之后，本身不仅真实、而且对案件待证事实具有证明价值的证据，才可能成为裁判的依据。

无疑，"客观性""关联性""合法性""真实性""证明价值"是诉讼双方提交至法庭的证据真正能够成为裁判依据的五个核心要素，而证据的可靠性，实为证据五个核心要素中"客观性""真实性"这两个要素的别称：唯有客观、真实地反映了与案件有关的事实，该证据才称得上是"可

---

① 这里特别说明的是，我国三大诉讼法在修订前，其明文规定的法定证据形式之一为"鉴定结论"。但基于"结论"二字可能给人带来误解，2005 年 2 月 28 日发布的《全国人大常委会关于司法鉴定管理问题的决定》第 1 条、第 10 条开始用"鉴定意见"一词代替"鉴定结论"，而 2010 年 7 月 1 日起施行的"两个证据规定"，也出现了同样的变化。由"结论"至"意见"的变化，清楚地表明鉴定人或专家们给出的，是"推论"或"意见"，而不是定论，因此，对其不应盲目相信。李学军．物证论——从物证技术学层面及诉讼法学的视角．北京：中国人民大学出版社，2010：204，207．当然，现在看来，由"结论"至"意见"的词语变化，还使得我们能够在对意见证据规则加以研究、适用时，更好地将"鉴定结论"也就是"鉴定意见"考虑在内。

② "证明力的主要内容是证据的真实性和证明价值。"何家弘，刘品新．证据法学：3 版．北京：法律出版社，2008：249．

靠"。如我国学者便认为："所谓证据的客观性，指的是作为证据内容的事实是客观存在的，即证据事实必须真实可靠，而不是主观想象、猜测和杜撰的……"① 同样，美国联邦大法官布莱克门以及雷奎斯特和史蒂文斯也认为："……我们在此提及的，是证据的可靠性，也就是证据的真实可靠性。"② "的确……该上诉法院裁定，'在涉及科学证据的案件中，证据的可靠性将以科学可靠性为基础'。"③

既然证据的可靠性与证据的客观性或证据的真实性同义，那么，意见证据规则对专家意见之可靠性的肯定意义何在？就此，笔者认为，意见证据规则无论是对普通证人之意见的一般排除，还是对专家证人之意见的一般肯定，均主要只是从可采性角度规范证据的使用：普通证人之意见，通常难以保证具有可靠性，所以一般而言需要被排除；专家证人之意见，因为基于事实裁判者不具有的专业知识而存在，通常具有可靠性，所以一般而言不需要排除。既然是可采性层面的问题，那么此时证据的"可靠性"更多涉及的是"客观性"：普通证人也就被要求客观陈述所闻、所见、所听，专家证人则被要求务必基于其拥有的专业知识就案件中的相关事实给出专家意见。

但这并不意味着，作为普通意见证据规则之例外而具有可采性的普通证人意见以及作为专家意见证据规则之常态而具有可采性的专家证人意见，就一定完全真实可靠。事实上，证据的采纳和证据的采信从一定视角来看，是从普遍和特殊两个层面分别约束着我们对证据的使用：证据的采纳仅仅是从普遍性入手，判断哪些类别的证据可被法庭所接纳——也正是基于此，在美国专家意见证据规则发展史上有着重要影响的"多伯特诉梅里尔·道制药有限公司"④ 一案明确赋予法官以看门人（gatekeeping）职责的原因。看什么门？看的显然是诉讼证据的准入大门，即哪些类型的证

---

① 卞建林主编. 证据法学. 北京：中国政法大学出版社，2000：79.

② ALLEN, KUHNS, SWIFT and SCHWARTZ. Evidence：text, problems, and cases. 4th edition. New York City：Aspen Publishers, 2006：637.

③ ALLEN, KUHNS, SWIFT and SCHWARTZ. Evidence：text, problems, and cases. 4th edition. New York City：Aspen Publishers, 2006：641.

④ Daubert v. Merrell Dow Pharmaceuticals, Inc. 509 U. S. 579 (1993).

据可以迈过诉讼证据的门槛进而步入下一程序。而证据的采信，则往往要从个案的维度讨论，已经获得证据资格也就是具有可采性的具体证据，是否具有证明力方面所要求的真实可靠。虽然，证据可采性层面的一些约束能在一定程度上保障证据的可靠性①，但证据是否真正真实可靠、是否准确反映了相应的案件事实，还需从采信层面来关注。

换言之，意见证据规则对专家意见之可靠性的肯定，只是在证据的资格层面、在证据的可采性层面做了基础的筛查工作，并不涉及具体专家意见本身的真实可靠性。这一点，从美国的专家意见证据规则发展史上的两个典型案件即弗莱伊案件和多伯特案件特别是多伯特案件便可窥得。

弗莱伊一案②于 1923 年在哥伦比亚联邦巡回法院尘埃落定，被告弗莱伊希冀法院能够接纳由当时的一种测谎仪检测得出的结果为证据，但最终，该检测结果因为测谎技术没有在其所属的特定领域得到普遍接受而被审判法院排除，并得到上诉法院的维持："科学原理或发现究竟在何时跨越了实验和证明阶段之间的界限是难以界定的。在这个黎明地段的某一时刻，科学原理的证据力量必须得到承认，然而在采纳由公认的科学原理或发现演绎而来的专家证言方面，法院还有很长的路要走。必须充分证实的是，由演绎推理得出的事情在其所属特定领域已经得到普遍接受。"③

显然，哥伦比亚特区巡回法院的这番话是站在证据的采纳层面加以论述的。它并没有仅从弗莱伊个案的测谎结果就事论事地讨论该案中的测谎结果具体说来可靠与否，相反，它从测谎原理的科学可靠性入手，从根基上动摇了整个测谎技术或知识的科学性、成熟性——一个不为其所属特定领域普遍接受的玩意儿如何称得上可靠？基于这种称不上可靠的玩意儿又怎能得出可靠的专家意见？弗莱伊案上诉法院对专家意见证据的这一逻辑处理方式最终形成了被称为"普遍接受性"的弗莱伊标准，并在直到

---

① 评价证据是否可采所依据的客观性、关联性和合法性，与评价证据是否可信所依据的真实性、证明价值，并不能完全分开：证据如若真正客观、如若真正与案件有关联，并且不因取证的非法性而"屈打成招"，那么该证据相应就会真实可靠、相应就具有较高的证明价值。何家弘，刘品新．证据法学．3 版．北京：法律出版社，2008：249.

② Frye v. United States, 293 F. 1013 (D. C. Cir. 1923).

③ ALLEN, KUHNS, SWIFT and SCHWARTZ. Evidence：text, problems, and cases. 4th edition. New York City：Aspen Publishers, 2006：632.

1993 年多伯特案件出现之前的 70 年时间里，被不少法院当成评判案件中某专家意见有无证据资格的标尺。也就是说，在这 70 年的时间里，某些专家意见，比如说测谎结论、笔迹鉴定结论、催眠术、声纹鉴定结论、DNA 鉴定结论、受虐妇女或儿童案中施虐者心理特征测试结果等等，在某些法院均因未通过弗莱伊的普遍接受标准而夭折于诉讼证据的大门之外！难怪乎"然而，特别是自 20 世纪 70 年代初以来，弗莱伊标准一直受到一些批判性的分析、限制、更改，并最终遭到了彻底的拒绝。一些法院发现，弗莱伊标准与专家证词相冲突，适用该标准，则会出现争议中的技术太新、甚至未经实验，检验的结果太没有确定性的现象，因而不能为法院所采用。一些法院在继续坚持弗莱伊标准的同时，**主张将普遍接受的标准运用到科学证据的证明力而非可采性之中**（黑体字为笔者标黑的，其英文原文没有做这样的处理）。"①

而且，弗莱伊标准的出现还令法院备受责难：依据弗莱伊标准，某专家证据意见是否具有可采性，并不是由法官说了算，而是由该专家证据意见所属特殊专业领域的专家们说了算——如果他们普遍接受了该专家证据意见所基于的科学原理、技术或知识，那么此专家证据意见就可采，否则就不可采。既然是专家们说了算，那还要法官干什么?!

在弗莱伊标准既妨碍了新兴学科和跨学科研究结果在诉讼中的逐渐应用，又涉嫌令法官拱手将本应由自己行使的对证据资格加以认证的职权交给了专家们的当口，多伯特标准因"多伯特诉梅里尔·道制药有限公司"一案于 1993 年在美国联邦最高法院得到确认。

多伯特和夏勒（Schuller）是先天畸形幼儿。他们与其父母一道在加利福尼亚州法院起诉了梅里尔·道制药有限公司，认为他们的畸形是因为他们的母亲在怀孕期间服用了梅里尔公司销售的抗恶心处方药苯涤汀（Bendectin）的结果。因涉及跨州销售业务，该案应梅里尔公司的要求移交联邦法院系统。至联邦最高法院向下级法院发出调卷令时，该案已经历

---

① 斯特龙主编．麦考密克论证据：第五版．汤维建，等译．北京：中国政法大学出版社，2004：396. 此段话也从一个侧面表明，法院在适用专家意见证据规则时，首先解决的是可采性即证据资格的问题——而弗莱伊标准的基础便是，某些专家意见，因其基于的原理、技术缺乏可靠性，所以不具备证据资格。

了地区法院判决、联邦第九巡回上诉法院维持原判的两次审判。

　　而整个案件，归根结底，关键在于原告方多伯特等提供的8位证明苯涤汀与胎儿畸形之间具有因果关系的专家证言是否具有可采性，这在由布莱克门大法官主笔的判决书中开篇就有明确："本案中，要求我们决定在联邦审判中采纳专家科学证言①的标准。"

　　地区法院及联邦第九巡回上诉法院均认为，8位专家的证言不满足弗莱伊的"普遍接受"标准，因而不具有可采性，不能成为案件裁判的依据。

　　但联邦最高法院认为，"普遍接受"之弗莱伊标准因《美国联邦证据规则》的生效而被取代，而该规则中与专家意见的采纳与否密切相关的具体规则，即第702条——"如果科学、技术或其他特定知识能够帮助事实审理者理解证据或者裁断争议的事实，那么因其知识、技能、经验、培训或教育而具备专家资格的证人，可以就此以意见或其他形式作证"，并没有任何地方表示出"普遍接受"应是专家意见可被采纳的前提，也没有吸收"普遍接受"标准的任何意图，它更多强调的是证据的"相关性"——专家科学证言与案件的相关事实有关联，它就该具有可采性。虽然弗莱伊标准本身未被《美国联邦证据规则》所吸纳，但它所倡导的应在可采性层面对据称科学的证据是否可靠作出判断值得肯定，因为唯有基于"科学、技术或其他特定知识"的专家才是《美国联邦证据规则》第702条所认可的。换言之，法官不仅要判断某专家证言是否对事实审理者理解证据或者裁断争议事实有帮助，即是否具有关联性，还要判断该专家意见所基于的是否可靠科学知识。法官要成为审查判断专家意见是否可靠、是否可采的看门人，而弗莱伊标准却将法官理应发挥的看门人作用交付给了专家，显然不当。"那么，而对所提供的专家科学证言，审判法官必须一开始就依照规则104（a）来决定：专家正准备作证的是否为（1）科学知识，（2）将辅助事实裁判者理解证据或裁断有争议的事实。这就要求，对证言背后的推理或方法论是否具有科学效力，以及推理和方法论能否合理地适用于争议

---

　　① "专家科学证言"也即"专家意见"。因专家证人给出专家意见通常基于科学原理、科学知识而得出，所以"专家意见""专家证据""专家证言"又被称为"科学证据"或"专家科学证言"。

中的事实，作出初步评估。我们相信，联邦法官拥有对此作出审查的能力。许多因素都将对这种审查产生影响，我们并不指望提出一个正式清单或检验标准。但是，某些一般性意见是需要的。"① 随后，美国联邦最高法院借多伯特一案给出了共四点一般性意见，形成了被称作多伯特标准的裁量准则，专门用来供裁量专家意见是否可采时参考：（1）专家意见所基于的假设是否可检测或已经被检测；（2）所基于的理论或技术是否经过同行评审并公开发表；（3）所运用的技术或方法是否已知或可能存在很高的错误率，并是否对该技术或方法的操作有可控制的标准；（4）所用方法在适用时是否有相应的标准以及是否普遍接受。②

在给出评判专家意见之可采性的前述选择性参考因素③的同时，联邦最高法院还明确："我们强调，规则 702 所预设的审查是很宽松的。它的宗旨是关于所提交公断的原理之科学有效性——也就是证据的相关性和可靠性。当然，其焦点必须集中在原理和方法论本身，而不是它们所产生的结论。"④ 从证据法学角度看，"集中在原理和方法论本身，而不是它们所产生的结论"恰恰强调的是专家意见在可采性层面的可靠性，而不是原理和方法论之结论的可靠性——后者，显然是专家意见在采信层面的问题了。

在多伯特案及锦湖轮胎案⑤的共同影响下，《美国联邦证据规则》于

---

① 艾伦，等. 证据法：文本、问题和案例：第三版. 张保生，等译. 北京：高等教育出版社，2006：733.

② GRAHAM C LILLY. Principles of evidence. the 4th edition. St. Paul：Thomson/West，2006：364.

③ 所谓"选择性参考因素"，是指在考虑专家意见是否具有可采性时，不必要求其同时满足这些因素，能满足其中一条或几条就可以。显然，这比弗莱伊的"普遍接受标准"要宽松了许多，更适宜新科学、新技术应用于解决诉讼中的专门性问题。

④ 艾伦，等. 证据法：文本、问题和案例：第三版. 张保生，等译. 北京：高等教育出版社，2006：734.

⑤ 锦湖轮胎案（Kumho Tire Company，LTD. v. Carmichael）于 1999 年由美国联邦最高法院终审结案。从实质上看，该案与多伯特案并没有不同，即均是关于专家意见之可采性标准的判例，所不同的是，多伯特案涉及的是科学知识方面的专家意见，而锦湖轮胎案涉及的则是技术或其他专业知识方面的专家意见。由布瑞耶（Breyer）大法官主笔的联邦最高法院判决书认为：多伯特案确立的法官作为专家意见之守门人的职责，不仅在专家意见涉及科学知识时具有，而且在专家意见涉及技术或其他专业知识时同样具有；当专家意见涉及技术或其他专业知识时，法官在完成其职责时，也应该考虑由多伯特案给出的那四个衡量因素。受篇幅和主题的限制，本章在此未及详细介绍锦湖轮胎案的始末。

2000年为其第702条规则增加了新的内容，即在"如果科学、技术或其他特定知识能够帮助事实审理者理解证据或者裁断争议的事实，那么因其知识、技能、经验、培训或教育而具备专家资格的证人，可以就此以意见或其他形式作证"之后增加了"但需符合下列条件：（1）证言基于充足的事实或数据；（2）证言是可靠原理和方法的产物；且（3）证人可靠地将这些原理和方法适用于该案的事实"①。

　　仔细品味《美国联邦证据规则》的第702条，特别是增加的（1）、（2）、（3）这三条，不难发现，美国意见证据规则对专家意见的态度是明确而又层次清晰的：它首先强调，专家意见在诉讼中可以采纳，但专家意见是否可以被采纳、并进而被采信，则取决于它是否在采纳及采信层面分别具有可靠性：① 专家意见不得凭空而生，应有充足的事实或数据作支撑；专家意见应是可靠原理和方法的产物；② 专家意见应是可靠原理和方法与具体案件事实的有机适用和结合。显然，①是采纳层面的可靠性问题，如常见的 DNA 鉴定、司法精神病鉴定、法医鉴定、笔迹鉴定、指纹鉴定、枪弹鉴定等等，通常是可靠原理和方法的产物，且有充足的事实或数据作支撑，所以一般而言，不会被法庭所排除。但这些鉴定应用于某案件时是否得出了可靠的结论，即是否具有证明力，则需要结合该案件的具体情况加以衡量：接受鉴定的检材和样本来源是否可靠、是否受到污染、是否得到稳妥且科学的保管，鉴定时所用的仪器设备是否处于良好的运行状态，所用的试剂是否过期或受到污染，所用的方法、技术是否合乎技术规范等等，这些方面的任何差池均有可能使得本有可靠原理、方法作基础的某一鉴定活动，最后得出不可靠的专家意见即鉴定结论。因此，在采纳层面获得了肯定的专家意见，还要结合案件的具体情况接受证明力的评价，而这，恰恰是②所关注的。

　　在我国，没有"专家意见""专家证言""专家证人"或"科学证据"等等术语，但却有着本质一样的"鉴定意见"之说。虽说我国少有将鉴定意见与意见证据规则相提并论者，但我国法律认可鉴定意见的证据地位：

---

　　① ALLEN, KUHNS, SWIFT and SCHWARTZ. Evidence: text, problems, and cases. 4th edition. New York City: Aspen Publishers, 2006: 628.

我国三大诉讼法均明文规定，鉴定意见是法定 8 种证据形式之一。这表明，鉴定意见在我国诉讼中的使用并没有太大的障碍。问题是，基于对科学技术、科学方法、科学原理的崇拜，诉讼中往往出现这样的情形：只要是冠以"鉴定意见"的名头，当事人、检察官、律师甚至法官就可能不再怀疑它的可靠性，而是直接将其用作定案的证据。正如前文已经提及的名称转变，由"结论"至"意见"的变化，清楚地表明鉴定人或专家们给出的，是"推论"或"意见"，而不是定论，具有一定程度上的非唯一性和主观性。因此，对其不应盲目相信，而是要给以必要的审查判断。

相较于美国而言，我国对能够给出专家意见也即鉴定意见的专家有着较为严格的规定，即根据《司法鉴定管理决定》第 4 条、第 5 条，唯有在获得行政许可的鉴定机构里执业的鉴定人，才能给出鉴定意见。而美国，则允许最广泛意义上的专家为诉讼中的专门性问题提供意见："……专家不仅是在最严格意义上使用的表达，例如医师、物理学家、建筑学家，而且有时包括大批被称为'有技巧的'证人的人，例如为地价作证的银行业者或地产者。"① 从理论上说，我国这种鉴定人、鉴定机构资格授予的形式更有利于为鉴定意见的可靠性把关，因为它通过行政审查的方式已将一些没有专业知识的"伪专家"排除在外了，但却有可能使得那些本就因崇拜科学而迷信鉴定意见者更疏于关注鉴定意见的可靠性——给出鉴定意见的鉴定人及其所属的鉴定机构可都是依法经审核后才获得资质的，由他们给出的鉴定意见怎可能会不可靠?!②

事实上，无论是美国那种广泛意义上的专家证人，还是我国较为狭隘的资质许可式的鉴定人，其给出的专家意见均只不过是一种个人的推论或意见。因为这种推论或意见不是常人能够得出、且有助于事实审理者裁判案件，所以美国及我国均将其区别于普通证人意见的意见证据，并认可其

---

① 《美国联邦证据规则》咨询委员会对第 702 条的部分解释，转引自何家弘，张卫平主编. 外国证据法选译. 北京：人民法院出版社，2000：725.

② 在我国，对鉴定机构、鉴定人的登记许可可以说是形式上的，如申请做鉴定人，只要满足基本条款上的要求，即遵守法律、具有相应要求的职称、或受过高等教育并从事相关工作达一定年限、且身体健康等，就可获得相应资格。这种较为宽泛的、非实质性的登记许可制，严格说来并不能真正保证从事鉴定工作的人的实际能力，因而其出具的鉴定意见必然在可靠性上还需要进一步的评判。

证据地位。但这种区分和认可只是在证据资格层面，也就是可采性层面，对专家意见之可靠性的一般认可，具体到个案，则还需要从证明力层面加以进一步的审查，以判断某案中相关的鉴定意见或专家意见，究竟有多么可靠、其证明力究竟有几何。因此，我国不仅要通过《司法鉴定管理决定》以及其后由司法部颁发施行的《司法鉴定机构登记管理办法》《司法鉴定人登记管理办法》《司法鉴定程序通则》等，对能够就诉讼中的专门性问题给出专家意见的"专家"作出最为基本的筛选，而且需要对每个鉴定意见有正确的认识，要着重考究，有充足的事实或数据作支撑、并是属于可靠原理和方法之产物的鉴定意见，在当前的案件中，是否将相应原理和方法与具体案件事实有机结合在一起了。

五、终极问题原则与专家意见的受限性

无论是普通证人还是专家证人，按照英美法传统，在意见证据规则约束下，均还要受一个原则的限定，即就案件中事实或法律的最终结论，他们不能表达意见。该原则被称为"终极问题原则"（Ultimate Issue Doctrine），并曾经被英美国家最为严格地遵守着——只要当证人作证时给出的意见或结论涉及案件中的终极问题，这些意见或结论就不得被当作证据。

之所以有这样一个原则存在，是因为人们普遍认为，一旦允许证人就案件的终极问题发表意见，那么事实裁判者，即陪审团或法官认定事实的职能就完全被证人篡夺了。例如，"张三实为疏忽大意""李四的行为是非法的""王五存了这么多的海洛因，表明他打算贩卖这些海洛因""丁六没能力判断这样做会将自己的钱财散光"等证言中，"疏忽大意""非法的""打算贩卖""没能力判断"等显然均是终极的法律结论，这些终极法律结论本最应该由陪审团或法官作出，但却经证人的嘴给出，此时陪审团或法官无疑被彻底架空了！

理论上说，法官和证人各自的职责清晰而又界限分明。因不占有某些知识，或者不具有解决某专业性问题所必备的特殊能力，故而陪审团或法官有时必须将自己的权能让渡给普通证人或专家证人，但显然，这种让渡只应是暂时的，且仅仅只是在涉及案件中的基础事实时出现；一旦涉及案

件争议的终极事实或法律问题，则有权定夺的，显然应是陪审团或法官，否则，陪审团或法官就彻底失去了存在的意义。换言之，意见证据规则即使允许普通证人在例外情况下给出意见，即使通常允许专家证人给出专家意见，这些允许也均限于所涉事实不是案件的最终事实或法律问题，而如若涉及案件的最终事实或法律问题，则有权做出结论的，只能是陪审团或法官，而不能是证人。事实上，《美国联邦证据规则》出台前的英美法系国家，传统上一直严格地认为，关乎案件的终极事实或法律问题时，证人不得以意见介入。

但是，《美国联邦证据规则》第 704 条，则基本抛弃了终极问题原则。

说它"抛弃了"终极问题原则，是因为按照第 704 条（a）的规定，"除了本条（b）款规定的以外，依其他规定已具可采性的意见或推论式证言，不因其涉及本应由事实裁判者裁决的终极问题而受到异议"①，普通证人意见或专家证人意见，只要不属于（b）款言及的特殊情形，只要按照前文探讨过的适用条件本已具有了可采性，如意见证言合理基于证人的知觉、对陪审团等事实裁判者有帮助，或意见证言是专家基于充足事实或数据、并将可靠原理和方法有机适用于相关案件得出的等，那么哪怕它涉及案件的终极问题，也不被排除。显然，它更强调证人意见的实用性，并姑且放弃了本应一握在手的裁判权。

说它只是"基本"抛弃，是因为第 704 条（b）为终极问题原则留下了一丝存活余地，即："刑事案件中，就被告的精神状态或状况作证的专家证人，不得就构成刑事指控或辩护之要件的被告精神状态或状况，陈述意见或推论。此类终极问题应是事实审理者独自决定的事项。"② 而这一存活余地的出现，始于 1984 年里根总统被刺案后国会的修法，并使得专家意见在内容上有了明确的受限性：专家们可以自由地就被告是否罹患精神疾病或是否有精神残缺作证，并描述这种精神疾病或残缺的症状、特征是什么，但专家们却不能作证说，该精神疾病或残缺使得被告无法懂得某

① STEVEN GOODE and OLIN GUY WELLBORN III：Courtroom evidence handbook：2006—2007 student edition. Thomson/West，2006：218.

② STEVEN GOODE and OLIN GUY WELLBORN III：Courtroom evidence handbook：2006—2007 student edition. Thomson/West，2006：218.

行为的错误性。① 此时，专家意见所受的限制在于，他可就被告的精神状况陈述医学结论，但却不能就其精神状况表达法律结论。

　　按照联邦证据规则起草咨询委员会的说法，美国基本抛弃终极问题原则的原因在于，该原则"是过分的，难以适用的，而且一般而言只起到剥夺事实裁判者获得有用信息的作用"②。但笔者认为，其真正原因在于，《美国联邦证据规则》的出台，为普通证人意见和专家证人意见的可采性提供了较为周密、完整而又统一的标准，即以规则第 701 条、第 702 条为核心，以规则第 403 条③、第 602 条为基础的评价体系，只要法官们结合案件的具体情况，严格按照该评价体系的规定自行裁量，是完全可以做到的，即使关乎案件的终极问题，普通证人或专家证人的意见也并没有根本动摇事实裁判者的裁判权或影响诉讼结果的可靠性。换言之，终极问题原则已基本上被由规则第 701 条、第 702 条、第 403 条和第 602 条组成的综合评价体系所替代，不再具有存在的现实意义。事实上，规则第 704 条（a）款对终极问题原则的抛弃是有前提条件的，那就是，该条文中那两个不起眼、但却必不可少的词汇"otherwise admissible"（本章将它们译为"依其他规定已具可采性"）起着关键作用：能够真正抛弃终极问题原则，或者说能够在关乎终极问题时仍被采纳的证人意见，首先要满足其他一些与意见证据有关的可采性标准，否则，终极问题原则无疑还将发挥作用！

　　基于"otherwise admissible"二词的存在，《美国联邦证据规则》第704 条（a）款的适用实质上又回到了根据第 701、第 702 和第 403、第602 条的综合规定，对普通证人意见证据和专家证人意见证据的可采性进行审查的问题上来了，即：某意见证言是否合理基于证人的知觉并对陪审团等事实裁判者有帮助，某意见证言是否专家基于充足事实或数据、并将

---

　　① STEVEN GOODE and OLIN GUY WELLBORN III: Courtroom evidence handbook: 2006—2007 student edition. Thomson/West，2006：221.

　　② 转引自艾伦，等．证据法：文本、问题和案例：第三版．张保生，等译．北京：高等教育出版社，2006：788.

　　③ "尽管某证据具有关联性，但如果其具有的不公正偏见、混淆争议或误导陪审团的危险，或者考虑到过分拖延、浪费时间或无谓地出示一些重复证据等因素，已实质上超过其证明价值时，那么该证据也可被排除。"受主题和篇幅的限制，本章没有讨论规则第 403 条对意见证据规则的具体影响。

可靠原理和方法有机适用于相关案件得出的，等等。实务中，下列五个因素①往往是涉及终极问题的意见证据最终被排除的理由：（1）普通证人不具有作证的资格。某些结论可能仅仅只能由具有专门知识的专家得出。（2）不适当地探讨了法律的标准。除非其对基础的法律标准有着适当的理解，否则，就不会认为，某混合涉及法律和事实问题的意见对事实裁判者有帮助。（3）仅仅以结论性术语加以陈述的意见，只不过是告诉陪审团应达成怎样的结果，因而对事实裁判者是没有帮助的，也就没有做到"otherwise admissible"。（4）证言是以并不必需的意见形式而存在。如果陪审团同样处于从某些事实得出结论的最佳位置，那么该意见就没有帮助。同样没有帮助的意见是，某证人试图在作证时就法律而向陪审团作指示。（5）超出了证人的专门知识范围。

明晰了终极问题原则被基本废弃的原因后，也就不难理解，为什么"某人是否疏忽大意""某人有无能力"之类的意见证据仍然会被排除：因为在获得了证人给出的一些基本事实陈述之后，陪审团完全可以就"某人是否疏忽大意""某人有无能力"等问题得出自己的判断——此时，证人给出的"疏忽大意""无能力"等意见显然就归于无帮助之列了。

如前所述，我国针对普通证人的意见证据规则在 21 世纪初才见于司法解释中，且迄今为止，十年过去了，还仅仅有三条法律条文，远远无法规范意见证据规则所应涉及的众多问题；虽然与专家证人意见规则同义的鉴定制度在近几年明显为众多学者、实务者所关注，相关的制度构建和完善也在进行中，但与鉴定、鉴定结论密切相关的各种规定明显表现出彼此少有照应、各自为政的状态。② 加上理论研究也是严重不青睐意见证据规则，有关意见证据的终极问题原则在我国几乎是闻所未闻，更别说其初始

---

① STEVEN GOODE and OLIN GUY WELLBORN III. Courtroom evidence handbook：2006—2007 student edition. Thomson/West，2006：220 - 221.

② 我国三大诉讼法规定了涉及专门性问题时可启动鉴定，并认可了鉴定结论的法定证据地位；有关民事诉讼证据规定、行政诉讼证据规定、刑事诉讼中的"两个证据规定"对鉴定的启动或鉴定结论（鉴定意见）的可采性该如何评价有一定的规定；全国人大常委会颁布施行的《司法鉴定管理决定》虽原则性地涉及了某些鉴定的行政管理问题，但具体实施管理的公安部、最高检、司法部，各自出台的管理规范不尽相同、甚至有所冲突，这些都使鉴定结论（鉴定意见）最终在法院的可采性上出现一定的问题。

被美国全盘抛弃、随后又略有保留的动态变化和相关原因了。

当然，我们不能盲目认为美国的终极问题原则就至为先进，但该原则对事实裁判者裁判权归属的维护和这一原则近几十年来的动态变化及其原因，在我国开始尝试规范普通证人意见证据和鉴定人鉴定意见之可采性的当前，可给我们以积极的启发：

（1）就案件中最终争议的问题，也就是终极问题，有权给出结论的，只能是事实裁判者，如陪审团或法官。

（2）事实裁判者对终极问题的裁判权，也就是终极问题之结论的给出权，可以让渡与普通证人或鉴定人，也可以保留。但如若让渡，则前提应该是，有一套完备、严密的意见证据规则，约束着普通证人或鉴定人给出的、有关终极问题的意见满足相应的可采性要求：该意见对事实裁判者有帮助，如若是普通证人给出的，需是以其亲身感知的知识为基础，且不是专家才能给出的；如若是鉴定人给出的，需是以充足的数据和事实为基础，并是可靠科学原理和方法与具体案件的有机结合。

（3）鉴定人在刑事案件中就被告之精神状态给出鉴定意见时，只能就有无精神疾病或缺陷以及这种疾病或缺陷的主要特征或症状是什么给出意见，而不能就有该精神疾病或缺陷的被告在实施某行为时是否意识到该行为的违法性、不当性发表看法。

就（1）而言，我们需要做的，应该是观念的树立；就（2）而言，我们需要做的，则是在裁判权让渡与否的问题上做出选择：在当今世界发展变化多样、各种知识爆炸式涌现的情况下，指望事实裁判者成为"万事通"，占有各种各样的知识进而可以自如完成自己的终极问题裁判职责似乎不大现实，那么让渡其裁判职权似乎也就成为不二的选择，此时，显然我们应该梳理、完善现有的用于评判意见证据之可采性的各种标准，使之形成一个精练、完备、严密的意见证据可采性评价体系。

至于（3），则恐怕是我们不得不施以"手术"的部分。因为在我国，在现行《司法鉴定管理决定》及《司法鉴定程序通则》的约束下，依照最高人民法院、最高人民检察院、公安部、司法部、卫生部于1989年7月11日颁布、同年8月1日施行的《精神疾病司法鉴定暂行规定》，司法精神病鉴定不仅仅限于被鉴定人精神疾病状况的鉴定，有关各种"能力"，

如刑事案件中犯罪嫌疑人、被告人的刑事责任能力、刑事诉讼能力、服刑能力，民事案件中被鉴定人的民事行为能力、民事诉讼能力，以及各类案件中被害人等在其人身、财产等合法权益遭受侵害时对侵犯行为有无辨认能力或者自我防卫、保护能力等，都是司法精神病鉴定人有权鉴定的内容或重要内容！被鉴定人是否罹患某种精神疾病，其症状或外在表现、特征如何，显然是医学知识范畴的内容，理应由具有医学这一科学知识和经验的专家或鉴定人根据各个案件的具体情况给出；具有精神病学科学知识和经验的专家或鉴定人给出的结论也因此具有可靠性——正是对这种结论或意见之可靠性的渴求，意见证据规则才允许专家或鉴定人自此介入诉讼。但前述各种"能力"，无论是刑事责任能力或民事行为能力，无一不是法律上的概念，明显有别于普通人（包括司法精神病鉴定人）的理解，"而证人和陪审团对能力的理解可能完全不同于法律的规定"①。当然，我们可以在诸如司法部颁布的标准化鉴定方法等规定中加上这样的文字："运用精神病学及法学的理论和技术"。但有了这种文字，精通精神病学知识的鉴定人就拥有了法律专业知识，就能深谙并能准确把握法律概念上"能力"的内涵、外延及具体适用吗？当然，也有人可能会说，诸如《精神障碍者刑事责任能力评定指南》之类标准的出台，能够帮助精神病鉴定专家就法律上的"能力"作出分辨和评断，但如果有了这样的标准，普通人（当涉及法律问题时，精神病鉴定专家充其量也不过只是普通人）就能分辨并评断法律上的"能力"，那么为什么在精神病鉴定专家就被鉴定人的精神状况或缺陷及具体表征给出医学方面的专家意见之后，不再让事实裁判者参照《精神障碍者刑事责任能力评定标准》之类的标准就法律上的"能力"问题做出自己的判断，从而履行自己本该履行的职责呢？意见证据规则对专家意见证据地位的首肯起因于专家拥有事实裁判者不拥有的专业知识及依附专业知识而存在的推理、判断能力。虽然不是案件的终极问题，但如果对事实裁判者没有帮助，即事实裁判者本身有知识、有能力解决——如事实的认定和法律的适用，那么就没有任何理由将该问题交给其

---

① MARK REUTLINGER. Evidence：essential terms and concepts. New York：Aspen Law ＆ Business，1996：187.

他人解决，否则，就真正成了裁判权的被剥夺。事实上，我国的司法实务特别是刑事司法实务中，涉及精神病鉴定的案件之争议颇多，与精神病鉴定专家额外负担了本应由事实裁判者完成的"能力"评判工作不无关系。例如，有案件就出现过这样的情形：不同的精神病鉴定专家均认可被鉴定人精神病的存在，但在责任能力或行为能力方面，不同专家给出了不同的评价！因此在我国，有必要还原精神病鉴定专家的本职功用，将其专家意见的给出限定在对被鉴定人之精神状况或状态的诊断方面，并在经诊断确定被鉴定人患有某精神疾病时允许其陈述："这种疾病或缺陷通常会表现出××××症状或特征。"至于有这些症状或特征的精神病患者是否具有法律意义的"责任能力"或"行为能力"，则并非精神病鉴定专家之医学知识所能解决的，而应返回再由事实裁判者自身来解决。显然，在此还原之"手术"中，美国对终极问题原则的全盘放弃以及重新适当肯定的做法值得我们深思。

六、意见证据规则的适用要求

意见证据规则在我国虽依次经民事诉讼证据规定、行政诉讼证据规定和刑事诉讼的"两个证据规定"得以先后明确地确立，但充其量，仅有十年左右的历史，而且相关的理论研究还非常稀少，因此，意见规则适用起来究竟需要怎样的环境、到底会有怎样的效果，目前还很难定论。但是，意见证据规则在英美法系国家、特别是在美国的绵长发展史告诉我们，意欲发挥意见证据规则的应有功效，确保普通证人之意见不轻易篡夺事实认定者的职权，确保专家证人之意见能可靠地被采纳，我们的诉讼环境应要满足如下基本要求：

（一）法官拥有充分的自由裁量权并能自如、自觉地行使

意见证据规则得以存在的基本前提是，"意见"区分于"事实"，是一种推论、猜测、评论，有可能令事实认定者形成偏见进而影响诉讼的公正。但如前所述，"意见"与"事实"的区分并非通常认为的那样泾渭分明，其区分只不过是程度上的不同，或者只不过是由着人们给贴上一个标签而已。而恰恰是这种区分的不易、恰恰是该贴上怎样的标签，使得意见

证据规则的适用极大依赖于法官的自由裁量权：普通意见证据规则不是有例外吗？那么本案中普通证人给出的到底是"意见"还是"事实"？如若是"意见"，那么它是否属于例外范畴的"意见"？即已为法官定性为"意见"的陈述是否对事实认定者有帮助？是否合理地基于证人本身的知觉，且该证人的陈述不以专业知识为基础？对这些问题的回答必然要求审判法官在法律的规定下自行裁定。专家意见证据规则也有例外，即不符合多伯特标准，或者虽满足多伯特标准但却是刑事案件中就构成控告或辩护之要件的被告人精神状况或状态的专家意见，则不得被采纳。那么本案中专家意见的具体情形是否符合多伯特标准给出的四个参考因素？或者是否不当地涉及了本应由事实认定者来判定的被告人精神状况问题？这些显然也要由审判法官自行决定。此外，无论是普通证人意见还是专家证人意见，如果其涉及了案件的终极问题，那么它是否该因此受到异议，取决于根据意见证据规则的相关规定它是否已具有了可采性，即它是否本身便对事实认定者有帮助？是否是以其亲身感知的知识为基础？或者是以充足的数据和事实为基础，并是可靠科学原理和方法与具体案件的有机结合？这些问题的解决也需要法官自行裁量。无怪乎，有学者认为："因此，正常理性要求赋予法官更大自由裁量权，至少可以对证据是'事实'还是'意见'加以区分，而且也需要授予其批准甚至是意见证据（也可采纳）的权力。"①

我国是成文法国家，案件的处理更多是严格依照苛严的法律条文来进行。但因法律不可能完全、具体、精细地反映复杂而又多变的社会，所以在制定粗略、概括、抽象、滞后、不周延、模糊的法律条文时，我们不得不赋予法官一定的自由裁量权。以我国的刑事意见证据规则来看，"证人的猜测性、评论性、推断性的证言，不能作为证据使用，但根据一般生活经验判断符合事实的除外"，法律无疑赋予法官相应的自由裁量权——就"何为根据一般生活经验判断符合事实"，法官有权自行决定。但问题是，我国整个的法律文化传统、思维方式以及对自由裁量权行使结果的评价，似乎对法官自如、自觉行使自由裁量权设置了一定的障碍。因此，笔者认

---

① 斯特龙主编．麦考密克论证据：第五版．汤维建，等译．北京：中国政法大学出版社，2004：21.

为，意欲使我国立法已经认可的意见证据规则得以有效适用，为法官们创造一个其能自如、自觉行使自由裁量权的氛围很是必要。

（二）质证程序得以充分保障并能有效实施

与其他证据规则一样，意见证据规则的适用并非独立的过程，它需要程序的保障，而在众多的保障程序中，质证应该是最为关键的程序之一。之所以这样认为，是因为，如若撇开证据的合法性这一社会属性的价值追求不谈，证据的生命力显然在于证据的可靠性。而意见证据规则，恰恰就是为了确保证据有着基本的可靠性。诚然，法官可依法充分行使自由裁量权，进而定夺哪些是事实可采纳、哪些是意见得排除、哪些虽是意见但却可采纳等等，但法官行使该裁量权的前提是，当事人双方就某陈述是"意见"还是"事实"有争议、有质疑，没有争议、没有质疑，那么也就不需要法官来裁量了。而对陈述的争议、质疑，恰恰就是质证，故而没有质证程序，意见证据规则就无以适用，就无以从可采性层面切实保障相关陈述的可靠性。进一步言，获得可采性的意见证据，其是否真正真实可靠，是否真正具有证明力，则还需要当事人双方借助直接询问、交叉询问的质证程序才能完成。因此，意见证据规则的适用离不开质证程序。

经过司法改革，经过借鉴、吸纳先进发达国家的法制精华和经验，虽然质证从程序上说，已经为我国现行诉讼法所确认，但因案件负担沉重、或者对质证的价值认识还有局限性，实务中，质证往往流于形式，并没有实质性展开，例如，有鉴定人坦言，某日他出庭就鉴定结论接受质证，一个上午出了四个庭、每个庭不过停留了十来分钟！再者，我国现行诉讼法的制度设计还存在着本质的缺陷，以至于与意见证据规则之适用密切相关的质证程序根本无法展开。就普通证人的陈述而言，质证由律师、甚至当事人本人即可完成。就鉴定人给出的鉴定结论或意见而言，质证如若仅仅依靠律师及当事人，则显然难以达到"去伪存真"的目的，因为鉴定意见所基于的专门知识、技术、原理等，非常人所能理解；也恰恰是由于这一原因，我国先后修订的《刑事诉讼法》《民事诉讼法》及配套司法解释等均以正式法律规定的高度明确许可鉴定意见的不利方可以申请具有专门知识的人员参与对鉴定意见的质证。

因此，意见证据规则的适用，不仅要求相应的诉讼程序设置了质证环

节,而且要求在"人力"上确保质证真正能够从实质上得以实现。

(三)实践经验总结与理论研究互动促进现有意见证据规则体系逐步科学化、缜密化

意见证据规则于我国法制而言,无疑是舶来品,其真正嵌入我国法律条文中,只不过十余年。嵌入我国法律中的意见证据规则到底有无生命力,在实务中到底有无具体适用,且适用过程中到底出现了怎样的问题,无疑需要我们去探寻、去研究、去总结;同时,我们应该一改当前理论界少有人关注意见证据规则的现象,分一些注意力在对意见证据规则的价值内涵、适用基础、实质内容等方面的探讨上,力图理论与实务良性互动,才可能将舶来的意见证据规则真正鲜活地适用于我国的诉讼土壤。此外,考虑到专家意见证据与普通意见证据一定程度上的同质性,有些规定就必须站在意见证据规则的制高点统一加以规定,而不是像当前那样由各个部门各自为政地规定并施行,才能形成科学、缜密的规则体系,以便普通证人的意见及鉴定人的鉴定意见均能有机地得以适用。

第三章　意见证据规则与其他证据规则的并存及分界

　　本章将对意见证据规则及与其密切相关的三种证据规则进行比较研究，具体包括传闻证据规则、品格证据规则及相似行为证据规则。首先，对这三种证据规则的概念、主要内容等进行一般性介绍，并简要总结中国司法语境下学界对几种证据规则的研究。其次，对意见证据规则与这三种证据规则存在的共通点和差异进行分析，以在此基础上更为深入地揭示意见证据规则的内涵与外延。

　　不管是意见证据规则、传闻证据规则、品格证据规则还是相似行为证据规则，由于都产生于英国并在以英国、美国为代表的国家发扬光大，因而本章的研究主要结合这两个国家的法律、判例及学理展开。其中的《美国联邦证据规则》作为证据法规范的集大成者如今已在全球范围内产生了极大的影响，因此本章对相关法律条款的分析将主要建立在这部重要法律的文本之上。①

---

　　① 相关条文的翻译主要参考并援引自王进喜．《美国联邦证据规则》（2011 年重塑版）条解．北京：中国法制出版社，2012.

一、传闻证据规则

（一）传闻证据规则的概念

传闻证据规则是英美法系国家极富特色的证据规则，也是其证据法中"最古老、最复杂和最令人感到迷惑的一项证据排除规则"①。但实际上，传闻证据规则的概念本身其实并不复杂。有学者将其定义为，"该规则是指除具有法定的例外情形，传闻证据不具有可采性，不得提交法庭调查质证的规则"②。也有学者认为："根据传闻证据规则，如果一个证据被认定为传闻证据，并且没有法定（包括普通法和制定法）例外情况可以适用，则该证据不得被法庭采纳。"③ 虽然下定义的视角略有不同，但这些观点所认定的传闻证据规则都是建立在这样的基础之上，也即首先要确定某一种证据属于传闻证据，其次考虑是否有例外情形，如果无这样的例外则原则上均需排除传闻证据。因此，理解传闻证据规则的最为重要的问题，实际上是关于传闻及传闻证据的认定。

所谓传闻（hearsay），日常语义是指"辗转流传的事情"④ 或"风闻、谣传、道听途说"。根据《美国联邦证据规则》第 801（C）条，"传闻"是指这样的陈述：（1）该陈述并非陈述人在当前审判或者听证作证时作出的；并且（2）当事人将其作为证据提出，用以证明该陈述所主张事项之真实性。根据该条文的表述，"传闻"至少可以更为具体地包含这样三层意思：其一，由庭外陈述人作出；其二，用以证明诉讼中某一主张事项的真实性；其三，内容为主张性陈述。⑤

---

① RUPERT CROSS, Cross on evidence. sixth edition. London：Butterworths, 1985：453；ANDREW L T CHOO. Hearsay and confrontation in criminal trials. Oxford：Clarendon Press, 1996：Preface.

② 陈光中主编. 刑事诉讼法. 2 版. 北京：北京大学出版社, 高等教育出版社, 2005：216.

③ 刘玫. 传闻证据规则及其在中国刑事诉讼中的运用. 北京：中国人民公安大学出版社, 2007：28.

④ 中国社会科学院语言研究所词典编辑室编. 现代汉语词典. 增补本. 北京：商务印书馆, 2002：194.

⑤ 伊姆维克里德. 揭开"非传闻证据"的神秘面纱——哪些法庭外的陈述不是传闻证据?. 张晶, 张筱晨, 译//何家弘主编. 证据学论坛：第 15 卷. 北京：法律出版社, 2010：244.

　　如果再具体从上述第一层意思来看，传闻证据在实践中又可以表现为三个方面的形式：一是口头转述，即他人在审判期日以证人亲身感知的事实向法庭所作的转述。二是书面材料，主要体现为亲身感受了案件事实的证人在庭审期日以外所作的书面证人证言以及警检办案人员所作的（证人）询问笔录，也即书面笔录。① 因此，也有学者在阐述传闻证据的概念的时候，强调"传闻证据是在法庭之外作出却在法庭之内作为证据使用的口头的或书面的陈述"②，从而特别突出强调了书面陈述也是传闻证据的一大表现形式。三是非语言行为。根据《美国联邦证据规则》对传闻证据界定的内容，如果非语言行为能构成一种主张，并用来证明事实的发生或者存在，那么这种非语言行为也属于传闻证据。非语言行为与口头转述、书面材料作为传闻证据的唯一区别在于：在涉及口头或书面陈述的案件中，可以从形式上判断它们是否带有主张性；而在涉及非口头行为的案件中，通常是由法官作出判断并将之作为构成传闻证据的基础。③

　　需要注意的是，在理解传闻或传闻证据的时候，还有一个重要的概念需要厘清，这便是"非传闻证据"。这类证据表面上符合传闻证据的特征，但实质上并不属于传闻证据。根据上文所介绍的传闻证据所包含的三层意思的解读，如果不符合这三层意思所指向的传闻证据的特征，便不应当属于传闻证据。根据美国学界的主流观点，以下三种先前陈述便属于"非传闻证据"的典型样态：（1）先前的陈述和陈述者现在作证的证言不一致，但先前的陈述也是在审判听证或其他程序中，或者是在作证中经宣誓（如作伪证而愿受惩罚）后提供的；（2）先前的陈述和陈述者现在的证词一致，而且把先前的陈述重新在法庭上提出来的目的是反驳对方明示或暗示地指责陈述者现在是在作假证、近来受到了不正当

---

① 有一种观点认为，"口头转述"和"书面材料"共同构成了传闻证据的两种基本类型。陈光中主编.证据法学.3版.北京：法律出版社，2015：257.另有研究者类似地提出，传闻有广义和狭义之分。广义的传闻包括以上三种类型，而狭义的传闻仅指前两种，而不包括非语言行为。齐树洁主编.美国证据法专论.厦门：厦门大学出版社，2011：192.

② PAUL F ROTHSTEIN. Evidence: State and Federal Rule. West Publishing Co., 1982：207.

③ 斯特龙主编.麦考密克论证据：第五版.汤维建，等译.北京：中国政法大学出版社，2004：489.

影响或有新的动机；（3）先前的陈述是察觉某人后所作的一种辨认。①由于这些证据实质上并不属于传闻证据，因而其并不需要受到传闻证据规则的调整。

（二）传闻证据规则的主要内容

1. 传闻的排除

根据上文对传闻证据规则的阐述，如果某人的陈述或非语言行为属于传闻，那么就应当被排除，除非它属于相应的例外情况。对此，《美国联邦证据规则》第802条更是通过立法作了如下明确的规定："传闻不可采，除非下列法律或者规则另有规定：联邦制定法、本证据规则或者最高法院制定其他规则"。

除了英美法系国家而外，少数大陆法系国家和地区也有限制地在立法中确立了传闻证据规则。例如，日本《刑事诉讼法》第320条也规定了否定传闻证据的证据能力的原则，即所谓的"禁止传闻原则"，它同随后的第321～328条关于传闻例外、不适用传闻和非传闻的规定共同形成了完整的刑事诉讼传闻规则。又如，我国台湾地区"刑事诉讼法典"第159条也规定："被告以外之人于审判外之言词或书面陈述，除法律有规定者外，不得作为证据。"② 这一表达与英美法系的传闻规则在结构形式上完全相同，只能认定其就是传闻规则，而不可能有其他不同的解释。③

2. 传闻证据排除的原因

学界关于传闻证据排除之法理的研究，相对较为复杂，但细加分析并予总结，大致是基于以下两大方面的原因，而这两个原因也是最为传统的两种分析视角。

一方面是基于证据真实性判断的考虑。具体而言，这大致又可以分解为四个方面的理由。其一，传闻证据本身因为不是本人亲自在法庭上所作

① 伊姆维克里德. 揭开"非传闻证据"的神秘面纱——哪些法庭外的陈述不是传闻证据?. 张晶，张筱晨，译//何家弘主编. 证据学论坛：第15卷. 北京：法律出版社，2010：249.
② 何家弘，刘品新. 证据法学. 5版. 北京：法律出版社，2013：368.
③ 周叔厚. 证据法论. 台北：三民书局，1995：812；黄朝义. 论刑事证据法上之传闻法则. 东海法学研究，1998（12）.

的陈述，所以存在转述不准确或伪造的可能。其二，传闻证据是未经宣誓就提出来的，由于无法经过交叉询问程序质证，其真实性便难以通过公正的诉讼程序加以确定。其三，传闻证据不是在裁判者面前所作的陈述，裁判者于是不能根据陈述人的态度、表情、姿态等情况综合性地判断陈述内容的真实性。其四，传闻证据不是证明事实的最佳证据。总之，这些理论观点虽然侧重点不同，但都注意到传闻证据具有天然的不可靠性，采纳这种证据对事实认定而言是一种危险的做法。除了这四个方面的考虑外，还有研究观点认为，如果证人不出庭作证，便难以发现不自愿的证人证言。这是因为，当庭作证会因法庭上庄严肃穆的气氛而促使证人如实作证。① 虽然该观点站在了较为独特的视角，但其实也是出于对传闻证据容易失真的忧虑。

　　另一方面是基于权利保障的考虑。具体而言，这主要涉及保障被告人的宪法性权利——与对方证人的对质权的需要。例如，美国和日本宪法都将"与对方证人对质"规定为被告人的一项宪法性权利，如果允许采用传闻证据，则不能保证被告人此项权利的行使。② 对此，相较于绝大多数观点从证据真实性的角度对排除传闻证据之法理的分析，少数观点则更为重视权利保障，认为保障控辩双方交叉询问的权利才是传闻证据排除的基本功能。③

　　但是，正如下文还将进一步阐述的那样，以上两个主张排除传闻证据的最为传统的视角后来越发受到批评和质疑。为此，一些仍然坚决支持该规则的学者对其存在的理由进行了重新解释。例如，哈佛大学法学院的内森教授认为，传闻证据规则是建立在两个假设的基础之上的：一方面，公众对裁判的接受具有行为上的示范意义。因为，如果人们观察到被法律权威人士采用的程序是公正的，那么他们更愿意服从法律。另一方面，放弃证人出庭作证将会破坏公众对裁判的可接受性。因此，传闻证据规则实际上是提升裁判可接受性的一种方式。④ 此外，英国莱斯

---

　　① 樊崇义主编. 刑事证据规则研究. 北京：中国人民公安大学出版社，2014：422.

　　② 陈光中主编. 证据法学. 3 版. 北京：法律出版社，2015：258 – 259.

　　③ 伊姆维克里德. 揭开"非传闻证据"的神秘面纱——哪些法庭外的陈述不是传闻证据?. 张晶，张筱晨，译//何家弘主编. 证据学论坛：第 15 卷. 北京：法律出版社，2010：244.

　　④ CHARLES R NESSON. The evidence or the event? on judicial proof and the acceptability of verdicts. 98 Harvard Law Review 1357 (1985).

特大学的安德鲁博士认为，传闻证据规则不是为了单纯追求准确地发现案件事实真相，而是为了维持公众对整个刑事司法系统的信赖，它具有独立于证据可靠性的价值。① 综合来看，这些观点大体上可以归结为对程序的信赖，相较于以上传统的理论视角而言，虽然总的来说还是属于非主流的理论阐释，但其中进行的富有洞见的论证还是对排除传闻证据的理由进行了有益的补充。

3. 传闻的例外

在英美法系的传闻证据规则当中，在基本的原则性排除规范之外，一系列的例外情形可谓蔚为大观，这也可谓传闻证据规则的一大特色。② 而该规则之所以复杂，原因也正在于此。塞耶曾言："法律已经呈现出这样的形态，即形成一套基本的排除规则；接着对这些规则又形成一系列例外。"③ 而传闻证据规则可谓是证据排除规则加林林总总的例外规定的典型样态。

从英美证据法的学理来看，一般认为，具备下列条件之一的传闻证据可以被采纳：一是具有"可信性的情况保障"，也就是说，该证据具有较高的可信度或者不具有通常情况下传闻证据的不真实的危险，即使不赋予对方当事人交叉询问的机会，也不会侵害到对方当事人的利益，此时，可以赋予其可采性。二是已经给予了反询问或者质问的机会。④《美国联邦证据规则》第 802 条进一步根据这些学理的阐释，对传闻排除的诸多例外进行了规定，具体而言主要是第 803、804 和 807 条的内容。（见下表）⑤

---

① 刘广三主编 . 刑事证据法学 . 2 版 . 北京：中国人民大学出版社，2015：100.

② 在经典论著《麦考密克论证据》一书中，36 章的内容中，传闻证据规则及例外便占了 11 章（第 24—34 章），而其中绝大多数的内容实际上都是关于传闻证据的例外的介绍和分析。就涉及的篇幅而言，其内容接近全书的 1/3。据此，学理上对传闻证据规则特别是其例外的研究及重视可见一斑。斯特龙主编 . 麦考密克论证据：第五版 . 汤维建，等译 . 北京：中国政法大学出版社，2004：第 24 - 34 章 .

③ JAMES BRADLEY THAYER. A preliminary treatise on evidence at common law. 26 (1898).

④ 陈光中主编 . 证据法学 . 3 版 . 北京：法律出版社，2015：259.

⑤ 关于下列这些例外情形的具体含义，参见王进喜 .《美国联邦证据规则》（2011 年重塑版）条解 . 北京：中国法制出版社，2012：255 - 306.

例外之一：《美国联邦证据规则》第 803 条（陈述者是否到庭作证无关紧要）	例外之二：《美国联邦证据规则》第 804 条（陈述者不能作为证人到庭）	其他例外：《美国联邦证据规则》第 807 条
（1）即时感觉印象； （2）激奋话语； （3）当时存在的精神、情感或者身体状况； （4）为医学诊断或者治疗目的而作出的陈述； （5）记录的回忆； （6）日常活动的记录； （7）缺乏日常活动记录； （8）公共记录； （9）人口统计公共记录； （10）缺乏公共记录； （11）宗教组织关于个人或者家庭史的记录； （12）结婚、洗礼或者类似仪式证明书； （13）家庭记录； （14）影响财产利益的文件记录； （15）影响财产利益的文件中的陈述； （16）陈年文件中的陈述； （17）市场报告及类似商业出版物； （18）学术论文、期刊或者手册中的陈述； （19）关于个人或者家庭史的声望； （20）关于边界或者一般历史的声望； （21）关于品性的声望； （22）先前定罪判决； （23）涉及个人、家族或者一般历史、边界的判决； （24）其他例外（已调至规则 807）。	（1）先前证言； （2）濒死心态下的陈述； （3）对己不利的陈述； （4）关于个人或者家庭史的陈述； （5）其他例外（已调至规则807）。	（a）总则。在下列情况下，传闻陈述不受反对传闻规则的排除，即使该陈述没有为规则 803 或者 803 所规定的传闻例外所明确涵盖： （1）该陈述在可靠性上具有同等的情况保证； （2）该陈述被提供作为重要事实的证据； （3）与证据提出者通过合理努力所能获得的任何其他证据相比，该陈述在其所要证明的问题上更具有证明力；以及 （4）把该陈述采纳为证据，将使本证据规则的总体目的和正义利益得到最大满足。 （b）通知。只有在审判或者听审之前，证据提出者就提供该陈述的意图，该陈述的细节，包括陈述人的姓名和住址，向对方当事人进行了合理通知，以使该当事人有公平的机会对此进行回应的情况下，该陈述才具有可采性。

　　从上表来看，第 803、804、807 条共同构成了传闻证据规则例外情形的几种主要类型。第 803 条系陈述者是否到庭作证无关紧要的若干种情形。换言之，即使陈述者可以出庭作证，这些证据也不会基于传闻证据排除规则而被法庭所排除。这类例外情形的理论基础在于，这些陈述"所拥

有的可靠性的情况保证足以证明审判时不提出陈述人本人的合理性，即使他可以到庭"①。而根据第 804 条，其中规定的 5 种传闻只有在陈述人不能出庭的时候才能适用。如果说第 803 条规定的若干情形的传闻本身在质量上就比较可靠，那么与此相对的是，第 804 条规定的 5 种传闻虽然也具备一定的可靠性，但较之前者而言要弱一些，因此仅仅能在证人确实无法出庭的时候作为补救措施加以采纳。而在第 807 条规定的内容体系之下，相应的规定实际上是对前两个条文的重要补充。其中所规定的几种传闻例外本身就具备较大程度的可靠性，但是没有规定在前述两个条文当中。总之，《美国联邦证据规则》关于传闻证据例外的规定虽然看来十分复杂，但是从理论上讲其实都关乎传闻本身的可靠性考量。如果可靠性可以得到保障，则这样的传闻便不需要被排除，从而被列入传闻证据的例外情形之中。当然，如果从程序上能够确保对方能够享有反询问的机会，虽属传闻，也当然就没有必要也加以排除了。

（三）中国的司法语境下的传闻证据规则

中国并没有英美法意义上的传闻证据规则，司法实践也缺乏拒绝传闻的传统。但随着 1996 年《刑事诉讼法》修订后审判方式向英美式的对抗制模式的转型，发端于英美法系的诸多证据排除规则受到了空前的重视，传闻证据规则便是其中的典型。然而，由于审判方式的转型并未触及根本的诉讼模式和司法体制，立法与当前的实践样态实际上还无法为传闻证据规则的引入与具体运用提供足够的空间。对照传闻证据的上述三种基本表现形态，中国目前司法实践中有关传闻证据运用最主要的问题既不是证言的转述，也不是非语言行为这种较为少见的形态，而是书面笔录的大行其道。特别是在刑事审判当中，存在一种"以案卷笔录为中心"的审判方式。② 在这一审

---

① Fed. R. Evid. 803 advisory committee's note.

② 案卷笔录既包括针对证人的询问笔录，也包括针对嫌疑人的讯问笔录。就讯问笔录而言，一种观点认为，它就是一种传闻证据，因此需要受到传闻证据规则的调整。朱立恒. 传闻证据规则与侦查笔录的运用. 法学杂志，2006（2）. 但另一种观点则认为，虽然讯问笔录是一种传闻证据，但是从理论上讲它应当作为嫌疑人自认的一种特殊形式。根据摩根的观点，这可以作为传闻证据的例外而被采纳。在此基础上，还有一种观点认为，讯问笔录作为嫌疑人的一种特殊的自认，已经超出了传闻证据例外的框架，根本不构成传闻证据，不应适用传闻规则。斯特龙主编. 麦考密克论证据：第五版. 汤维建，等译. 北京：中国政法大学出版社，2004：274，506 - 507. 由于这个问题在理论上十分复杂，超出了本章研究的重点，因而本部分仅就证人证言的传闻问题展开论述。

判方式下，公诉方通过宣读案卷笔录来主导和控制法庭调查过程，法庭审判成为对案卷笔录的审查和确认程序，不仅控方的各项证据的可采性是不受审查的，而且其证明力也被作出了优先选择。①

具体到证言笔录而言，刚性的传闻证据规则的缺位所造成的一个恶果便是，司法实践中证人的出庭率极低。虽然我国当前正在如火如荼地加快建立"以审判为中心"的诉讼制度，但作为重要的配套措施，证人出庭率低的难题并没有得到彻底解决。除了根本性的审判方式转变尚未成功而外，这也与目前立法上的弹性规定不无关系。例如，现行《刑事诉讼法》第59条规定："证人证言必须在法庭上经过公诉人、被害人和被告人、辩护人双方质证并且查实以后，才能作为定案的根据。"从该法条要求的"质证"（通常涉及交叉询问和对质）来看，其似乎体现了传闻证据需要排除的精神，但该法第190条同时又规定，"对未到庭的证人的证言笔录……应当当庭宣读"，这样的表述显然又为证人不出庭作证留下了广阔的空间。

根据我国《刑诉法解释》第206条，证人在特定的四种情况下是可以不出庭的。② 而只有控辩双方对证人证言有异议，且该证人证言对定罪量刑有重大影响，人民法院认为有必要的，才应当通知证人出庭。③ 换言之，司法解释相较于《刑事诉讼法》更为具体地为传闻证据的采纳提供了制度保障。

于是，尽管我国近年来一直在下大力气解决证人不出庭的难题，也有一些进步，但绝大多数证人仍然不会出现在法庭之上。大量笔录充斥在审判活动中，不仅严重压缩了审判方式向前推进的空间，而且会严重阻碍党的十八届四中全会《决定》提出的"以审判为中心的诉讼制度改革"的顺利推进。在这一背景下，引入英美法系的传闻证据规则，结合大陆法系的

---

① 陈瑞华. 案卷笔录中心主义——对中国刑事审判方式的重新考察. 法学研究，2006（4）.

② 这四种情形分别是：在庭审期间身患严重疾病或者行动极为不便的；居所远离开庭地点且交通极为不便的；身处国外短期无法回国的；有其他客观原因，确实无法出庭的。

③ 值得注意的是，2017年最高法《关于全面推进以审判为中心的刑事诉讼制度改革的实施意见》第14条规定"控辩双方对证人证言有异议，人民法院认为证人证言对案件定罪量刑有重大影响的，应当通知证人出庭作证"，弱化了法院在相关问题上须"认为有必要"的职权。

直接言词原则对中国的审判方式进行改造，几乎成为学界的共识。当然，在此基础上也有观点提出，需考虑中国的本土司法资源和制度引进成本，不应完全照搬英美法系的传闻证据规则，而应当结合司法实践的实际情况，在平衡公正和效率的诉求下，以司法改革为切入点，建立合理的传闻证据规则。① 当然，英美法中的传闻证据的基本规则仍然值得借鉴，例如区分传闻与非传闻，以此有针对性地建立传闻排除及例外规则。同时，应当循序渐进地引入传闻规则，逐步缩小传闻可采纳的范围，从而推动言词审理原则在未来的庭审活动中真实得到贯彻。

二、品格证据规则

（一）品格证据规则的概念

根据现有研究的归纳，品格或称品性（character），从广义上讲至少有三层含义：第一，它可以指一个人在其生活的社区中或工作环境中所享有的、公认的名声；第二，它可以指一个人为人处世的特定方式；第三，它可以指个人从前所发生的特定事件，如曾因犯罪行为而被判刑等。② 而从狭义上讲，品格仅指个体的名声和行为倾向。证据法意义上的品格证据（character evidence）所指涉的"品格"通常也采取狭义的视角，即主要着眼于个体的名声、行为嗜好或倾向。因此，采这种观点的研究认为，品格证据是指有关一个人品格优劣及是否具有特定品格（如暴力倾向）的证据。③ 不过，另一种观点认为，个体以前所发生的特定事件也可以成为品格证据，这实际上相当于我国所说的"前科"④。这样一种认识实际上是对品格持的是一种广义的视角，因而本部分不作重点分析。

---

① 张保生主编.证据法学.2版.北京：中国政法大学出版社，2014：287.

② J INCIARDI. Criminal justice. New York：Harcourt Brace College Publishers，1999：543.

③ 陈光中主编.证据法学.3版.北京：法律出版社，2015：238.

④ 樊崇义主编.刑事证据规则研究.北京：中国人民公安大学出版社，2014：227-228.

一般而言，英美法系国家所谓的品格证据规则，即对于欲证明他人品格的证据，原则上均须予以排除。这一证据规则历来是证据法学研究的重点，同时也是司法司务中经常遭遇的难题。而在刑事诉讼中，由于品格证据的类型相较于民事诉讼更为复杂，不仅涉及被告人的品格证据，也包括受害人、证人的品格证据，不仅包括良好的品格证据，也包括不良的品格证据，因而这类诉讼中品格证据规则也表现出极为复杂的面貌。本部分的阐释也将主要从刑事诉讼的角度展开。

（二）品格证据规则的主要内容

1. 品格证据的排除

在绝大多数案件当中，品格并不属于系争事实的范围，因此品格证据并不具有证据法意义上的相关性，裁判者原则上都不得采纳这类证据。一个最常引用的说法便是，"一次做贼，永远是贼"在实践中虽然可能成立，但从证据法视角来看则持截然对立的观点。

对于品格证据的排除，《美国联邦证据规则》主要体现在 404（a）、404（b）、412（a）三个条文当中。其中，404（a）和 404（b）首先对品格证据的一般性排除规则进行了规定；412（a）则从涉及不端性行为的案件（包括民事、刑事案件）这种更为具体的案件类型出发，再对品格证据的不可采纳进行了规范，从中可以揭示出品格证据在这类案件中的适用问题所面临的较为突出的困局。

404（a）	关于某人的品格或者品格特点的证据，不得采纳用为证明该人在具体场合下的行为与之具有一致性。
404（b）	关于犯罪、不法行为或者其他行为的证据，不可采纳来证明某人的品格，以表明该人在特定场合的行为与该品格具有一致性。①
412（a）	在涉及所称不端性行为的民事或者刑事程序中，下列证据不可采： （1）提供用以证明受害人从事过其他性行为的证据，或者 （2）提供用以证明受害人的性癖性的证据。

---

① 关于 404（b），一般是作为品格证据规则的一种特殊的类型来进行分析的。但是需要注意的是，这实际上又属于下文即将展开阐述的相似行为证据规则的具体体现。因此本章第三部分对相似行为证据规则的研究将基于该同一条文展开。

2. 品格证据排除的原因

之所以要排除品格证据，综合学理研究从不同角度所提出的诸多观点，大致是基于以下几个方面的原因：

（1）上文已经指出，在绝大多数案件当中，品格与系争事实并无实质意义上的相关性，不能据此证明行为人的品格或品格特征与特定场合的行为具有内在的关联。或者可以说，品格证据对于说明与品格一致的行为而言，即使说有一定的证明价值，那也不是很大。实际上，我们认为，这也是学界主张排除品格证据的最为主要的原因。而从《美国联邦证据规则》的立法编排方式来看，其第四章名为"相关性及其限制"，而品格证据规则作为限制性条款的主要构成部分也编排在该章节中，由此也可见这类证据的排除原因与证据相关性问题是密不可分的，或者说品格证据规则乃是相关性规则的主要限制性考虑。

（2）使用这类证据容易引发不公平的歧视或偏见。特别是对于刑事诉讼中的被告人而言，如果公诉人将过往的不当或不法行为畅通无阻地输送到裁判者面前，那么被告人便会事先被贴上"坏人"的标签，这显然并不利于其接受公平公正的审判。

（3）使用这类证据容易转移事实审理者对主要问题的注意力。这个原因实际上与上述第（2）个原因一脉相承。正是由于当事人因品格证据的出示而"标签化"，因而裁判者便极可能过度关注于这些标签，相应的会忽视案件系争事实所涉及的重要问题。

（4）使用这类证据不利于保护性犯罪案件中受害人的合法权益。这个理由主要是针对性犯罪案件而言。在美国，过去很长一段时间内用于证明受害人过往性行为方面的名声或评价的证据是可以采纳的。然而，被告方辩护律师据此提出的贬低性盘问往往会导致受害人陷入极度窘迫和尴尬之中。随着美国女权运动的开展以及社会的发展进步，国会和各州的立法机关均逐步限制在性犯罪案件中采纳受害人过往性行为方面的证据。也正是在这种背景之下，美国国会于1978年通过了著名的"强奸盾牌条款"，也即上文列出的《美国联邦证据规则》412（a），在全球范围内都产生了很大的影响。

综合上述四点原因来看，排除品格证据的理由实际上可以更为集中地归纳为两大类型：一是基于事实的排除，二是基于价值的排除。① 对于第（1）点而言，乃是基于事实的排除，即依据品格来推导某种特定行为的存在是不正确的，因为其不具备证据法上的相关性，遑论证明力的存在；第（2）、（3）、（4）点则可以归入基于价值的排除这种类型，即如果依据品格推导某种特定行为的存在，这种做法对相关当事人而言是不公正的，即承认品格证据实际上有证明力，只不过排除这类证据另有更高的价值考虑。

值得注意的是，有一种观点认为，排除品格证据的原因并非如上文所指出的是基于证据相关性的考量（即基于事实的排除），主流的理由是基于价值的排除。② 关于基于价值的排除，可以从杰克逊大法官在著名的Michelson v. United States 案中所给出的排除品格证据的理由中略见一斑："排除品格证据，是因为担心陪审团会过分看重这些证据同待证事实的相关性，用被告人笼统的不良记录劝说自己未审先判，拒绝给予被告人一个公平的机会就特定的起诉进行辩护。"③

3. 品格证据排除的例外

品格证据原则上不可采用，但英美法系的法律及相关判例均存在不少例外条款。根据《美国联邦证据规则》之规则的 404（a）、（b），其所涉及的例外情形与排除条款的编排方式类似，也相应地表现为一般例外条款和涉及性行为的特殊例外条款（见下表）。

一般例外		
404（a）：刑事案件被告或受害人的例外	404（a）：证人的例外	404（b）：犯罪、不法行为或者其他行为

---

① 这也是后文将要进一步分析的意见证据规则与品格证据规则等三种证据规则的功能区分所在。意见证据规则主要是从确保准确的事实认定的角度排除普通证人的意见，而基本不涉及证据规则内在的价值衡量（特别是权利保障）的问题。详见本章第四部分的论证。

② 当然，这种观点到底能否成立，我们认为还有待进一步的深入论证。关于这一观点，参见徐昀. 品格证据规则的反思与重构. 河北法学，2009（2）.

③ 转引自蔡巍. 美国联邦品格证据规则及其诉讼理念. 法学杂志，2003（4）.

续前表

（A）被告可以提供其相关品性特点的证据，如果该证据被采纳，公诉人可以提供证据来对之加以反驳； （B）在遵守规则 412 规定的限制条件的情况下，被告可以提供所称犯罪受害人相关品性特点的证据，如果该证据被采纳，公诉人可以： （i）提供证据来对之加以反驳；以及 （ii）提供被告具有相同品格特点的证据；以及 （C）在杀人案件中，公诉人可以提供所称受害人具有平和品格特性的证据，以反驳所称受害人是首先挑起事端者的证据。	关于证人的品格证据，可以根据规则 607、608、609 采纳。	这一证据可以为其他目的而采纳，例如证明动机、机会、意图、准备、计划、知识、身份、无错误或者无意外事件。根据刑事案件被告人的请求，公诉人必须： （A）就公诉人意图在审判中提出的任何此类证据的一般性质，提供合理通知；并且 （B）在审判之前进行该通知，或者在审判期间，法院基于合理原因对未能进行审前通知予以了谅解。

　　如前所述，品格证据在绝大多数案件中并不被认为具有与系争事实的相关性。但基于特定的证明目的，这类证据也可能因此而具备相关性。具体而言，从上表来看，品格证据与案件事实的相关性主要体现在两个方面：一是在刑事诉讼中，品格证据可能与案件事实即被告人是否实施了犯罪有关；二是与被告人或证人的诚信度（可信性）有关。一般而言，当提交品格证据的目的是证明被告人或者其他证人的可信性时，则可采性规则表现为"采纳为原则，排除为例外"；而当提交品格证据的目的是证明被告人犯有所指控的罪名时，其可采性原则则表现为"排除为原则，采纳为例外"①。

　　除此之外，《美国联邦证据规则》还针对"性犯罪案件"及"受害人的性行为或者性癖性"建立起了采纳品格证据的极为特殊的例外规定（见下表）。

---

① 卞建林，谭世贵主编．证据法学．3 版．北京：中国政法大学出版社，2014：96 - 97.

> **特殊例外：412（b）：性犯罪案件/受害人的性行为或者性癖性**
>
> （1）刑事案件
>
> 在刑事案件中，法院可以采纳下列证据：
>
> （A）为证明被告之外的他人是精液、伤害或者其他物证的来源，而提供的关于受害人性行为之具体实例的证据；
>
> （B）公诉人提供的，或者被告为证明同意提供的，关于受害人与被指控有不端性行为的被告的性行为之具体实例的证据；以及
>
> （C）如被排除将侵犯被告宪法权利的证据。
>
> （2）民事案件
>
> 在民事案件中，对于提供用以证明受害人的性行为或者性癖性的证据，如果其证明力严重超过了对任何受害人造成伤害和对任何当事人造成不公正损害的危险，则法院可以采纳该证据。有关受害人声望的证据，只有在该受害人将其置于争议之中时，法院才可采用。

总之，考察品格证据排除规则的例外情形时，应当注意以下两个因素：第一个因素就是案件的性质。第二个因素则是品格证据所针对的主体。[1] 换言之，相较于普通案件，在涉及性行为的民事及刑事案件，品格证据的可采性问题较为特殊。而对于被告人、证人、受害人而言，品格证据的可采性则存在着不同的规范，在刑事诉讼中尤为如此。

（三）中国司法语境下的品格证据规则

在目前的司法实践中，品格证据在一些重要案件的庭审中其实经常被诉讼参与者提出。然而，我国的证据法律体系当中并没有明确的品格证据规则。因此，裁判人员基于政策原因[2]或者只是通过一般性的证据相关性规则对这些品格证据的采纳加以取舍。[3] 而一个值得特别注意的问题是，在刑事司法实践中，检察机关向人民法院移送的起诉书中一般都会列明被告人的前科和曾受处罚的情况[4]，这实际上就是上文所提到的品格证据的

---

① 俞亮．品格证据初探．中国人民公安大学学报，2004（4）．

② 达马斯卡曾概括性地指出，大陆法系的证据理论只注重有关某人的品格证据是否具有证明价值，如果有那么就应该采纳，而很少去即使存在证明价值也可能会被赋予超出其本身价值的证明价值，或者会导致一方诉讼当事人的不公正偏见，大陆法系国家排除品格证据大多基于政策原因。达马斯卡．漂移的证据法．李学军，等译．北京：中国政法大学出版社，2003：22．

③ 梁坤，郭三三．斯坦福精英强奸案仍在持续争议中．法治周末，2016－07－05．

④ 大陆法系也有类似做法。一些国家也在实践中把被告人的犯罪记录写进案件卷宗，以便法官审判时参考。黄士元，吴丹红．品格证据规则研究．国家检察官学院学报，2002（4）．

一种具体表现形态。① 显然，我国的司法系统并没有将其作为与案件事实没有相关性而需要排除的品格证据来加以看待的。②

在此背景下，近年来出现了相当多的研究观点，均主张建立符合中国证据法理论和司法实践实际的品格证据规则。例如，有学者提出，根据品格证据规则，建立适合本土语境的证人弹劾规则，已成为我国当下一个值得研究的问题。③ 也有学者以强奸案件为例，结合美国性品格证据适用的规则，提出应当构建我国受害人的性品格证据适用规则，并对各种不同情形的证据能力判决及证明力评价进行了分析。④ 类似的是，也有学者着眼于性骚扰民事案件，主张以美国的立法和司法实践为参照，制定有利于原告的品格证据使用规则，将"关联性"作为这类案件中品格证据采纳的基本条件，在使用这类证据的时候以"必要"为原则，同时还需加强使用这类证据的程序保障。⑤

而对于被告人的品格证据，除了特定例外情形以外，理论上一般都认为，不能将其作为证明被告人实施了所指控的犯罪的依据，也即被告人的不良品格证据原则上均需排除。但在此基础上，也有学者提出了一些例外情形：（1）被告人的不良品格是案件的争议事实；（2）被告人先行提出良好品格证据，控诉方对此予以反驳；（3）被告人的不良品格用以证明其具有犯罪动机、意图、计划、预备、人犯同一性等类似事实。而对于证实被告人良好品格的证据，审判中应当允许其在法庭调查结束前随时提出，以证明犯罪行为非其所为或者其主观恶性、社会危害性较小，进而获得法院有利于己的裁决。⑥

纵观上述研究观点，可以明显发现，研究者基本上都是立足于英美法

---

① 这属于对上文所介绍的对品格证据所持的广义视角所得出的对司法实践的认识。

② 当然，起诉书中列明被告人前科和曾受处罚的情况，主要的功能是为法官的量刑依据作支撑。但在定罪与量刑程序没有像英美法系截然分立且尚未建立专门的量刑证据规则的情况下，这类品格证据的运用是否绝对不会对法官的定罪心证产生影响，是值得拷问的。

③ 汪诸豪. 美国法中基于品格证据的证人弹劾. 比较法研究, 2015（2）.

④ 王禄生. 美国性品格证据适用规则之借鉴. 法学, 2014（4）.

⑤ 纪格非. 品格证据在性骚扰民事案件中的运用——美国的立法、判例及启示. 环球法律评论, 2012（4）.

⑥ 李晶. 刑事被告人品格证据规则研究——基于《美国联邦证据规则》的分析. 云南大学学报（法学版）, 2011（5）.

品格证据规则的理论及立法体系，大致均是从不同的案件类型以及不同的适用主体这两个常规角度展开分析，相关具体建议基本上都可以从《美国联邦证据规则》的条文中找到些许踪影。不过，除了英美法的比较研究视角而外，也有研究者立足于大陆法系的人格调查制度，认为从人格入手来预防犯罪，在犯罪发生后采取措施防止再犯，均具有重要的实践意义。而在审判实践中，品格特征可以为裁判者作出适当的量刑提供更为客观的依据，有助于更有针对性地对犯罪行为人进行矫正、改造，使之重新回归社会。① 因此，在当前量刑程序改革的背景之下，品格证据的适用在未来可能建构的相对独立的量刑程序中具有广阔的空间。特别是在被告人认罪的案件当中，法庭审理主要围绕量刑的问题进行，品格证据的运用更是具有必要性。除此之外，还有学者将品格证据在未来的实践应用从犯罪预防、量刑程序扩展到刑事强制措施、定罪、刑事执行程序以及未成人刑事案件的特殊应用②，为品格证据在中国未来的司法实践中广泛的应用提出了框架性的建设性意见。

三、相似行为证据规则

（一）相似行为证据规则的概念

相对于意见证据规则、传闻证据规则和品格证据规则，相似行为证据规则并不为人们所熟知。而且在中国，这种证据规则基本上也没有被作为专门的章节内容纳入简要介绍外域证据规则的证据法学教科书中。具体而言，在介绍这类证据的时候，研究者往往将其置于品格证据的范围当中，但是它们之间的界限并不十分清楚。从代表性的法条来看，《美国联邦证据规则》404（b）作了明确的规定："关于犯罪、不法行为或者其他行为的证据，不可采纳来证明某人的品性，以表明该人在特定场合的行为与该品性具有一致性。"从法条的编排体系讲，这一条文紧随404（a）关于品格证据规则的一般性规定，而上文也已经指出，404（b）实际上也可以看

---

① 宋沃沙．英美法系与大陆法系品格证据之比较研究．政治与法律，2012（5）．

② 刘立霞，路海霞，尹璐．品格证据在刑事案件中的运用．北京：中国检察出版社，2008：第四至八章．

作是品格证据规则的一个具体部分。因此，品格证据规则与相似行为证据规则从立法上讲的确也难以明确区分。

为此，有英国学者将品格证据和相似行为证据统称为"倾向性证据"①，而不再将两者进行更具体的区分。难于区分这两类证据的原因在于，以刑事诉讼为例，被告人以前的不当行为本身就会对其品格造成一个不良影响，而一个不良的品格证据在很大程度上也就是在被告以前的不良行为的基础上形成的。于是从这个意义上讲，相似行为证据在一定程度上也可以作为品格证据的一种较为特殊的表现形式。

那么，到底什么是相似行为证据规则？这必须从相似行为这一概念的厘清谈起。相似行为（similar act）又称为相似/类似事实（similar fact），或类似事件（similar happenings）。所谓相似行为证据，是指一方当事人为反对另一方当事人而提出的，表明另一方当事人犯有其他不法行为或者具有某种不良嗜好或兴趣的证据。② 也有学者从刑事诉讼的角度提出，这类证据是指当事人在刑事诉讼中提出的旨在表明对方（主要是被告人）实施过的，与被指控罪行相类似行为的证据。③ 据此，相似行为证据规则即围绕这类证据所构建起来的证据规则。

（二）相似行为证据规则的主要内容

1. 相似行为证据的排除

同品格证据规则类似的是，按照相似行为证据规则的基本要求，这类证据一般而言都要被排除。于是，尽管先前事实与本案的涉案事实相似，但原则上不被接受为指控被告的有罪证据。

2. 相似行为证据排除的原因

之所以反对在司法活动中使用相似行为证据，相关的理由主要表现在刑事诉讼当中。具体而言，主要是考虑到以下几个方面的原因：

---

① 梅．刑事证据．王丽，李贵方，等译．北京：法律出版社，2007：141.

② Evidence in criminal proceedings: previous misconduct of a defendant. Law commission. No. 141（1996）：162 - 193；Sir RICHARD EGGLESTON. Evidence, proof and probability. 2nd ed. London（1983）：Chapter 7；STONE（1932）46 Harv LR 954；HOFFMANN（1975）91 LQR 193；WILLIAMS（1979）5 Dalhousie LJ 281, etc.

③ MARTIN. Oxford dictionary of law. Oxford: Oxford University Press，1997：433.

（1）最主要的原因便在于其与证明争执中的事实无相关性。[①]有人认为，由于相似行为证据与系争事实中当事人的行为之间具有显著的相似性，因而提出证据者试图暗示在该事实所指涉的事态与法院正在考虑的事态之间存在着"超出表面"的联系。然而，这种所谓的联系并不属于证据法上的相关性。从法条的编排来看，上文已经指出，《美国联邦证据规则》404（b）既作为相似行为证据规则，又作为品格证据规则的重要组成部分，乃系第四章"相关性及其限制"这一章节的重要内容，这也从立法的方式这一角度证明了这类证据应受排除处理的主要原因应当是证据相关性的限制。

（2）这类证据的使用极容易引发裁判者对被告人的偏见，从而形成不公正审判，进而有造成错判的风险。作为英美法系国家极具特色的一种证据规则，排除相似行为证据体现了"宁可漏判，不可使无辜者受惩罚"的司法理念。[②]对比上文所提到的品格证据原则上需要排除的原因，相似行为证据规则在这一点上没有任何区别。

（3）与第（2）个原因密切相关的是，从被告人的角度而言，控方对其相似行为的阐述或介绍会导致被告人面临突如其来的不公正待遇，从而迫使他们回应有关过去生活的指责。

总之，至少从《美国联邦证据规则》的立法编排体系来看，相似行为证据规则作为品格证据规则的重要组成部分，排除相似行为证据的原因总体而言也与排除品格证据的理由保持了基本一致。

3. 相似行为证据排除的例外

证据排除规则总是伴随着一系列的例外条款，相似行为证据规则也不例外。这是因为，如果一味否定相似行为证据的证据地位而不予以采纳，在证据裁判主义的司法制度背景下，可能造成相当一部分案件因可供利用的证据本身较少或证明力较弱而令案件事实的认定存在难题。因此，为了平衡事实认定的难题与证据运用的限制之间的矛盾，英国和美国立法及司法实践均有条件地对这类证据的使用加以认可。

①　沈达明. 英美证据法. 北京：中信出版社，1996：90.
②　齐树洁主编. 英国证据法新论. 厦门：厦门大学出版社，2011：13.

之所以设定这样的例外条件，从而确认相似行为作为证据的功能，其原因可以从心理学上和司法实践两方面加以看待。一方面，从心理学上讲，其一，人的行为具有习惯性，或者说其行为已成定势——"特定而自动"①；其二，人的行为具有稳定性；其三，人的行为具有重复性。另一方面，从司法实践来看，的确也存在大量惯犯实施的系列案件，其先后行为之前也往往具有内在的关联性。②

正是基于这些原因，《美国联邦证据规则》所规定的几个有关相似行为证据的规则突破了相关性规则的一般性限制，赋予了相似行为证据以确定的可采性。具体的规则主要体现于 404（b）、406、413（a）、414（a）、415（a）这几个条文：

404（b）	这一证据可以为其他目的而采纳，例如证明动机、机会、意图、准备、计划、知识、身份、无错误或者无意外事件。根据刑事案件被告的请求，公诉人必须：（A）就公诉人意图在审判中提出的任何此类证据的一般性质，提供合理通知；并且（B）在审判之前进行该通知，法院基于合理原因对未能进行审前通知予以了谅解。
406	有关某人的习惯或某机构的例行事务的证据，不论是否得到了补强或有无目击证人在场，在证明该人或该机构在特定场合下所为的与其习惯或例行事务相一致的行为时，具有关联性。
413（a）	在被告被指控性侵犯的刑事案件中，法院可以采纳关于被告实施了任何其他性侵犯的证据。该证据可以在任何与之相关的事项上加以考量。
414（a）	在被告被指控儿童性侵扰的刑事案件中，法院可以采纳关于被告实施了任何其他儿童性侵扰的证据。该证据可以在任何与之相关的事项上加以考量。
415（a）	在声称一方当事人实施了性侵犯或者儿童性侵扰而提出救济主张的民事案件中，法院可以采纳关于该当事人实施了其他性侵犯或者儿童性侵扰的证据。该证据可根据规则 413 和 414 的规定加以考量。

---

① 陈界融. 美国联邦证据规则（2004）译析. 北京：中国人民大学出版社，2005：28. 对此，苏力教授也有一段广为流传的话："只要社会制约没有重大变化，从生物学上看，每个人都会在一定程度上重复自己先前的行为、视角和分析理解问题的方式，否则他/她就会呈现出必定为社会所拒绝的多重人格。其实，即使是一个具有高度创造力的人在更大程度上还是一个重复的人。"苏力. 送法下乡——中国基层司法制度研究. 北京：中国政法大学出版社，2000：234.
② 李富成，周婷婷. 相似行为的证据功能探析. 贵州警官职业学院学报，2006（2）.

与美国的立法相对应的是，英国通过长久以来的司法判例传统对诸多可以采纳相似行为证据的类型加以明确。当然，上诉法院同时也反复强调采纳这类证据的例外性和严格要求——它必须能够使法官或陪审团得出这样的结论，即被告人不单单是那种极有可能犯有正在调查的犯罪的人，而是他就是那个确实实施了犯罪的人。① 具体而言，根据普通法的传统，当相似行为证据符合以下几种条件时，法庭则予以采纳。

（1）此类行为与案件争点有关联并呈现出相当的一致性，该条件可简称为"惊人相似性"条件。对此，萨蒙勋爵曾指出："如果当前指控的犯罪是以同被告人实施的其他犯罪显著相似的方式而实施的，其他犯罪的方式可以作为陪审团据以合理推论被告人犯有指控犯罪的证据。相似性必须如此独特或显著，以至于常识认为无法用巧合来解释。"②

（2）此类行为足以证明当事人具有从事目前被指控罪行的动机、手法和目的，该条件可简称为"积极证明力"条件。③ 对此，可以细分为如下这些情况：对于非犯罪行为的证明；当被告人面临多个相同性质案件的指控，一个案件的证据可以被采纳作为支持另一个案件的证据；被告人在犯罪中总是使用某一特定物品；与一定事实相联系的连续不断的行为具有可采性。如果证据与案件事实具有相关性，在共同犯罪中可以用同一个证据来指证其他人的相同犯罪。④ 不过，理论上一般认为，这种显著的相似性必须做到与某些犯罪的惯常做法区别开来，尽管实际操作起来可能存在较大的认识分歧。

（3）当两个或者两个以上的事件单独看起来可能是无辜或偶然的，但是作为一个整体来看只能解释为一系列的故意犯罪时，可以使用相似行为证据来证明这些事件之间存在联系或者相似性，以此反驳被告人的辩解。

————————————

① 陈光中主编．证据法学．3版．北京：法律出版社，2015：240.
② 转引自卞建林，谭世贵主编．证据法学．3版．北京：中国政法大学出版社，2014：98.
③ 有学者将第（1）（2）个类型归纳为英国普通法上采纳相似行为证据的两种基本类型。陶南颖．英国刑事相似事实证据规则的新发展——以《2003年刑事审判法》为基点．浙江社会科学，2012（5）.
④ 转引自李富成，周婷婷．相似行为的证据功能探析．贵州警官职业学院学报，2006（2）.

（4）相似行为证据的另一功能是为那些存有疑问的证词提供佐证或者支持。

（5）控方可以通过表明该被告人的相似行为来证明其当前受审的行为不是意外或者非故意的。①

不过，随着《2003年刑事审判法》的施行，英国传统的相似行为证据规则的例外情况出现了重要的变化。根据新法，被告人的相似事实证据被纳入不良品格证据当中。对于这类证据，其可采的标准设定为：与控辩双方争议中的一项重要事项相关。而根据该法第103条对"控辩双方的争议事项"的解释，"重要事项"包括两点：第一，被告人是否具有实施被指控之罪的倾向问题，当他有此种倾向使其不再可能犯该罪时例外；第二，被告人是否有不诚实的倾向问题，但没有人提出被告人的案件涉及任何方面的不诚实时例外。于是，根据该新的可采性规则，只要能够证明被告人具有犯指控之罪的倾向，任何证据都能作为重要性事项被采纳，而不再要求证据与待证事实之间有显著的相似性。这种规则改变了早前普通法和制定法严格限制采纳相似事实证据的做法，降低了可采性标准，要求法官采纳该证据时进行简单的、一般的相关性考量。②

（三）中国的司法语境下的相似行为证据规则

在中国目前的证据法律体系当中，并不存在明确的相似行为证据规则。然而与此相对的是，司法实践中大量存在相似行为证据的运用，到底这类证据是应绝对排除，还是应当有限制地加以采用，是困扰办案人员的一大难题。

为此，一些有识人士已经注意到了中国的证据法律体系在这个问题上的空缺，并且已经提出了对确立这种相似行为证据规则的建议。这里仅仅对其中一项代表性研究的观点加以介绍和分析。例如，有研究者根据性侵害儿童案件指出，司法人员可以合理地将多个受害人分别陈述犯罪嫌疑人

---

① 关于这五种例外情形，可参见卞建林，谭世贵主编. 证据法学. 3版. 北京：中国政法大学出版社，2014：98.

② 孙长永，等译. 英国2003年刑事审判法及其释义. 北京：法律出版社，2005：586.

针对自己实施性侵害的事实作为补强证据使用，进而确定犯罪嫌疑人的性侵害事实。但在具体运用过程当中，应当符合以下三个条件：其一，从数量上讲，应具备三个以上的相似行为证据；其二，从罪质上讲，相似行为证据应当指向同一个罪名；其三，从相似程度上讲，多个行为之间应当具有高度一致性。①

这种研究的出现，显然反映了借用英美证据法中的相似行为证据规则来帮助解决实务难题的强烈需求。当然需要指出的是，这类研究相对传闻证据规则和品格证据规则等我们更为熟悉的规则而言，其实还并不多见，因而还十分有必要进一步加强研究。

四、意见证据规则与前述三种证据规则的异同

意见证据规则与传闻证据规则、品格证据规则、相似行为证据规则一道，共同构成了英美证据法证据规则的重要组成部分。实际上，在国内引介英美证据法规则的论著当中，这几种规则也往往都被作为其中的代表性规则来加以阐释。正如本部分即将加以分析的那样，这四种证据规则既存在互相交织的共同特征，也各自表现出别具一格的独特面貌。因此，探讨意见证据规则与另外三种证据规则的交叉与差异，对我们进一步深入地认识、理解和把握意见证据规则，具有重要的理论意义。

（一）意见证据规则与前述三种证据规则的交叉

1. 证据规则的制度背景存在交集

按照达马斯卡的论述，原型审判法庭②、集中型诉讼程序及对抗式诉讼制度乃是英美证据法的三大支柱性特征③，这三个特征对英美证据法的各项重要的证据规则的形成、塑造及转变都起到了至关重要的作用。但相

---

① 张理恒，申乐园，刘振. 性侵儿童案件可合理运用相似行为证据规则. 检察日报，2015 - 06 - 25.

② 也即因陪审团负责事实认定、法官负责法律适用而使审判法庭分裂为非专业和专业两个部分的法庭构成样态。

③ 达马斯卡. 漂移的证据法. 李学军，等译. 北京：中国政法大学出版社，2003：5.

比集中型诉讼程序①及对抗式诉讼制度②，原型审判法庭状态下陪审团作为事实认定者这样一种特殊的制度安排对证据规则的产生与发展的作用尤其重要，因此本部分的论述也主要从这个角度展开。

从理论上讲，当今世界的陪审团均应当属于在审判之前对案件一无所知的"不知情陪审团"，但这种陪审团是从历史上曾经存在的"知情陪审团"过渡而来的。在知情陪审团审案的时代，由于类似于证人的审判人员在开庭之前本身已经知晓案情，因而技术性的证据排除规则并没有存在的必要，当然也不具备发展的空间。但自14世纪之后，知情陪审团逐步转变为不知情陪审团。正是在经历了这一重要的审判制度变迁之后，陪审团在正式开庭之前对案情不再知晓，为了避免其对案情的评判受到不当污染，各类证据排除规则才逐渐发展起来，这也成为这一时期证据法发展的内在动力和基本方向。

据此，反映英美证据法特色的诸多重要的证据规则大概也是在这样一个历史阶段发展起来的。时至今日，理论上一般认为，排除本章所集中探讨的几种证据与二元审判结构下不知情陪审团对事实认定的垄断不无关系。例如，对于意见证据而言，一般认为，如果采纳普通证人的意见证据，将会造成两方面的严重问题：一是侵犯陪审团的职权。在陪审团审判的案件中，从事实出发进行推理判断是承担事实审理职能的陪审团的职权，如果允许普通证人提供意见证据，就相当于允许普通证人代替陪审团

---

① 根据集中型诉讼制度，审判法庭要在有限的诉讼时间内评判证据，因此有意识地限制证据总量、对延迟提交证据进行制裁并对"新"证据加以审慎接受便成了需要重要考虑的问题。虽然有意识地限制证据总量等问题也需要意见证据规则等排除规则的配套才能实现，但从本章所集中探讨的四种证据规则所着眼的排除相应证据的产生原因及内在机理来看，集中诉讼制度所起到的影响相较于原型审判而言的重要性要小一些，因此这里不再展开论述。

② 英美证据理论讲求公平竞赛。（张建伟．证据法要义．2版．北京：北京大学出版社，2014：86．）因此，英美法系大量证据规则的产生和发展其实都与力图保障公平竞赛的对抗式审判制度不无关系。以传闻证据规则为例，有学者便认为，传闻概念发展的动因是刑事案件中律师不断加大的辩护力度，到了19世纪末，英国的传闻规则在审理变得更加对抗的时代发展了起来。而在同时期的美国，由于正处于宪法制定时期，该国更加注重律师参与的对抗制，于是其传闻规则和对反询问予以保护的法律，发展得比英国的还快。转引自樊崇义主编．刑事证据规则研究．北京：中国人民公安大学出版社，2014：411-412．但总的来说，相比于原型审判法庭而言，对抗式诉讼制度对本章所探讨的几类证据规则的塑造所产生的影响也要小一些。

进行推理判断，这就会侵犯陪审团的职权，造成诉讼中的混乱。二是造成偏见或预断，影响准确认定案件事实。普通证人意见证据超出了其所感知的案件事实，可能会误导陪审团，以至于错误认定事实。① 正是基于这样的原因，意见证据规则的产生与陪审团制度不无关系。

又如，从传闻证据规则来看，根据上文所述的排除这类证据的传统的理由来看，与英美法系传统的陪审团制度也密切相关。具体而言，多数学者认为，传闻证据规则实际上就是陪审制度的产物。由于陪审团不是法律专家，不具备正确判定传闻证据证明力的能力，因而为了确保证据的可靠性，必须排除缺乏证明力的证据。②

再如，以品格证据规则为例③，正如上文所言，使用品格证据容易转移事实审理者对主要问题的注意力。没有经过正规法律训练的陪审团成员尤其容易受到这个问题的困扰。随着知情陪审团转变为不知情陪审团，陪审团成员不再对案件的当事人的情况十分了解，促成了法庭审判中不再强烈地依赖被告人的品格。甚至从某种意义上讲，法庭审判中对其他证据的使用正是对品格的一种拒绝或反对。法庭审判中开始不再寻求被告人的品格来证明其可能犯罪，因此开始出现对品格证据的反对和排除。④

但时至今日，陪审制度在英美法系国家已经远不如过去那般重要。随着陪审团制度在民事案件中逐步废止，在刑事案件中的应用也越来越少，最初为适应不知情陪审团制度而构建起来的种种证据排除规则的重要性因制度背景的淡化也大不如前。在实行法官审的案件中，虽然仍需适用诸多证据可采性规则，但这些规则在施行时已经具有更大的灵活性。⑤ 在这种时代背景之下，包括意见证据规则、传闻证据规则、品格证据规则、相似行为证据规则在内的这些证据排除规则虽然并没有被废除，但基本在逐渐

---

① 宋英辉，吴宏耀．意见证据——外国证据规则系列之四．人民检察，2001（7）.

② 平野一龙．传闻证据法则的发展趋势．莫丹谊，编译．外国法学研究，1996（3）.

③ 根据前文的论述，在将相似行为证据规则作为品格证据规则的组成部分的背景之下，这里以及后文的相关论述可能出现重复。因此，如无特别说明，本章第四大部分的内容在具体论证的时候可能不再单独对相似行为证据规则加以阐述。

④ 李培峰，潘驰．英国证据法史．北京：法律出版社，2014：102.

⑤ 哈泽德，塔鲁伊．美国民事诉讼法导论．张茂，译．北京：中国政法大学出版社，1999：137.

趋于宽松，从而使得裁判者在法官审的制度条件下拥有了更多的自由裁量权。由此可见，这些证据规则不仅产生之初与陪审制度密切相关，后来在发展过程中出现的重要转变也受到陪审制度发展的根深蒂固的影响。

2. 证据规则的发展历程大同小异

（1）意见证据规则的发展历程

从意见证据规则来看，相对于专家证人意见始终作为例外情形不排除，普通证人的意见证据则经历了从绝对排除到相对排除、从可采性例外范围极小到逐渐扩大的发展历程。① 由于本部分内容在本章其他部分及本书的相关章节还有更为详细的分析，为了避免内容重复，这里不再展开。

（2）传闻证据规则的发展历程

在英国，早期的"知情陪审团"实质上类似于如今的证人，陪审团知晓案情的途径并不重要，无论他们是直接得知还是道听途说，都可以作为判决的依据，除非有人证明其来源不可靠。实际上，为了弥补陪审团信息来源渠道的局限，传闻证据有其存在的必要性。当然，如果在判决作出之后，发现陪审团成员是在酒馆里或其他地方听一个醉汉或者其他不值得信赖的人说的，那么判决会被推翻。② 后来，法官意识到运用传闻证据定案的危险性，逐渐开始禁止传闻证据在诉讼中的使用，在 1675—1690 年，正式形成了传闻证据规则。③

不过，绝对禁止传闻证据的做法在实践中逐渐受到了挑战。据上文所言，排除传闻证据的一个重要的理由便在于担忧这类证据并不可靠。但随着时代的发展，传闻证据的可靠性亦在不断地提高，因此，许多学者对传闻证据规则提出了质疑，并出现了主张缓和适用传闻证据法则的理论动向。④ 在英国，法律委员会于 1997 年提出的 245 号建议稿，则系统地对排除传闻证据的理由进行了反思：（A）传闻证据不是最佳证据，在

---

① 高芙蓉. 构建我国民事诉讼意见证据规则的思考. 内蒙古大学学报（哲学社会科学版），2013（1）.

② 何家弘. 司法证明方式和证据规则的历史沿革. 外国法译评，1999（4）.

③ LEMPERT ＆ SALTZBURG. A modern approach to evidence. 2nd ed. West Publishing Co.，1983：531.

④ 平野龙一. 传闻证据法则的发展趋势. 莫丹谊，编译. 外国法学研究，1996（3）.

许多案件特别是刑事案件中，这是一条很有说服力的理由，但在一些案件中传闻可能是能够获得的最佳证据，而在另外一些案件中传闻可能比直接证据更可靠；（B）如果对信息的最初来源不能进行交叉询问，编造的可能性增大，但这只能用于反对多重传闻，第一手传闻编造的风险相对较小；（C）由于叙说的人可能误听或者误解，因而在转述过程中存在错误的风险，而书面传闻比如信件和录音则几乎无此风险；（D）传统理论认为，证人提供证言时的表情和下意识行为，在评定此人证言时会有帮助，但现代心理学研究表明，根据一个人的表情和下意识行为判断此人是否诚实是不可靠的，用来判断证言的准确性则更加不可靠；（E）传闻未经宣誓，曾经是历史上最主要的一条反对传闻的理由，但现在看来，宣誓并不能保证证人一定讲实话；（F）无法进行交叉询问，成为今天反对传闻的主要理由，但对于那些真实性和准确性都没有疑问的传闻，即使通过交叉询问，也获得不了什么有用的东西，因此无法进行交叉询问不能成为目前整个排除传闻规则的理由；（G）尽管在可能的情况下，证人当着被告人的面作证是最理想的，但其他一些因素，比如在法庭上直接从证人那里获得证据是不可能的，则可能比这种考虑更重要。[①]

　　正是在这样的背景之下，英美法系国家曾经严格的传闻证据规则总体上而言逐步趋于放宽。首先，法官的自由裁量权与此同时逐步扩大。以英国为例，《1995年民事证据法》的实施，标志着传闻证据规则在民事领域的根本性变化[②]，其中第1条便开宗明义地规定："证据不应因其为传闻证据而被拒绝采纳"。换言之，自该法颁行之后，英国民事诉讼中的传闻证据规则甚至已经被完全废弃。当然，为了防止滥用传闻证据可能带来的不良后果，该法也设立了一系列的程序保障措施。美国曾经于1942年准备在拟施行的《模范证据法典》中掀起一场被称为"传闻证据规则自由化"（the liberalization of the hearsay rule）的运动，虽然该法典最终胎死腹中，但该观念可谓影响至今。当今的实践中，美国法官在适用传闻证据

---

　　①　何家弘主编．外国证据法．北京：法律出版社，2003：124-125.
　　②　荆琴，邱雪梅．英国证据法的传闻规则研究//厦门大学法律评论．厦门：厦门大学出版社，2002：192.

规则的时候，实际上要比法律规定的自由得多。① 而同英国类似的是，美国的一些改革者和研究者也极力提倡在无陪审团的民事案件中完全取消传闻规则，或者将传闻证据的可采性作更为灵活的处理②，这些对司法实践均产生了重要的影响。

其次，曾经十分刚性的传闻证据排除规则逐渐加入了一些例外条款作为补充。上文所介绍的《美国联邦证据规则》第 803、804、807 条等诸多例外规定便是其中的代表。

最后，随着陪审团制度的衰落，传闻证据规则的重要性在降低，同时将作为证据能力规则转化为证明价值的思考，也是大势所趋。③

总之，最先确立传闻证据规则的一些国家，在不断对该规则进行反思。但是如果就此断言传闻证据规则不合时宜，还为时过早。因此，传闻证据规则的根基并未动摇，给予法官在传闻证据可采性上一定的裁量权，只是在修正原先一些极端的做法。④ 作为英美法系国家最重要的证据规则之一，传闻证据规则时至今日仍然得到不少学者的理论支持。

（3）品格证据规则的发展历程

从品格证据运用的历史来看，早期英国的司法实践中的品格证据也是畅通无阻的，甚至有极端形式的以品格来决定胜负的"共誓涤罪"⑤。而在中世纪的欧洲，包括英国和其他很多地方，都有誓言出罪的规定，具有一定身份以上（如自由民）且品行良好的人，都可以单独通过誓言为犯罪嫌疑人洗刷罪名。⑥ 威格摩尔也认为，"在英国早期的司法实践中，品格证据的适用没有任何限制，这种适用符合人类本性中最原始的观念"⑦。

但随着英美社会从农业社会向工业社会转变，法律对待品格证据的态

---

① MCCORMICK. Evidence. West Publishing Co. ，1984：918.

② 斯特龙主编. 麦考密克论证据：第五版. 汤维建，等译. 北京：中国政法大学出版社，2004：487.

③ 汤维建. 英美证据法学的理性主义传统（代译序）//斯特龙主编. 麦考密克论证据：第五版. 汤维建，等译. 北京：中国政法大学出版社，2004：9.

④ 张保生主编. 证据法学. 2 版. 北京：中国政法大学出版社，2014：282.

⑤ 易延友. 英美法上品格证据的运用规则及其基本原理. 清华法学，2007（2）.

⑥ 巴特莱特. 中世纪神判. 徐昕，等译. 杭州：浙江人民出版社，2007：43-48.

⑦ DAVID P LEONARD. In defense of the character evidence prohibition：foundation of the rule against trial by character. Indiana Law Journal，Vol. 73，1998：1161.

度出现了重要的转变。随着工业化的发展，人们的居住日益集中，但是相互之间的熟悉程度日益降低。人们不再或难以根据一个人的品格来处理自己的日常生活并开展同他人的交往活动。审判中，人们也无法再根据品格来从内部对一个人作出判断。于是，品格证据的重要性退居其次，只有在特定案件中才容许使用。①

品格证据规则到 17 世纪末才逐步确立。威格摩尔认为，1684 年的 John Hampden 一案是禁止品格证据适用的重要转折点。不过，在其后的数十年间，法庭对规则的执行是漠不关心的。直到 19 世纪初期，在英国普通法的司法实践中，法庭逐渐对品格证据可能造成的偏见以及导致事实裁判者偏离案件核心的问题形成了一致的认识，并逐步建立了品格证据规则。《1898 年刑事证据法》的颁布，可以说标志着现代品格证据规则的建立。②

而进入 19 世纪，几乎所有英语国家都确立了品格证据不可采的规则。此后随着时代的发展，审判实践越发意识到这样一个严重的问题，即绝对排除品格证据并不符合案件事实认定的需要。于是，英美法系的品格证据排除规则开始出现例外情形，而后这类例外越来越多，以至于作为"原则"的排除正在变成"例外"，品格证据排除规则已经如同濒危动物一样需要"拯救"③。

（4）相似行为证据规则的发展历程④

在 18 世纪，英国的司法实践中并不存在相似行为证据被排除的情况。而在 1814 年，"克里斯诉克尔"案确立了这样一个法律规则：仅仅只能证明被告人倾向于作出法庭指控的某种行为的证据不被采纳。但这样的规则当时并没有得到普遍的认同。整个 19 世纪上半期都维持着这样一种局面，相似行为证据的运用在司法实践中基本上是畅通无阻的。

---

① 易延友．英美法上品格证据的运用规则及其基本原理．清华法学，2007（2）．

② 刘立霞，路海霞，尹璐．品格证据在刑事案件中的运用．北京：中国检察出版社，2008：9.

③ 易延友．英美法上品格证据的运用规则及其基本原理．清华法学，2007（2）．

④ 本部分内容主要参考了李培峰，潘驰．英国证据法史．北京：法律出版社，2014：105－114.

　　而到了 19 世纪下半期，情况发生了重大转变。1951 年的"瑞格尼那诉奥迪"（Regina v. Oddy）案和 1860 年的"瑞格尼那诉温斯洛"案的判决共同确立了这样的标准：除非与罗列的例外情况相符合，相似行为证据将被排除在外。这两个案件作为规范相似行为证据的权威依据，共同标志着相似行为证据规则的正式诞生。1876 年，斯蒂芬的《证据法摘要》出版，从学理的角度初步探讨了相似行为证据与案件事实之间不具备相关性的三种例外情形：（A）用来证明被告人的意图、品性等心理状态时具有相关性的行为（acts showing intention，good faith）；（B）为了系统的证明（facts showing system），也就是用来证明犯罪行为是意外事件还是精心策划的事实；（C）商业活动或官方行为的存在（any course of business or office）。①

　　1894 年，"玛金诉新南威尔士总检察长"（Markin v. Attorney-General for New South Wales）案则进一步确立了规范相似行为证据的总的规则，这也是英国法院第一次权威地确定相似行为证据的证明范围。该案法官对相似行为证据在刑事案件中的可采性作了一个非常经典的评述："毫无疑问，如果控方提出一个被控事实以外的其他犯罪行为来证明被告人犯了所控之罪，这是不合适的。但另一方面，此类证据并不必然无效，如果它本身就是一个值得争议的事项，或者，它只是为了证明被告人的犯罪是有预谋的还是偶然的，或者，它只是为了反驳被告人可能会作出的某种抗辩。"②

　　到了近代，1975 年，"检察长诉博德曼"（DPP v. Boardman）一案标志着相似行为证据规则迈向了新的阶段，确立了上文所提及的"惊人的相似性"的证据可采性标准。该案推动英国司法界对"惊人的相似性"进行了激烈的探讨，从而促使此后的司法实践机械地从文义上去把握这类证据是否需要被排除。到了 1991 年，"DPP v. P"一案则对"惊人的相似性"在某种程度上进行了一定的调整，转而不再致力于从文义上明晰何谓"惊人的相似性"，而是由法官根据自己的经验和感觉行使自由裁量权。

---

　　① JAMES FITZJAMES STEPHEN. Digest of the law of evidence. Macmillan and Co. ，Limited，1906：17，18，22，28.
　　② 蔡杰，汪键. 英国相似事实证据规则简介. 中国刑事法杂志，2005（1）.

而在美国，国会于 1994 年制定的《暴力犯罪控制与实施法案》包含了当前《美国联邦证据规则》的第 413～415 条。这一系列条款突破了第 404 条（a）款所确立的禁止控方运用被告人的品格来证明其行为的一般性规定，从而允许在性侵害和儿童性侵害案件中使用特殊行为品性证明来证明行为。这些条款的确立实际上从另一方面扩大了法官的裁量权，第 403 条的原则性规定一定程度上侵蚀了原来由第 404 条这样的类型化条款所控制的领地。①

（5）小结

从证据规则的性质来看，意见证据规则、传闻证据规则、品格证据规则和相似行为证据规则都是重要的证据排除规则。从四种规则的历史发展来看，它们大致均经历了从不排除到排除，再到相对排除，从一开始的可采性例外情况极少到逐渐放宽的过程。在知情陪审团时代，并不需要相应的证据规则加以支撑。而当知情陪审团转变为不知情陪审团时，证据规则才有了适用的必要。于是，以刑事诉讼为例，确立意见证据规则等证据规则从而排除相应的证据，其原因大体上都在于，允许这些证据会提高控方的举证能力，抑或会诱发裁判者对犯罪嫌疑人的偏见，进而造成冤假错案。然而，曾经对相应证据进行绝对排斥的证据规则后来被证明并不符合司法实践特别是有效的事实认定的需求，因此各种证据规则均不约而同地出现了诸多例外情形。而从另外一个层面上讲，刚性的排除规则也逐渐走向弱化，柔性的排除规则却是在逐渐扩大自己的领地。以美国为例，这几类证据规则从整体趋势上看，其中的规则性规范相对而言在不断地弱化，而原则性规范的控制范围则不断地扩大。②

然而，特别是随着陪审制度的衰落，上文所谓的"原型审判法庭"风光不再，法官独任制审判的增多使得证据可采性规则的重要性大不如前。

---

① 吴洪淇. 英美证据法规范发展趋势研究//齐树洁主编. 美国证据法专论. 厦门：厦门大学出版社，2011：370.

② 从规范形式的角度来说，证据排除规范大致可以区分为规则（rule）和原则（principle）两种模式。所谓规则模式就是指通过证据规则来对证据排除过程加以规制的模式，这一模式最大的特点就是运用刚性的证据规则对证据排除裁量权加以控制。原则模式则是指对证据排除的裁量不设置刚性的法律规则而仅仅以相对开放的法律原则对证据排除过程加以指导性控制的模式。吴洪淇. 证据法的运行环境与内部结构. 北京：中国政法大学出版社，2010：120-126.

例如，达马斯卡便认为，这些证据规则在非陪审团审判的环境下仍得以生存的主要原因乃是习惯力量的推动，当然它们也萎缩成了仅由法律职业者的惯性所支撑着的程式而已。随着陪审团审判的继续减少，律师们为适应陪审团审判所必备的技能可能会因为不经常使用而生疏。①

尽管如此，这些传统的证据可采性规则在英美法系国家至今仍然发挥着不可低估的效用，当然其从外观来看已经变得较之从前越来越复杂。而在并不具有陪审团审理传统的大陆法系，以传闻证据规则为例，从第二次世界大战以后直至21世纪初，也出现了许多国家和地区移植并发展这种证据规则的运动。② 由此可见，这些证据排除规则并没有完全失去其生命力，而是继续得到了发展。于是，理论界也在持续地为包括意见证据规则在内的诸多传统的证据规则的继续生存提供学理上的支撑。

3. 证据排除的基本法理指向一致

在英美法系国家，大多数证据规则实际上都是关于什么证据应被接受为定案根据的问题，也即证据的可采性问题。而在证据的可采性问题当中，相关性又是证据可采性或证据能力问题的基础性标准或称"黄金规则"。设立相关性规则的目的在于：一是防止当事人将与案件事实在证据法意义上并不相关的证据提供给陪审团考虑，从而避免陪审团错误地认定案件事实；二是限定证据调查的范围。这是因为，英美法实行当事人主义，证据的提出是当事人的责任，提出何种证据完全由当事人决定，如不加以限制，会使案件证据的调查没有终结，导致审判旷日持久，影响诉讼的进行。

自1876年斯蒂芬的《证据法精要》问世以来，相关性规则逐渐取代最佳证据规则成为英国证据法的一个基本规则。根据相关性规则，所有与待定事实相关的证据，无论其是增强还是削弱待定事实的存在，在逻辑上都是可采纳的。但早在19世纪以前，英国就已发展出了一些证据法上的排除规则，将逻辑上相关的证据排除在外。这其中最有名和最有特色的要数传闻证据排除规则，除此之外，还包括意见证据排除规则、品格证据排

---

① 达马斯卡. 漂移的证据法. 李学军，等译. 北京：中国政法大学出版社，2003：180 - 181.

② 刘玫. 港澳台地区传闻证据规则及类似规定比较研究. 证据科学，2007（1、2）.

除规则与相似行为证据排除规则。① 换言之，这些证据排除规则的产生，在历史上均与证据相关性理论存在千丝万缕的联系。

不过，如果在理论上将本章所探讨的四种证据规则混为一谈，从而笼统地探究它们与证据相关性规则的关系，实际上并不十分严谨。虽然这四种证据排除规则均与证据的相关性存在内在的联系，但它们的出发点其实并不一致。例如樊崇义教授主编的《刑事证据规则研究》一书认为，有相关性的证据能否采纳，首先看它是否被传闻证据规则、意见证据规则等排除规则予以排除，如果被这些证据规则排除了的话，当然就不可采。② 据此观点，传闻证据规则、意见证据规则存在的前提，是肯定其所调整的证据是具有相关性的。但是这种观点与上文的阐释明显相悖。例如，根据上述关于传闻证据排除规则的介绍，排除这类证据的理由虽然多种多样，但并不涉及相关性判断。换言之，学理及实务其实在原则上是肯定传闻证据与特定案件事实的相关性的，而排除这类证据主要是基于证据真实性和权利保障的考量。

但对于意见证据排除规则而言，其与证据相关性理论的内在联系在于，这类证据不可采的主要原因之一便在于，就所证明的事实而言，普通证人的意见不具有相关性：如果待证事实属于需要专业知识才能够认定的事实，非专家证人的意见显然没有任何证明价值；如果待证事实属于不需要专业知识的事实，由于事实裁判者同样可以进行判断或推论，证人的意见又显得不具有相关性。③ 而专家证人的意见，如下文即将展开的论述所言，是一种特殊的证人意见，理论上认可其与案件事实的相关性。于是，意见证据排除规则对于普通证人意见与专家证人意见的不同处理，实质上也是基于证据相关性上的考虑的不同。

与普通证人的意见证据类似，品格证据、相似行为证据被法庭所排除，其中一个重要的理由却在于，这几类证据与特定案件事实并不具有证据法意义上的相关性。例如上文提到，相似行为证据被排除的最主要原因便是与系争事实不具有相关性。而从英美法的成文法典的编排来看，将品

---

① 李培峰，潘驰. 英国证据法史. 北京：法律出版社，2014：86.
② 樊崇义主编. 刑事证据规则研究. 北京：中国人民公安大学出版社，2014：219.
③ 宋英辉，吴宏耀. 意见规则——外国证据规则系列之四. 人民检察，2001（7）.

格证据、相似行为证据作为证据相关性的特殊限制情形也十分明确。一个重要的例证在于，《美国联邦证据规则》在第四章"相关性及其限制"的编排当中，实际上就是把这两类证据作为证据相关性的主要限制因素来加以看待。

由此可以看出，传闻证据被排除，理论出发点首先是认可其具有相关性。而普通证人的意见证据、品格证据和相似行为证据被排除，重要的原因则是它们不具有相关性。总之，这四种证据规则虽然关注点不同，但其理论根基均与证据相关性存在难以分割的联系。

4. 证据规则的内容架构异曲同工

如前所述，意见证据规则、传闻证据规则、品格证据规则、相似行为证据规则均是英美法系国家证据排除规则的重要组成部分。既然都属于证据排除规则，这些类型的证据原则上都是要排除的。但是，这些规则在排除相应证据的同时，又设置了诸多例外规定，从而对部分具有可采性的证据进行了恰当的安排。① 而这四种证据规则之所以需要设置各种例外情形，主要是因为英美法系国家在适用传统的绝对排除规则的时候，司法实务逐渐意识到了种种弊端的存在。然而，考虑到某些证据的特殊性，相应规则往往又在例外规定之中再次设置例外规定，从而导致这些规则的内容架构表现出极强的相似性和极大的复杂性。

根据意见证据规则，从具体事实推断出结论，是裁判者而非证人的职责所在，因此意见证据原则上是要被排除的。但意见证据排除规则也有十分重要的例外条款，其具体规则又有着不同于其他三种证据规则的特殊的一面。这突出表现在，一方面，专家证人的意见作为证人意见的重要组成部分，直接被视为具备可采性。但这一重要的例外情形并不具有绝对性，也即并非所有的专家证人的意见都会当然被法庭所采纳。以美国为例，在过去近 100 年间，自 1923 年的弗赖伊案（Frye v. United States）开始，到 1975 年国会制定《美国联邦证据规则》，再到 1993 年的多伯特案

---

① 与此相对的是，我国台湾地区较为特殊，其曾一概排除意见证据，因没有考虑到意见证据规则的例外，招致了学者的批评。吴丹红．论英美法的意见证据．江苏警官学院学报，2003（1）.

（Daubert v. Merrell Dow Pharmaceuticals，Inc.）及后续重要案件的细化补充，判例和制定法共同设定了专家证人意见的可采性标准，从而也为原则上作为意见证据规则之中一大例外情形的专家证人意见的采纳及排除指明了方向。另一方面，对于普通证人而言，虽然其意见原则上是被排除的，但是从《美国联邦证据规则》第701条来看，普通证人如果是合理地基于其知觉，而且有助于清晰地理解或者确定争议事实，那么他们的意见是具有可采性的。这样的规定显然又对原则上需要排除的普通证人意见设置了相对的例外规定。

根据传闻证据规则，传闻一般而言是不可采的，但该规则的复杂之处在于，原则排除的基础上有多达数十种例外规定，甚至例外之中还有例外。品格证据原则上也要被排除，但正如上文对《美国联邦证据规则》第四章内容的分析，当出现"一般例外"和"特殊例外"的情形之时，品格证据又具备相关性从而具备可采性。而在相似行为证据规则上，这类证据原则上都要排除。但根据普通法的传统，当相似行为证据同时符合上文的归纳的条件时，则是具有可采性的。

（二）意见证据规则与前述三种证据规则的差异

1.普通证人的意见证据被排除存在极为特殊的原因

根据本书相关章节的总结，普通证人意见证据被排除的原因主要涉及两个方面，一是这类证人的意见不具有相关性，二是可以阻止证人僭越事实裁判者的职权。从上文的论证可以看出，因与案件事实不具有相关性而排除意见证据，其实并不属于意见证据规则的特殊法理，实际上排除品格证据和相似行为证据的一个重要的理由也在于这些证据不具有相关性。

但对于排除意见证据的第二大原因而言，根据该规则与本章涉及的其他三种证据规则的比较可知，其则显然较为独特。之所以从这个角度排除意见证据，主要是建立在这样的理由之上，即证人的职能与裁判的职能是彼此区分的，允许证人发表意见实际上是侵犯了裁判者的职权。具体而言，在诉讼中，从事实出发进行推理判断是承担事实审理职能的法官或陪审团的职能，如果允许普通证人提供意见证据，就相当于允许普通证人代

替事实审理者在诉讼中进行推理判断，这就会侵犯事实审理者的职权，造成诉讼中的混乱。① 换言之，特别是对于排除普通证人的意见而言，一般的规则在于其意见不具有证据的可采性，他们只能陈述事实，而不能从事实进行推论，推论的事情属于陪审团的职责范围。换言之，从另外一个角度而言，决定普通证人意见证据取舍的关键，是事实认定者有能力就某事实进行推论或判断。② 于是，由于作为裁判者的事实认定者本身有能力基于既有事实和证据进行进一步的推论或判断，普通证人的意见根本就没有存在的必要。

2. 意见证据规则的功能主要涉及事实判断而不是价值考量

从上述关于意见证据规则的分析来看，仅就普通证人的意见而言，通常认为排除这类证据的原因主要涉及两方面，即一方面其不具有与案件事实的相关性，另一方面则在于这样的意见会侵犯裁判者的事实判断权。对于第一个原因，由于普通证人的意见本身与案件事实无关，因而这是一个典型的事实判断问题。而对于第二个原因，实质上也是由于普通证人根据意见得出的事实判断与裁判者根据既有证据进行的事实判断存在冲突，因而学理上对前者持排斥态度，而这样一种选择的背后其实也是一个事实判断的问题。对此，可以将意见证据规则排除普通证人意见的机理或功能作这样的阐释，即该规则是主要服务于准确的事实判断的，其实质上涉及的是一个认识论范畴的问题。根据起草《美国联邦证据规则》的咨询委员会的注释，"意见证据规则保持了传统证据法的目标，即让事实审理者来把持对事情的准确再现"③，也可以明显地发现这种证据规则的存在主要是服务于准确的事实认定问题。

毫无疑问，以认识论为基础的正确认定案件事实的功能是证据法的基本功能或主要功能，但其并不是唯一的功能。实际上，证据法的功能还包括确保司法公正、降低诉讼成本以及提高司法效率。④ 据此，如果说保障对事实的准确认定属于证据规则在认识论范畴的事实判断功能，那么确保

① 宋英辉，吴宏耀. 意见规则——外国证据规则系列之四. 人民检察，2001 (7).
② 李学军. 意见证据规则要义——以美国为视角. 证据科学，2012 (5).
③ 何家弘，张卫平主编. 外国证据法选译：下卷. 北京：人民法院出版社，2000：723.
④ 何家弘. 短缺证据与模糊事实——证据学精要. 北京：法律出版社，2012：101，109.

司法公正、降低诉讼成本以及提高司法效率则应当属于与其相对的价值考量功能。于是，通过检索传闻证据规则、品格证据规则和相似行为证据规则，可以明显地发现这三种证据规则的功能并不局限于事实判断，而同时也非常重视对价值的考量。①

例如，如前所述，排除传闻证据的理由主要有两个方面：其一涉及对证据真实性的考虑，也即传闻证据本身由于不可靠而容易导致裁判者据此得出不符合实际的事实认定；其二则是基于权利保障的考虑，具体而言主要涉及保障被告人的宪法性权利——与对方证人的对质权的需要。例如在欧洲各国，受《欧洲人权公约》的约束，除审判期日以外的证人证言也日益与保障被告人与对方证人的质证权联系在了一起。② 由此可见，传闻证据规则的首要功能是保证法庭所用证言的可靠性，从而保证案件事实认定的正确性，但同时也兼顾了司法公正和人权保障，这乃是传闻证据规则的功能区别于意见证据规则的一个重要表现。

而从品格证据规则所指出的排除相应证据的原因来看，除了证据相关性因素这一典型的事实判断问题而外，理论上一般也关注到这样一些问题：使用这类证据容易引发对被告人的歧视或偏见，同时也不利于保护诸如性犯罪这样的案件中的受害人的隐私。由此可见，品格证据规则的功能也不仅仅关乎事实判断，同时也关注于权利保障方面的价值考量。

对于相似行为证据规则，其排除这类证据的原因与品格证据规则较为类似，一方面也是最主要的考虑因素也是证据的相关性，另一方面则同样涉及相应的权利保障问题。具体而言，正如上文所述，使用这类证据极容易引发裁判者对被告人的偏见，从而导致不公正审判的出现以及错判的发生；控方对相似行为证据的出举会导致被告人面临突如其来的不公正待

----

① 需要说明的是，对于所有的证据排除规则而言，排除相应证据都有降低诉讼成本和提高司法效率的功能。换言之，所有的证据规则都具备一定的价值论倾向。为此，意见证据规则作为一种证据排除规则，实际上也具有价值考量的因素。但意见证据规则的主要功能仍偏向于准确的事实判断，而不是价值考量，因此我们认为这种证据规则的功能是"主要"涉及事实判断而不是绝对仅限于事实判断。与此相对的是，从权利保障这种价值考量来看，意见证据规则与另外三种证据排除规则存在较大的差异，因此本部分也主要从权利保障的角度展开分析。

② 宋英辉，吴宏耀．传闻证据排除规则——外国证据规则系列之三．人民检察，2001（6）．

遇，进而逼迫他们去回应有关过往行为活动的指责。

总之，事实判断和价值考量同为证据法相关规则的功能。如果说事实判断作为证据法的传统功能在每一种证据排除规则之中都有或多或少体现的话，那么价值判断对于某些证据规则的功能而言则并不显著，而这恰恰是意见证据规则区别于另外三种证据规则的一大特点所在。

3. 专家意见作为一大例外情形显著区别于其他证据规则

根据英美证据法理论，证人分为普通证人或称外行证人（lay witness），以及专家证人（expert witness）。意见证据规则主要适用于外行证人，而专家证人乃是意见证据规则的例外。而在大陆法系国家，证人则仅指外行证人，与专家证人类似的人员称为鉴定人。① 虽然如上文所言，另外三种证据规则都存在各种各样的例外情形，但仅就对证人证言的规制而言，由于另外三种规则基本不涉及专家证人的问题，因而其例外情形也相应表现出显著的区别。

对于专家意见而言，其具有可采性从而作为意见证据规则的例外，也有相较于其他证据规则的例外情形而言的较为特殊的原因。如前所述，由于普通证人在某些情况下并不能提供关于案件事实的有效的描述，因而其所提出的意见是不具有相关性的。按此逻辑，作为意见证据规则的重要例外情形，专家证人的意见便应当具有相关性。

然而，对这个问题的认识从历史发展来看，并没有如上述逻辑推演这么简单。实际上，同普通证人相比，由于专家在接受聘请发表意见之前对案件事实往往是一无所知的，因而他们所发出的意见从本质上讲与案件事实的相关性更弱。因此，对专家意见具备相关性的分析并不能简单地照搬普通证人意见的分析框架。

进入 18 世纪后期以后，法庭在程序上要求专家证人像普通证人一样直接在陪审团面前作证，这使得证人必须提供自己亲身经历或观察到的事实的要求同样适用到专家证人身上。证人尚且可以根据自己对案件事实的感知而作证，但专家证人显然无法照此行事。于是，司法实践迫切地需要

---

① 实际上，大陆法系的鉴定人的范围要比英美法系的专家证人的范围要小得多，因此在不同法律制度下，两者并不能等同。

全新的理论来对专家发表意见的正当性加以解释。

在1782年的福克斯诉柴德案中，曼斯菲尔勋爵很好地回答了这样一种质疑——专家证人没有个人知识也不了解事实，但是他们指出了事实的真相，他们具备的这样一种知识就是事实。由此，专家证人的证言在法庭上被采纳有了法律的依据和支撑，该判决意见也成为后世处理类似问题的先例原则。① 而正是从这一判决开始，表面上并不具有相关性的专家意见根据法官的解释，从实质上具备了证据的相关性。在现代意义上的意见证据规则于19世纪初步形成后，专家证人的意见与普通证人的意见更是被明确区分开来。专家证人能够提供普通证人不能提供的专业的意见，而这种专业意见作为一种"事实"也能够被法庭所采纳。

但对于专家证人意见可采性的探讨而言，并不仅仅是出于纯粹的证据相关性的分析。塞耶就曾指出，对专家意见的采纳受到了古老的法律观念的影响，专家作为法庭的帮助者，法庭借此指导陪审团进行审判。据此论断，专家意见的可采性并没有直接涉及与案件事实的相关性判断。而到了现代意义上的意见证据规则确立之后，专家证人也以其能够作出陪审团不能作出的专业判断，而帮助陪审团审理案件。因此，有学者认为，现代意义上对意见证据的考察以是否能够帮助陪审团审理案件为标准，而不再是传统意义上对个人观察的需要。② 换言之，这种肯定专家证人意见可采性的分析视角，并没有从证据相关性的探究出发，从而与上文所探讨的几种证据规则的证据排除原因所存在的交集存在着明显的差异。其作为意见证据规则的一大例外情形，所涉及的证据可采性判断的法理也表现出极为特殊的一面。

---

① TAL GOLAN. Revisiting the history of scientific expert testimony. Brooklyn Law Review. Vol. 73，2007：879.

② 李培峰，潘驰. 英国证据法史. 北京：法律出版社，2014：96-100.

意见证据制度研究

第四章　我国司法语境下意见证据规则的配套制度

　　意见证据规则的准确适用有赖于确立完善的配套制度加以支持和保障。本章内容立足于我国当前的司法背景和状况，就相关的证人出庭作证制度、司法鉴定人出庭制度和专家辅助人制度的立法背景、主要内容、存在不足以及完善途径等进行分别阐释。

　　普通证人、司法鉴定人和专家辅助人作为提供意见证据的三大主体，其各自的意见证据在形式、特点、属性等方面都存在相当的差异，对之进行分别认识和研究有助于完善相应的配套制度，促进意见证据规则的适用。

一、证人出庭作证制度

（一）意见性证人证言的必要性考察

　　我国现有立法对于普通证人证言的一般态度是：普通证人只能就其亲

身感知的事实提供表述性证言（感知证据），而不能提供任何意见性证言（意见证据）。如 2001 年 12 月出台的最高人民法院《关于民事诉讼证据的若干规定》（民事证据规定）第 57 条规定："证人作证时，不得使用猜测、推断或者评论性的语言。"2002 年 6 月出台的最高人民法院《关于行政诉讼证据若干问题的规定》（行政证据规定）第 46 条规定："证人应当陈述其亲历的具体事实。证人根据其经历所作的判断、推测或者评论，不能作为定案的依据。"

如此立法的背景考量是：普通证人通常不具备与案件中的专门性问题相关的知识技能和业务训练，如允许其就案件事实提供意见证据，则很有可能混淆事实与意见，对案件审理造成误导，并侵犯事实审理者的职权，因此只允许其通过"感知"——"记忆"——"表达"的逻辑形式对亲身经历的案件事实提供表述性证言。而与普通证人（lay witness）相对应的专家证人①（expert witness）则恰好相反，因为专家具备相关领域内必要的专业知识和经验技能，能够就案件中的特定问题做出基于案情和自身能力的专业见解，从而可以提供相应的意见性证据。

如本书前文有关章节所述，普通证人不被允许提供意见证据属于一般情形，但是在司法实践中想要将意见和事实截然分开并不是一件容易的事情，很多时候普通证人的感知与意见存在互相交叉、难以分辨的情况，进行适当的意见性表述很可能比单纯的感知性表述更为贴切，甚至在有些时候若不采用一定的意见性表述则无从准确地就自己所知悉的事实作证。②对此 Learned Hand 大法官也曾经指出："……意见与事实至多是一种程度上的区别……"③ 因此，基于证据之证明价值及证据可能导致的事实混淆危险之间的价值权衡，在不对案件事实认定者有所误导的前提下，应当允

---

　　① 文中此处援引了英美法系国家的"专家证人"之表述，而我国立法中并无此用语。读者可以将我国的司法鉴定人和专家辅助人（相关法条中表述为：有专门知识的人、专业人员）与此处的专家证人作近似理解。

　　② 此种情形对应的实例有不少，可参见李学军教授之"意见证据规则要义——以美国为视角"一文中第二节"意见证据规则下普通证人的意见与事实之区分"部分的有关实例，该文发表于：证据科学，2012（5）.

　　③ Central R. R. v. Monahan，11 F. 2d212（2d Cir. 1926）. 转引自高忠智. 美国证据法新解：相关性证据及其排除规则. 北京：法律出版社，2004：147.

许普通证人陈述必要的意见证据或在感知证言中加入必要的意见性成分。

我国现有的立法亦并非对普通证人证言的意见性成分做完全的杜绝，如最高人民法院《关于民事诉讼证据的若干规定》第 78 条规定："人民法院认定证人证言，可以通过对证人的智力状况、品德、知识、经验、法律意识和专业技能等的综合分析做出判断。"最高人民法院、最高人民检察院、公安部、国家安全部、司法部 2010 年联合发布的《关于办理死刑案件审查判断证据若干问题的规定》第 12 条规定："证人的猜测性、评论性、推断性的证言，不能作为证据使用，但根据一般生活经验判断符合事实的除外。"此条款内容原文在 2012 年最高人民法院《关于适用〈中华人民共和国刑事诉讼法〉的解释》第 75 条中亦有直接体现。

综上，我国现有的法律规范对普通证人意见证据的规定总体上持排除的态度，仅有极少数条款做出了不完全排除的规定，这和实践中的状况[1]存在一定的反差。相关法学专家建议，为了促进普通证人意见证据在实际案件中更好地发挥作用，结合域外的成熟立法经验[2]，可从证据可采的要求出发，对普通证人意见证据的基本条件、自由裁量、程序保障以及特殊情形做出更具体的规范。[3]

（二）通过出庭作证准确适用意见证据规则

对证人而言，出庭作证是我国法律明确要求其承担的一项义务，也是适用意见证据规则的必然要求。

1. 证人出庭作证的相关法律规范

我国现行《刑事诉讼法》第 187 条中规定："公诉人、当事人或者辩护人、诉讼代理人对证人证言有异议，且该证人证言对案件定罪量刑有重大影响，人民法院认为证人有必要出庭作证的，证人应当出庭作证。人民警察就其执行职务时目击的犯罪情况作为证人出庭作证，适用前款规定。"

---

① 从近几年的相关司法实践来看，有为数不少的普通证人证言中已经包含有意见性要素，并且此种情形正在呈逐渐上升的趋势。

② 比如，美国联邦证据规则第 701 条对非专家证据（普通证人证言）作为证据使用的条件做出如下规定：非专家证人以意见或者推论的形式作证，这些意见或推论需要：（1）合理地建立在证人的个人感知的基础上；（2）有利于清楚理解证人证言或者对争议事实的决定；并且（3）不是建立在科学、技术或者其他专门知识的基础上的。

③ 何挺.普通证人意见证据：可采性与运用规则.中国刑事法杂志，2010（10）.

最高人民法院《关于适用〈中华人民共和国刑事诉讼法〉的解释》第62条规定："审判人员应当依照法定程序收集、审查、核实、认定证据。"第63条规定："证据未经当庭出示、辨认、质证等法庭调查程序查证属实，不得作为定案的根据，但法律和本解释另有规定的除外。"

我国现行《民事诉讼法》对有关证人出庭作证的义务、方式和保障等问题做出如下规定。

"第七十二条　凡是知道案件情况的单位和个人，都有义务出庭作证。有关单位的负责人应当支持证人作证。不能正确表达意思的人，不能作证。"

"第七十三条　经人民法院通知，证人应当出庭作证。有下列情形之一的，经人民法院许可，可以通过书面证言、视听传输技术或者视听资料等方式作证：（一）因健康原因不能出庭的；（二）因路途遥远，交通不便不能出庭的；（三）因自然灾害等不可抗力不能出庭的；（四）其他有正当理由不能出庭的。"

"第七十四条　证人因履行出庭作证义务而支出的交通、住宿、就餐等必要费用以及误工损失，由败诉一方当事人负担。当事人申请证人作证的，由该当事人先行垫付；当事人没有申请，人民法院通知证人作证的，由人民法院先行垫付。"

为贯彻落实党的十八届四中全会提出的"推进以审判为中心的诉讼制度改革"所制定的相关法律文件，对证人出庭作证制度做出了最新规定、进行了进一步完善。

2016年最高人民法院、最高人民检察院、公安部、国家安全部、司法部《关于推进以审判为中心的刑事诉讼制度改革的意见》第12条规定："完善对证人、鉴定人的法庭质证规则。落实证人、鉴定人、侦查人员出庭作证制度，提高出庭作证率。公诉人、当事人或者辩护人、诉讼代理人对证人证言有异议，人民法院认为该证人证言对案件定罪量刑有重大影响的，证人应当出庭作证。健全证人保护工作机制，对因作证面临人身安全等危险的人员依法采取保护措施。建立证人、鉴定人等作证补助专项经费划拨机制。完善强制证人到庭制度。"

2017年最高人民法院《关于全面推进以审判为中心的刑事诉讼制度

改革的实施意见》中规定：

"14. 控辩双方对证人证言有异议，人民法院认为证人证言对案件定罪量刑有重大影响的，应当通知证人出庭作证。控辩双方申请证人出庭的，人民法院通知证人出庭后，申请方应当负责协助相关证人到庭。证人没有正当理由不出庭作证的，人民法院在必要时可以强制证人到庭。根据案件情况，可以实行远程视频作证。"

"16. 证人、鉴定人、被害人因出庭作证，本人或者其近亲属的人身安全面临危险的，人民法院应当采取不公开其真实姓名、住址、工作单位和联系方式等个人信息，或者不暴露其外貌、真实声音等保护措施。必要时，可以建议有关机关采取专门性保护措施。人民法院应当建立证人出庭作证补助专项经费机制，对证人出庭作证所支出的交通、住宿、就餐等合理费用给予补助。"

"29. 证人没有出庭作证，其庭前证言真实性无法确认的，不得作为定案的根据。证人当庭作出的证言与其庭前证言矛盾，证人能够作出合理解释，并与相关证据印证的，可以采信其庭审证言；不能作出合理解释，而其庭前证言与相关证据印证的，可以采信其庭前证言。"

2. 证人出庭作证是相关证据规则的要求

普通证人必须以直接出庭作证的方式来提供意见证据，这是有关证据规则的普遍要求，无论是大陆法系的直接言词原则，或是英美法系的传闻排除原则①，虽然各自采取的表述角度不同，一个是做正向规定，一个是做反向禁止，但其蕴含的要义以及想要实现的功能是一致的，即证人必须本人亲自出庭作证和当面接受质询，以有利于法官（事实认定者）直接调查和采证，否则将无法检验证人对事实的陈述是否正确。②具体到普通证人提供意见性证据，必须是基于日常的生活常识和经验，以及正常的感知、记忆、推理和表达能力，由此来决定普通证人意见证据的可采性，若单单从证言笔录或间接传闻中是无从就这些方面加以审查核实的。

---

① 传闻排除是一项依据美国宪法第六修正案"对抗条款"的宪法性权利，若允许使用传闻证据，则无从对证人进行交叉质证，将是对该宪法性权利的严重侵犯。

② 当然，传闻排除原则中还蕴含着对质证权的强调和保障。

　　我国的诉讼法律并没有明文规定直接言词原则或传闻排除原则，但第十八届四中全会明确提出要推进"以审判为中心"① 的诉讼制度改革，"审判中心主义"本身就包含着对直接言词的要求，体现着直接原则和言词原则的要义。现行法条中有关的程序性规定，如第一审和第二审程序中通知证人、鉴定人出庭的规定，控辩双方和被害人当庭质证的规定，经审判长许可公诉人、被害人、被告人、辩护人可以直接向证人、鉴定人发问的规定，以及控辩双方当庭进行辩论和被告人有权进行最后陈述的规定等，无不体现了庭审中的直接言词原则要求。

　　（三）我国证人出庭作证现状

　　证人出庭作证是现代诉讼和国际司法准则的必然要求，对于实现实体公正和程序公正具有重大意义，因此在我国现行法条和证据规则中均有明确体现。然而实务中我国证人出庭作证的状况十分不乐观，出庭率低下、出庭形式化的问题严重，影响到对证言证据的实质性审查，降低了审判的质量和效率。

　　1. 证人出庭率低下

　　2012 年刑事诉讼法修订前，据最高人民法院 2010 年的统计数据显示，全国多地一审的刑事案件证人出庭作证率不超过 10%，二审刑事案件中证人出庭率不超过 5%。比如，长春市二道河子区人民检察院的统计数据显示，在其起诉的刑事案件中，2003 年的证人出庭率为 4.3%，2004 年的为 5%；2005 年上海市黄浦区法院统计当地证人出庭率约 5%。2012 年新刑事诉讼法修订之后，证人出庭作证的实际状况也并没有如预期发生改善，全国各级法院的刑事案件证人出庭率基本都不超过 10%，甚至有个别地区不超过 1%。②

　　民事诉讼和行政诉讼的证人出庭率同样很低，证人不愿意出庭作证的情况非常普遍。如阆中法院五个人民法庭 2006 年至 2008 年所结民事案件数量及证人出庭作证情况显示：人民法庭受理的民事案件逐年增多，但证

---

　　① 笔者认为，这里的以审判为中心的核心是以庭审为中心，以庭审为中心的核心是以质为核心。

　　② 此处证人出庭作证率的有关数据来源于，马春娟，李幸幸. 刑事证人出庭作证制度及其完善. 齐齐哈尔大学学报（哲学社会科学版），2016（3）.

人出庭作证率不到 2%[①]，山东东营市中级人民法院近 3 年来，证人出庭作证的比例只有 1%，且都是一审案件，二审案件没有一个证人出庭作证。[②]

证人出庭率过低是三大诉讼共同面临的一个严重问题，其负面影响十分显著。从微观个案上来看，证人不出庭的直接后果是，无法当庭提供真实有效的证据，庭上无法对已有证据进行必要的实质性质证，并影响到对证据的有效认证。从宏观层面上看，如此之低的证人出庭率，使得庭审中的对抗根本无从实现，长此以往，不仅使法官希望通过证人出庭作证审查判断证人证言的有效性和证明力的目的无法实现，也使立法者希望通过证人出庭增强法庭抗辩性、防范庭审流于形式的预期严重落空。[③]

2. 证人出庭流于形式

在我国的各类诉讼中，与证人出庭率低下相伴的另一大问题是证人出庭作证流于形式，缺乏实质性的举证和质证等证据调查及运用环节。[④] 对此，何家弘教授在其"刑事庭审实证研究"课题的成果中发布了相关调查和数据。[⑤]

"证人不出庭使举证虚化。在这 292 起案件中，公诉方出示了 1 286 份证言，辩护方出示了 27 份证言，共计 1 313 份。其中，未出庭的证人数是 1 274，约占 97%；出庭的证人数是 39，约占 3%。"

"摘要宣读笔录使举证虚化。受庭审时间所限，公诉人一般都采取从案卷中摘要宣读询问笔录的方式，从而使举证仅具有象征意义。无论是审判人员还是被告人及其辩护人，都很难通过这种摘要宣读了解那些证言的全貌。"

---

① 人民法庭民事案件证人出庭作证率偏低的原因及对策 . http：//www. legaldaily. com. cn/dfjzz/content/2010－01/07/content＿2018098. htm. ［2016－08－27］.

② 李郁 . 缺少强制性规定证人出庭新规则引入的选择 . 法制日报，2007－04－17（8）.

③ 陈卫东 . 让证人走向法庭——刑事案件证人出庭作证制度研究 . 山东警察学院学报，2007（2）.

④ 尽管在本章中将证人出庭率低下和证明环节虚化作为并列的两个问题同步提出，但是实际两者之间有不少内容是相互一致甚至重合的，比如证人出庭率低本身就是证明环节虚化的表现形式之一。

⑤ 具体内容参见何家弘 . 刑事庭审虚化的实证研究 . 法学家，2011（6）.

"刑事庭审实践中，法官在一方举证之后会询问另一方对证据有无异议，但对方表示'有异议'的比例很低。例如，在前述 292 起案件中，控辩双方共举出 5 817 份证据。其中，证人证言受到质疑的比例最高，占16.67%……"

证人出庭作证主要发生于庭审的举证和质证环节，举证和质证的虚化则使得本身已经极少的出庭作证的证人证言之效用再打折扣，举证和质证的立法意图难以实现。改善证人出庭的状况，势必需要在提高证人出庭率和加强证人出庭作证实质化方面加以改进和完善。

（四）证人出庭作证不力的主要原因

证人不愿出庭作证的原因是多方面的，有证人自身的原因，有来自社会上的压力，也有办案机关的问题。① 具体有以下几个方面：

1. 立法层面的局限和不足

（1）现行法律对于证人保护的范围有限，条文和术语适用性不强

从保护的对象范围来看，《刑事诉讼法》第 61 条规定："人民法院、人民检察院和公安机关应当保障证人及其近亲属的安全。"该条款中"近亲属"的范围，仅局限于证人的两代内的亲属关系，（外）祖父母、（外）孙子女则并不在内。②

从保护的案件范围来看，《刑事诉讼法》第 62 条规定："对于危害国家安全犯罪、恐怖活动犯罪、黑社会性质的组织犯罪、毒品犯罪等案件，证人、鉴定人、被害人因在诉讼中作证，本人或者其近亲属的人身安全面临危险的，人民法院、人民检察院和公安机关应当采取以下一项或者多项保护措施……"此类严重犯罪之外的其他刑事案件中的证人，则较难获得必要的证人保护。

总体上看，现行的证人保护相关法律条文仍较为笼统和粗疏，不少内

---

① 陈瑞华. 法治视野下的证人保护. 法学，2002（3）.

② 《中华人民共和国刑事诉讼法》第 106 条第 6 项规定，刑事诉讼法中规定的"近亲属"是指夫、妻、父、母、子、女、同胞兄弟姐妹。《中华人民共和国民事诉讼法》相关司法解释对"近亲属"的解释包括了祖父母、外祖父母、孙子女、外孙子女。《中华人民共和国行政诉讼法》相关司法解释对于"近亲属"的规定则不仅包括了祖父母、外祖父母、孙子女、外孙子女，还包括了其他具有扶养、赡养关系的亲属。

容缺乏全面性和实用性，一些关键术语的指称不够明确和妥当，存在较大的被随意解读或判定的空间。

（2）现行法律对于证人保护的权责分工不明确，相关程序和措施不完善

《刑事诉讼法》第61条仅规定"人民法院、人民检察院和公安机关"作为证人保护的主体，但是具体在不同的诉讼阶段，证人的保护究竟应该由哪个机关负责，不同机关之间如何分工协作，如何交接转移，则并没有明文体现或说明。证人保护本应是《刑事诉讼法》当中的重要内容，需要制定相应的程序来给予支持和保障，但是当前的《刑事诉讼法》及有关司法解释仅仅规定了保护证人的责任和主体，对于实施环节的配套性规定，如启动程序和实施措施等则少有涉及。

《刑事诉讼法》第62条列举了"不公开真实姓名、住址和工作单位等个人信息"，"采取不暴露外貌、真实声音等出庭作证措施"，"禁止特定的人员接触证人、鉴定人、被害人及其近亲属"，"对人身和住宅采取专门性保护措施"四项保护措施，但是此四项保护措施尚不能完全有效地应对各种可能的针对证人的侵害行为，必须有更为细致和完善的配套执行措施予以切实保障。

2. 现实层面的保护不力和出庭补偿问题

（1）现实层面保护不力，挫伤证人出庭意愿

我国发生的若干起报复证人或其近亲属的恶性案件①暴露出对证人保护工作的不力，会使得本有意愿出庭作证的证人也不敢再做这样的"出头之事"。对此，景汉朝大法官曾感触颇深："作为老百姓，他不一定看法律上是怎么规定的，更主要的是看活生生的现实。实际上对证人进行威胁、侮辱、打击报复的情况并不少见，但对这些人处理了多少，怎么处理的，不要说法律没有具体规定，就是法律早有明文规定的也没有严格执行。然而这并没有引起司法部门、公安机关等应有的重视。作证既然是公民的义务，证人当然也应当享有相应的权利，如果为了履行作证义务

① 如法制日报. 宁波凶杀案证人怕遭报复举家逃亡. [2016-09-01]. http://news.syd.com.cn/content/2007-06/07/content_24039791_2.htm；华东新闻. 光天化日下报复杀害证人国法难容. [2016-09-01]. http://news.sina.com.cn/richtalk/news/9810/100601.html.

而使自己正常的工作、生活受到不利影响，甚至受到身体、精神上的伤害，却得不到实际有效的保护，证人就很难去做'舍己为人'的事情。从一定意义上说，保护证人的合法权益不受侵犯比保护一般公民的权益更为重要。"①

（2）出庭补偿落实不到位，增添证人及其单位的负担

现行《刑事诉讼法》第63条第1款规定："证人因履行作证义务而支出的交通、住宿、就餐等费用，应当给予补助。证人作证的补助列入司法机关业务经费，由同级政府财政予以保障。"但是由于在现实层面缺乏具体的可操作性实施细则和流程，补助期限不确定、补助标准不明确等问题都影响到对证人合理支出的及时补偿。该条第2款同时规定："有工作单位的证人作证，所在单位不得克扣或者变相克扣其工资、奖金及其他福利待遇。"该条款仅规定证人所在的单位不得由于证人出庭误工而扣发其工资福利，却并未对其因此而负担的成本做必要的考虑和补偿，仅仅负担义务而不享有任何权利，势必也会造成证人所在单位对于员工作为证人出庭的态度不积极，甚至可能变相给员工施加压力。

3. 诉讼文化和观念层面的羁绊

（1）"息诉""厌诉"文化的影响

受到传统文化"息诉""厌诉"思想的影响，普通民众在观念深处依旧较为拒绝接触诉讼，认为卷入诉讼会更多地给自己带来麻烦甚至灾祸。同时多数民众现代社会法治意识较为淡漠，缺乏权利和义务的平衡观念，趋向权利而规避义务的本能意识明显，却看不到权利和义务之间并存的相互关系，因此并不利于形成促进证人出庭作证的诉讼文化氛围。

（2）传统"熟人社会"的影响

费孝通先生称，中国传统社会是基于血缘和地缘关系形成的一个熟人社会，熟人社会中，复杂的人际关系织成了一张张庞大的基于血缘、地缘或姻亲的关系网，人与人之间要么沾亲带故、要么非亲即故，因此彼此熟悉，就彼此关照。② 而熟人社会中的证人通常不愿意出庭作证，或者出庭

---

① 高娣. 专家："强制"证人出庭终将提上日程. ［2016 - 09 - 01］. http://www. people. com. cn/GB/guandian/8213/8309/28296/2393318. html.

② 费孝通. 乡土中国. 北京：生活・读书・新知三联书店，1985：54 - 59.

不能如实作证。当下的中国社会虽然已经发生很大的转型，生人社会的特征日趋明显，但传统熟人社会的影响在一定时期内依旧影响颇深。

以上几个方面的因素同时共存、相互作用、相互影响，形成一种短期之内无法被迅速打破和重塑的"势"，必须采取既有针对性又有全面性的综合解决方案来改造当前的不利局面。这有赖于相关法律的健全、证人保护的落实以及诉讼观念的更新，多管齐下、综合施治，才能逐渐营造出新的法治风尚、形成良性的配套环境，使得证人甘于、敢于，甚至是愿意主动出庭作证。

（五）证人出庭作证的完善路径

如何在相应的司法实践中，落实好证人出庭作证活动，对证人证言进行实质性质证和审核是值得深入研究的问题。完善证人、鉴定人出庭制度是推动"以审判为中心"的诉讼制度改革的重要内容。庭审实质化首先需要解决证人出庭作证的问题，这是针对我国刑事诉讼的突出弊端所应采取的最重要的应对措施之一。[①] 针对当前立法、现实以及观念层面的诸多问题，要走出证人出庭作证的困境，有效保护证人权益，促进庭审对抗的实质化，必须完善立法、强化落实和更新观念，从硬性的纸面规定、到位的落实执行和柔性的观念改造这几个方面共同抓起。

1. 扩大证人保护的适用对象和范围

对刑事诉讼中有可能因证人出庭而承担风险的近亲属范围做必要扩大，将证人的近姻亲、旁系血亲、男女朋友等与证人有密切利害关系的人列入保护对象。同时，对暂未予以特殊保护的刑事案件，即现有的危害国家安全犯罪、恐怖活动犯罪、黑社会性质的组织犯罪、毒品犯罪等几种严重刑事犯罪之外有可能使证人因出庭作证受到打击报复的其他刑事案件，进一步细化相应诉讼活动中证人保护举措的适用，以增强其操作指导性和实践可行性，改变普通案件中证人较难获得必要保护的现状。

2. 明确证人保护主体的权责

证人保护应贯穿于诉讼的侦、控、审等全过程，落实于每一个阶段内的不同主体并注重阶段与阶段之间的衔接，整个过程既有分工更有协作，

---

① 龙宗智. 庭审实质化的路径和方法. 法学研究，2015（5）.

是一个密不可分的整体性和系统性活动。有学者建议①，除了检察机关的自侦案件，由于公安机关具有侦查和治安的双重职能以及精良的专业装备，熟悉辖区内的综合状况，最适宜开展证人保护活动，因而公、检、法三机构在权责分工上应统一由公安机关执行证人保护，如此可以避免三机关因各司一段造成的对证人保护的不连续，也避免了由于诉讼阶段变更、保护职责移交给证人带来的风险。同时，证人保护问题可能涉及刑事、民事、行政诉讼各个领域，由公安机关实施执行，有利于证人保护的统一运行。

3. 完善证人保护措施、加大证人保护力度

证人保护工作需要执行到位，就必须对采取的相关措施，尤其是对细节问题做更为彻底的落实，将证人保护工作贯穿于整个诉讼的全过程。如明确证人保护的起始时点，应从证人有意愿作证而可能面临风险时即触发证人保护工作的启动，采取预防性证人保护措施；而证人保护工作的终结必须以确认证人得到最终有效保护，而不存在将来仍有可能发生侵害为终点。② 在证人保护期间内，应安排专职人员对证人及其近亲属进行严密和无缝的安全保护，确保采取的保护措施能够给证人足够和有效的保护。应严格避免任何形式的动作迟缓、疏漏、推诿等保障无力行为。如果因为证人保护工作不力，造成证人或其近亲属因作证而受到不法侵害，应对相关责任人员进行依法处置，对证人予以国家赔偿。对于打击报复证人的相关人员，应在法律定性量刑范围内，靠上限予以严厉制裁。

4. 建立证人保护相关奖惩制度

我国法律将证人出庭作证作为法定义务，对于有出庭义务和能力而拒不出庭作证者，可以采取必要的强制或者处罚措施，情节严重的甚至需要

---

① 具体可参见以下论文：钟石生. 论刑事证人出庭作证促进机制的完善. 广西警官高等专科学校学报，2014（1）；吕哲如. 论我国刑事证人出庭作证存在的问题及完善. 黑龙江省政法管理干部学院学报，2014（3）；马春娟，李幸幸. 刑事证人出庭作证制度及其完善. 齐齐哈尔大学学报（哲学社会科学版），2016（3）.

② 证人保护终点的确立，既取决于案件本身的进程，亦取决于之前证人保护的力度和效果。若证人保护前期的工作不力，比如使犯罪嫌疑人或其同伙看到证人甚至可以对其发出威胁，则有必要采取更大的保护力度并有意延长证人保护的时间，甚至可根据具体情况延长到罪犯收押乃至出狱之后。

承担民事乃至刑事责任。但单纯的义务规定并加以强制，绝非强化证人出庭作证的长期有效机制，与承担义务对应的，必须要考虑证人出庭作证的成本补偿甚至是必要的奖励问题。对于证人因出庭作证而合理支出的成本需予以及时足额的补偿①，对证人所在单位因证人作证误工而造成的损失同样需要予以及时足额的补偿。对于一些缺乏证人的案件，还可以考虑采取适当的奖励措施，促使潜在的证人能够及时出庭作证以避免因无证人作证而造成案件的停顿。如此，通过强制、补偿和奖励相互结合的综合手段，能够在一定程度上促进证人的出庭。

5. 倡导有利于证人积极出庭作证的外部氛围

尽管现行的有关法律对证人出庭作证做了更为确切的规定，但是单纯纸面上的立法距离所期待的目标实际落地仍有很长的路。法律规定真正要落于实处、产生实效，必须依靠相应氛围的营建，使人们在观念深处接受和认可，才能够有意愿去实施和践行。促进证人积极出庭作证，一方面需要在有关配套制度建设、尤其是证人保护工作的实效方面下足够的气力，使社会大众明晰地看到，出庭作证是无须担心个体的人身权利和财产权利受到任何不法侵害的，而且能够通过自己的出庭作证行为，推进诉讼活动顺利进行，帮助实现司法公正；另一方面需要在外部氛围方面做有意识的引导和宣传，提高民众的法律意识和道德风尚，抵制旧有不良观念的负面影响。应该说，民众对出庭作证问题现实的感受胜于千百次的说教，然而舆论引导和宣传也并非没有自己的独立价值，两方面双管齐下才能够营造倡导有利于证人积极出庭作证的外部氛围，这不仅仅需要司法机关的努力，更需要全社会共同努力。

---

① 对此目前有最高人民法院《关于适用〈中华人民共和国民事诉讼法〉的解释》第 118 条规定："民事诉讼法第七十四条规定的证人因履行出庭作证义务而支出的交通、住宿、就餐等必要费用，按照机关事业单位工作人员差旅费用和补贴标准计算；误工损失按照国家上年度职工日平均工资标准计算。人民法院准许证人出庭作证申请的，应当通知申请人预缴证人出庭作证费用。"另有最高人民法院、最高人民检察院、公安部、国家安全部、司法部《关于推进以审判为中心的刑事诉讼制度改革的意见》（法发〔2016〕18 号）第 12 条规定："完善对证人、鉴定人的法庭质证规则。落实证人、鉴定人、侦查人员出庭作证制度，提高出庭作证率。公诉人、当事人或者辩护人、诉讼代理人对证人证言有异议，人民法院认为该证人证言对案件定罪量刑有重大影响的，证人应当出庭作证。健全证人保护工作机制，对因作证面临人身安全等危险的人员依法采取保护措施。建立证人、鉴定人等作证补助专项经费划拨机制。完善强制证人到庭制度。"

二、鉴定人出庭作证制度

早在上世纪末，耶鲁大学法学院的达马斯卡教授就指出："站在 20 世纪末思考证据法的未来，很大程度上就是要探讨正在演进的事实认定科学化的问题。伴随着过去 50 年惊人的科学技术进步，新的事实确认方式已经开始在社会各个领域（包括司法领域）挑战传统的事实认定法。越来越多对诉讼程序非常重要的事实现在只能通过高科技手段查明。……于是在为法院审判提供事实认定结论方面，常识和传统的证明方法就遭遇了科学数据的竞争。这些数据往往概念复杂，数量非常丰富，而且有时甚至是违反直觉的。进而法院频频遭遇复杂的科学技术证据，只有那些拥有高度专业化知识或杰出技艺的人才能毫无困难地领会。"①

司法鉴定人和专家辅助人即属于这种"拥有高度专业化知识或杰出技艺的人"，在我国相关法条中表述为"有专门知识的人（员）"，其提供的专业意见证据②对于案件中专门性事实的认定具有不可替代的重要作用。

司法鉴定人作为一种专家型的证人，其提供的司法鉴定意见和其他普通证据一样需要经过有效质证与审核，才可能成为用以认定案件相关事实的证据。司法鉴定人和普通证人一样，也需要在必要的时候出庭作证和接受质证。

（一）司法鉴定人出庭作证相关法律

现行《刑事诉讼法》第 187 条规定："……公诉人、当事人或者辩护人、诉讼代理人对鉴定意见有异议，人民法院认为鉴定人有必要出庭的，鉴定人应当出庭作证。经人民法院通知，鉴定人拒不出庭作证的，鉴定意见不得作为定案的根据。"

现行《民事诉讼法》第 78 条规定："当事人对鉴定意见有异议或者人民法院认为鉴定人有必要出庭的，鉴定人应当出庭作证。经人民法院通知，鉴定人拒不出庭作证的，鉴定意见不得作为认定事实的根据；支付鉴定费用的当事人可以要求返还鉴定费用。"

---

① 达马斯卡. 漂移的证据法. 李学军，等译. 北京：中国政法大学出版社，2003：200.
② 我国相关法律规定，司法鉴定人和专家辅助人提供的证据分别为司法鉴定意见和当事人陈述，专家辅助人的意见可理解为是一种专家意见性质的特殊当事人陈述。

全国人大常委会 2015 年 4 月 24 日发布的《关于司法鉴定管理问题的决定》(2015 年修正)① 第 11 条规定:"在诉讼中,当事人对鉴定意见有异议的,经人民法院依法通知,鉴定人应当出庭作证。"第 13 条规定:"鉴定人或者鉴定机构有违反本决定规定行为的,由省级人民政府司法行政部门予以警告,责令改正。鉴定人或者鉴定机构有下列情形之一的,由省级人民政府司法行政部门给予停止从事司法鉴定业务三个月以上一年以下的处罚;情节严重的,撤销登记:(一)因严重不负责任给当事人合法权益造成重大损失的;(二)提供虚假证明文件或者采取其他欺诈手段,骗取登记的;(三)经人民法院依法通知,拒绝出庭作证的;(四)法律、行政法规规定的其他情形。"

司法部 2016 年 5 月 1 日起实施的现行《司法鉴定程序通则》(2016 修订)第五章设有专章"司法鉴定人出庭作证"来规范司法鉴定人出庭问题,其规定如下:第 43 条:"经人民法院依法通知,司法鉴定人应当出庭作证,回答与鉴定事项有关的问题。"第 44 条:"司法鉴定机构接到出庭通知后,应当及时与人民法院确认司法鉴定人出庭的时间、地点、人数、费用、要求等。"第 45 条:"司法鉴定机构应当支持司法鉴定人出庭作证,为司法鉴定人依法出庭提供必要条件。"第 46 条:"司法鉴定人出庭作证,应当举止文明,遵守法庭纪律。"

此外不少地方性法规,如《北京市高级人民法院、北京市司法局关于司法鉴定人出庭作证的规定(试行)》《吉林省司法鉴定人登记管理办法》《河北省司法鉴定管理条例》《重庆市司法鉴定条例》《安徽省司法鉴定投诉查处办法》等,也对司法鉴定人出庭及管理做出了相关的规定。

(二)我国司法鉴定人出庭作证现状

1. 司法鉴定人出庭作证率低下

在我国的各类审判中,司法鉴定人出庭率低下是一个普遍的现象。据不完全统计,刑事案件的鉴定人平均出庭率仅为 5%;如果算上民事案件,则鉴定人的总体出庭率更低;各种统计数据很难说哪个更为权威,但

---

① 此修正版对应的是 2005 年 2 月 28 日第十届全国人民代表大会常务委员会第十四次会议通过的《关于司法鉴定管理问题的决定》,简称"2.28 决定",是迄今为止司法鉴定专门领域内唯一的一部法律。

都很低，大体只有 2%～0.6%。①

根据浙江大学法学院胡铭教授以浙江省为例开展问卷调查的结果②，68%的参加调查的法律及相关职业者表示"从未经历过鉴定人出庭"，其中包括 73.5%的法官、71.4%的律师和 51.4%的鉴定人，而有过多次鉴定人出庭经历的仅占 5.5%。

同时该调查显示："以浙江省某县为例，2007—2012 年法院受理的司法鉴定的案件数增长了 119.16%，即从 167 件增加到了 366 件（同期案件总量增长了 20.23%，即从 9 321 件增长到了 11 207 件）。这说明案件审判对司法鉴定的依赖度越来越高。但是，在这六年中，该县申请司法鉴定的案件，基本无鉴定人出庭作证。这不代表当事人对鉴定意见没有异议，而只是出现异议时，法院往往通知相关鉴定机构以函件的形式解答。"

"以北大法宝数据库为统计样本，从 2003 年 1 月 1 日到 2013 年 1 月 1 日，涉及鉴定的刑事案件共计 213 635 件，有鉴定人出庭的仅为 96 件。从全国的情况来看，新刑事诉讼法实施以来，北大法宝数据库中 2013 年 1 月 1 日到 2014 年 3 月 17 日期间，涉及鉴定的刑事案件有 46 832 件，而鉴定人出庭的仅 18 件。数据表明，司法鉴定人的出庭率并未伴随新刑事诉讼法的实施而出现修法所期待的明显改善。"

2. 司法鉴定人出庭作证缺乏实质性

司法鉴定人出庭就其出具的司法鉴定意见接受质证，如果质证的任务仅仅由普通当事人或者律师、法官来完成，显然会由于专业和知识能力的缺乏而无法对司法鉴定人进行有效的实质性质证，使得司法鉴定人出庭作证流于形式，难以达到立法预设的目的。③ 当前相关的庭审质证

---

① 刘建伟．论我国司法鉴定人出庭作证制度的完善．中国司法鉴定，2010（5）．

② 胡铭．鉴定人出庭与专家辅助人角色定位之实证研究．法学研究，2014（4）．

③ 笔者熟悉的一位司法鉴定人同事曾坦言，他的首次出庭就遇到了如下的状况：本来基于对出庭作证的重视，他出庭前从各方面对自己所做的鉴定意见做了精心准备，以应对法庭上可能的质证。却发现真的到了法庭上，这些准备根本没有用处，三言两语就结束了质证的环节。这主要是因为对方根本就没有足够的能力对存有异议的司法鉴定意见做出专业方面的提问；法庭就质证环节的程序如何开展，也没有具体的操作指引或规范。另一位司法鉴定人同事则感慨，不少出庭仅仅变成了鉴定人展示自己的司法鉴定人执业证的"表演"，寥寥几个不疼不痒的问题打发起来也是极为轻松。质证环节庭审双方专业能力的巨大反差是造成这种尴尬局面的主要原因。由此本章的第三部分"专家辅助人制度"将会着重阐释如何通过引入专家辅助人这一角色，平衡诉讼双方专业力量方面的悬殊，从而有助于实现对专业鉴定意见的实质性有效质证。

状况就恰恰如此，当事人及其辩护人对司法鉴定人的询问只能集中在鉴定人资质、检材样本来源、鉴定文书是否规范等形式化的问题上，对于究竟得出司法鉴定意见的依据是否合理充分，司法鉴定的实施过程是否正确规范，司法鉴定意见的分析推断是否严密可靠，则没有能力和条件进行实质性质证。

司法鉴定人出庭作证，主要是应围绕着证据"三性"的要求，重点就所提交的司法鉴定意见的科学可靠性做出必要的说明和回应。司法鉴定意见的相关性和合法性审查，对于非鉴定专业的人士而言并不难把握；而科学可靠性方面的审查与核实，对于并非精通相关专业知识的业外人士，则是极为困难的。加强司法鉴定人出庭作证的实质性，是对司法鉴定意见进行充分审查评断的核心要求。

第一，必须遵守直接言词原则的要求，鉴定人亲自出庭就实施鉴定的依据和过程、分析和结论做出解说，对对方的异议做出合理回应。

第二，鉴于双方在专业知识和能力方面的巨大落差，出于诉讼两造"平等武装"的思想，需大力提升质证方的专业质证能力[①]，以此实现对司法鉴定意见的实质性质证和审核。显然，"专家辅助人制度的增设有利于强化对鉴定意见的质证效果，将案件所涉及的专门性问题展示在法庭上，通过控辩双方的有效质证得以澄清；有利于审判人员对案件所涉及的专门性问题作出科学判断，摆脱对鉴定意见的过分依赖甚至轻信；有利于在一定程度上减少重复鉴定的发生，避免使问题烦琐化、复杂化，提高审判的准确性"[②]。

第三，完善与出庭和质证相关的配套程序制度，对诉讼双方就司法鉴定意见质证所依托的诉讼程序做更为细致和具有操作性的规定。[③]

第四，司法鉴定人除了具备实施司法鉴定的本职技能之外，还需要增

---

① 对此有效的做法即我国已经建立和实施专家辅助人制度，由与司法鉴定人一样具有同等专业知识和专门技能的专业人士辅助对司法鉴定意见发起实质性质证活动。具体可见本章的第三部分。

② 黄尔梅．准确把握立法精神确保法律正确实施——最高人民法院刑事诉讼法司法解释稿简介//卞建林，谭世贵主编．新刑事诉讼法的理解与实施．北京：中国人民公安大学出版社，2013：14.

③ 具体可参见本章第三部分之"专家辅助人出庭质证的规则"的有关内容。

加出庭作证和接受质证的业务技能，因为"司法鉴定人接受质询的水平是保证检验结论充分质询的条件，然而鉴定人却有可能在法庭上不知道怎么说，不知道说什么，对自己的检验过程和结论不会描述和表达，甚至不知道法庭质询的真正意义在哪里"①。

（三）司法鉴定人出庭作证不力的主要原因

司法鉴定人出庭作证不力，同普通证人出庭作证不力有类似之处，兼有制度、实务和观念等方面的原因。

1. 司法鉴定人出庭相关法律规定粗疏

尽管我国已经从基本法律的层面明确规定了司法鉴定人出庭作证的义务和相应的保障性要求，多地也就此出台了不少地方性法规和规章。但是现有各种法律的同质化规定较为严重，不少内容之间相互重合，难以起到分别立法的作用，有不少地方法规并未能够和当地的具体情况相互挂钩，常常只是简单照抄了上位法。现有立法中，有关司法鉴定人出庭作证的具体操作性程序规范缺失严重，难以有效地组织开展相应的程序，将司法鉴定人出庭作证在实践中做好落实。

2. 司法鉴定人出庭相关权利保障不到位

司法鉴定人出庭作证需要花费相当的时间、精力和财力成本，在一些个案中亦不乏遇到司法鉴定人因出庭作证而遭受人身威胁甚至打击报复的情况。司法鉴定人属于广义上的证人，他们出庭作证和普通证人一样，会对出庭导致的花费能否得到及时足额的补偿，个人和亲属的人身和财产安全问题能否得到切实保障而表示顾虑。

司法鉴定人出庭作证和司法鉴定本身是相关但却不同的另一个专业服务活动。司法鉴定收费只是针对接受司法鉴定委托、实施司法鉴定行为，并得出相应司法鉴定意见的费用，不包括司法鉴定意见提交之后可能就该鉴定意见出庭作证的任何费用。② 从各个角度而言，司法鉴定人均没有免

---

① 王冠卿. 法庭证据的理论与实践新探. 北京：北京大学出版社，2014：133.

② 学界曾有个别学者主张，因系由司法鉴定人实施的司法鉴定行为，则若需要就司法鉴定意见进行质证，就应该视司法鉴定人出庭作证为其应然的义务，不得就出庭作证活动另行收取费用。按照此种主张的逻辑，因为给病人看病的处方系由医生所开出，当同一病症需要后续诊疗时，则后续的医疗行为就不应再支付医生诊费，而应该成为第一次医生没有看好病所要承担的应然义务。

费出庭作证的义务。鉴定人从事鉴定工作需要大量的时间和精力支出，因其专业性劳动而获取一定的报酬实属正当。并且我国的司法鉴定收费标准由所在省级发展改革委员会和司法行政主管部门确定，收费水平相对较低①，以至于很多司法鉴定机构都在勉强维持，根本无力负担鉴定设备更新和人员培训等支出。

3. 法官和鉴定人对出庭作证积极性不高

浙江大学法院学院胡铭教授的调研②显示："由于法官和当事人对司法鉴定如何操作并不十分了解，这导致对鉴定意见的庭审质证往往流于表面，如公安机关的鉴定人出庭常常只是宣读鉴定书，并没有真正的质证。如此则使得法官和当事人在新刑事诉讼法实施后，仍极少要求鉴定人出庭。"调研的数据同时显示："在法官、律师、鉴定人中，最不愿意鉴定人出庭的恰恰是鉴定人自己，甚至有9.7%的鉴定人认为'出庭没必要，书面意见即可'。"

实务中，法官对司法鉴定人出庭作证积极性不高的主要原因是，案卷中心主义的观念在法官办案中仍然存在，更加习惯于根据书面材料进行判决；加之法官本身的办案压力就很大，若个案中普遍引入司法鉴定人出庭作证必定会耗费更多的司法资源，使得庭审更为漫长、效率更为低下。③

---

① 以北京地区司法鉴定机构收费标准为例，大多数司法鉴定类别都是固定收费，单项最高的开棺验尸收费为 6 000 元/具，次高的数据库一致性检验鉴定收费为 4 200 元/对，司法鉴定单项收费普遍在一两百元到 2 000 元之间的水平。涉及财产案件的文书鉴定，可以按标的额比例分段累计收取：（1）标的额不超过 10 万元部分，按照基准收费标准执行，笔迹鉴定、印章印文鉴定、朱墨时序鉴定等基准收费在 800 元～2 200 元不等；（2）超过 10 万元到 50 万元部分，按照 1%收取；（3）超过 50 万元至 100 万元部分，按照 0.8%收取；（4）超过 100 万元至 200 万元部分，按照 0.6%收取；（5）超过 200 万元至 500 万元部分，按照 0.4%收取；（6）超过 500 万元至 1 000 万元部分，按照 0.2%收取；（7）超过 1 000 万元部分，按照 0.1%收取。标的额为诉讼标的和鉴定标的两者中的较小值。以上数据来源于：北京市司法鉴定政府指导价项目和收费标准基准价.http://www.bjsf.gov.cn/publish/portal0/tab82/info111677.htm.［2016-09-06］.与此形成鲜明对照的是，以北京地区的房产中介收费为例，当前北京地区的房产中介费率普遍为房屋成交价格的 2%～2.7%，一套普通房屋的成交价格则动辄几百万元到上千万元。培养一名专业的司法鉴定人，以及司法鉴定人所从事的专业司法鉴定活动与培养一名房产中介以及房屋中介服务的专业程度做比较，显然前者的难度和周期都要大上许多。

② 胡铭.鉴定人出庭与专家辅助人角色定位之实证研究.法学研究，2014（4）.

③ 鉴定人出庭作证从表面上看起来是延长了案件审理的时间，而降低了效率，但实际上可能未必都是这样。若因为无法就有异议的鉴定意见要求鉴定人出庭说明和接受质证，引起当事人对案件审理程序和结果的不满而上诉或上访，会造成更大的成本损失。

同时，由于法官对鉴定专业知识了解甚少，对于司法鉴定人出庭作证、陈述鉴定的理由和过程并没有多少能力和兴趣去理解和判断。为了规避类似这样的"麻烦"，倒不如直接采纳资质更高的鉴定机构的鉴定意见，避免由自己认证司法鉴定意见而承担责任。[1]

司法鉴定人不愿意出庭作证主要是基于成本、风险和习惯方面的考虑，同时也担心没有足够的能力出庭作证，为自己所做的司法鉴定意见做出合理的解释与说明。长期以来，我国的司法鉴定人只是负责实施司法鉴定，根据鉴定委托的要求，基于检材样本的条件，运用适当的技术方法，形成和出具司法鉴定意见即完成任务。即便是法庭要求司法鉴定人对司法鉴定意见做出必要说明，也往往是以书面方式或是走过场式的出庭方式予以应付。

现行的诉讼法律明确做出司法鉴定人在必要情况下应出庭作证的要求，并且规定对鉴定意见有异议的一方可以聘请专家辅助人来辅助其对司法鉴定意见进行实质性质证。那么如何在法庭场景中将实施司法鉴定的操作、得出司法鉴定意见的依据和过程等问题向法官和对方做通俗化的解释，如何应对对方专家辅助人的诘问，做出适当和有力的回应，并使法官能够更为信服自己的作证意见，就成了一项全新的、并不容易在短期内快速突破的课题。

（四）司法鉴定人出庭作证制度的完善路径

1. 完善相关立法、细化可操作性规定

我国法律中现有的和证据有关的规定都散见于不同的实体法、程序法以及相关的司法解释、部门规章之中。现有的立法在各自的位阶、背景、主体、理念、时间等方面不尽相同，于是造成"某些具体规定即使在同一法律或法规中都存在矛盾或冲突"[2]。在与司法鉴定人出庭作证相关的规定中，此方面的矛盾同样有突出的体现，不同的立法之间难以形成互相支

---

[1] 结案量和改判率在我国是对法官考评的重要指标。由于在很多个案当中，司法鉴定意见可能是影响判决的关键性证据，如果就鉴定意见争议时间过长，难以按预想及时结案，将直接影响法官的结案量。同时如果是由法官来决定对存有异议的司法鉴定意见的认证，由此引起对案件最终判决的争议，甚至可能因认证错误发生改判，这也是法官所不愿意看到的。

[2] 李学军. 鉴定人出庭作证难的症结分析. 中国人民大学学报，2012（3）.

撑的完整体系，有关条文规定粗疏，不具有现实可操作性，致使相应实务中各种问题频频出现，严重影响到对案件中专门性事实问题的有效质证和认证。

对此需要在制度构建方面做通盘的考虑和设计，既要有宏观着眼，构建体系化的制度架构，更要在司法鉴定人出庭作证的细节和程序方面予以规定，以将效果落在实处，真正实现司法鉴定人出庭作证的立法本意。比如我国现有立法规定，司法鉴定人出庭是在"有必要"或"应当"的情形下，由有异议的一方向法院申请、法院决定；或者法院直接决定。究竟何种情况为有必要或应当，可以在细节条款中做进一步的规定，或者从反面对无必要的情形作以规定。①

又如，对于司法鉴定人应当出庭而没有正当理由拒不出庭的，我国现行法律对不出庭应承担的不利后果规定较轻，只是规定在个案中排除该司法鉴定意见或责令返还鉴定费用，情节严重的可考虑停业 3 个月甚至取消鉴定人资格。与国外类似情况作比较②，会发现我国的处罚较轻，应借鉴国外立法，对应出庭作证而拒不出庭的司法鉴定人采取一定的惩罚性赔偿和行政处罚手段。

2. 完善司法鉴定人出庭相关保障机制

对于司法鉴定人出庭补偿问题，西南政法大学邹明理教授认为："鉴定人出庭作证费用应当参照证人出庭作证费用的支付规定执行，否则，鉴定人出庭作证率不可能有多大提高。"③ 纵观域外立法，不少都对鉴定人出庭补偿作了相关规定。如德国《民事诉讼法》第 413 条规定，鉴定人依

---

① 如北京市高级人民法院、北京市司法局《关于司法鉴定人出庭作证的规定（试行）》对此问题有所涉及，其第 13 条规定："下列情形之一的，司法鉴定人经人民法院同意可以不出庭：（一）该鉴定意见对案件的审判不起决定作用；（二）两名以上司法鉴定人共同做出的鉴定意见，已有一名鉴定人出庭，并向法院提交了其他鉴定人的书面授权；（三）司法鉴定人因突发疾病、重病或者行动极为不便的；（四）司法鉴定人因自然灾害等不可抗力无法出庭的；（五）因其他特殊客观原因确实无法出庭的。"

② 如俄罗斯相关法律规定："如果证人和鉴定人由于某些理由未出庭，法院认为其理由不合理，应处以最高 100 倍的法定最低劳动工资的罚款，若法庭对其进行第二次传唤仍未出庭，就要对其进行拘传。"转引自沈健．比较与借鉴：鉴定人制度研究．比较法研究，2004（2）.

③ 邹明理．新《民事诉讼法》司法鉴定立法的进步与不足——对新民诉法涉及修改鉴定规定的几点认识．中国司法鉴定，2012（6）.

照《关于证人和鉴定人请求补偿的法律》可以请求费用的补偿；日本《关于民事诉讼费用的法律》第 18 条规定，鉴定人有获得差旅费、补贴及住宿费的权利①；我国台湾地区"民事诉讼法"第 388 条第 1 项规定，鉴定人与证人性质不同，除得请求法定之日费及旅费外，并另得请求相当之报酬。②

对于司法鉴定人因出庭作证而发生的合理支出，北京市人民法院率先在 2008 年开始施行的《关于司法鉴定人出庭作证的规定（试行）》第 15 条有如此规定："司法鉴定人在人民法院指定日期出庭作证所产生的交通费、住宿费、误餐费和误工补贴等必要费用，由申请方先行垫付，由败诉人承担。"但具体的食、宿、行、酬等相关标准并未明确规定，必要费用还包括哪些内容也并不明确。当今司法鉴定活动本身有一定的市场化趋势，如系当事人自行委托的司法鉴定，可以考虑由当事人和司法鉴定人协商出庭费用并预先支付。如协商不成的，可由申请一方当事人先行垫付，最终由败诉方承担。出庭费用的相关标准可参照当地司法鉴定收费标准，结合平均工资标准、交通、住宿、生活补贴标准做进一步详细规定。

对于司法鉴定人及其近亲属的人身和财产保护，可以参照对普通证人保护的完善措施，具体的保护手段和责任人追责等内容前文已有述及。此外可以适当考虑保险机制的引入，"为出庭的鉴定人购买人身意外保险，以确保其受到伤害以后能够及时得到补偿，且可减轻国家机关的赔偿压力"③。

3. 强化对鉴定人出庭作证重要意义的认知

整个司法共同体都需要转变对鉴定意见的采纳理念，充分认识到现有立法对司法鉴定人出庭作证进行规定和调整的背景及意义。

当事人申请鉴定人出庭作证，既是当事人对鉴定意见提出质询的权利，也是有助于法院查明案件事实的手段。因此，其不应成为有些法官眼中的"多此一举"，甚至是"节外生枝"④。固然，法官对于司法鉴定人出

---

① 占善刚. 民事诉讼鉴定费用的定性分析. 法学，2015（8）.
② 杨建华. 民事诉讼法要论. 北京：北京大学出版社，2013：276.
③ 杨英仓. 司法鉴定人出庭作证制度构建. 人民检察，2014（12）.
④ 高明生，李丽丽. 论鉴定人出庭制度如何走出实践困境——以民事诉讼为视角. 中国司法鉴定，2015（2）.

庭和司法鉴定意见质证的态度不积极，与当前对法官考评的现实机制欠缺合理性不无关系，亟须对其做理顺和改良。但同时，法官身为司法裁判者，务必牢记每一份判决都事关当事人的权利分配甚至生杀予夺，司法鉴定意见作为影响司法判决的重要证据，唯有对其进行充分的实质性质证，才可能为司法认证打好基础，为提高判决质量、保障当事人权利和司法公正发挥作用。对于司法鉴定意见确实存在合理异议，有必要要求司法鉴定人出庭作证的案件，就应该切实落实法律规定，尊重当事人法定权利。

司法鉴定人出庭率低下的直接原因之一是，不少鉴定人本身就不愿意出庭作证。这固然有当下对于司法鉴定人出庭作证的保障不力、法官对鉴定人出庭作证态度不积极等外部因素，但是司法鉴定人自身的观念没有及时纠正，对出庭作证态度消极是重要内在因素。鉴定人可能会认为司法鉴定意见已经在鉴定意见书上表达清楚、没有必要继续出庭；会认为某些针对鉴定意见的异议不合理，即便鉴定人出庭也没有实质性作用可以发挥；会担心自己的作证应对能力不足，无法在法庭环境下有效地解释司法鉴定意见和应对对方的诘问。对于司法鉴定人而言，就其出具的司法鉴定意见出庭作证是法定的当然义务，有了这样的义务，亦能够促进在实施鉴定环节更为严谨和规范，进而提高司法鉴定的质量。加强庭审对抗性，加强对证据的实质性审查是我国司法改革的重要内容，是对当事人权利和司法公正加以保障的必要手段，司法鉴定人必须努力转变认识，积极履行出庭义务，强化出庭业务技能。

4. 做好司法鉴定人出庭作证的配套辅助方案

对于因确有正当事由而无法亲自出庭作证的司法鉴定人，应考虑应用辅助性或替代性方案来实现出庭的作用。①我国《民事诉讼法》第73条规定，普通证人作证的方式有出庭作证、通过书面证言作证、通过视听传输技术或者视听资料作证。显然出庭作证以外的其他替代性方式也应该适用于司法鉴定人。远程视频和会话技术如今已经十分成熟和普及，在保证出庭作证和质证效果的前提下，完全可以令司法鉴定人通过远程方式来"出

---

① 出于出庭成本的考虑，即便某些司法鉴定人能够亲自出庭作证的案件，如使用书面说明或远程视频的手段可以达到同样的"出庭"效果，经当事人和法庭同意，完全也可以使用这种替代性辅助形式。

庭作证"。

如此一来,可以极大地克服地理、时间的不便,大幅降低出庭作证的各项成本,有力地延伸司法鉴定人的出庭"范围"。对于经济发展水平相对落后、没有远程视频通信条件的地区,如果书面或电话作证的方式亦能够起到足够的证明作用,也可以在该特定情形下允许司法鉴定人以书面方式或者电话方式做说明或回答质询。

5. 加强司法鉴定人综合业务素质建设

司法鉴定人作为"做"鉴定的主体,司法鉴定意见是其专业活动的产品;法官、律师和当事人等作为"用"鉴定的用户,重点是要对司法鉴定意见做质证、评断和审核。司法鉴定人通过出庭作证对其产品做出必要的说明和解释,对对方提出的异议做出合理回应,有利于当事人更好地理解司法鉴定意见从而减少争议,有利于辅助法官跨越专业知识的障碍从而更好地对司法鉴定意见做出科学认证。

加强司法鉴定人综合业务素质建设,是实现其实质化出庭作证的重要支撑之一。全面提高司法鉴定人综合业务素养,微观上需要司法鉴定人个人有意识加强专业学习,不断总结实践经验,提升业务技能;宏观上需要由相关行政管理部门把好司法鉴定人入门关,实施司法鉴定继续教育培训,强化司法鉴定人日常监督管理。

实现有效地出庭作证是当前司法鉴定人的各项业务素质中最为薄弱的方面。很多鉴定人不懂得如何将司法鉴定意见的原理、过程、依据、方法等专业问题向法官、律师和当事人等业务外行做易懂的解释;不懂得如何应对对方专家辅助人的询问,做既通俗又有力的回应,从而使法官支持自己;不懂得从证据适用的要求出发,来着眼考虑司法鉴定意见在法庭适用中所遇到的各种问题。这无不需要司法鉴定人努力加强业务素质培训,积极参加有关实践,尽快提升业务技能,以适应实质性出庭作证的法定要求。

三、专家辅助人制度

"专家辅助人"并非在我国法律条文当中有明确体现的概念,法条中

对应的表述一般为"有专门知识的人（员）"或"专业人员"①。业界通常将在科学技术以及其他专业领域具有专门知识、经验和技能的人员，因在诉讼中经法院许可接受当事人的聘请，辅助当事人出庭对诉争事实所涉及的专门性问题进行说明或发表质证意见，称为专家辅助人。我国相关法律已经确立了与司法鉴定人制度并立的专家辅助人制度。

（一）专家辅助人制度相关立法梳理

2002年4月1日实施的最高人民法院《关于民事诉讼证据的若干规定》（以下简称《民事诉讼证据规定》）第61条规定："当事人可以向人民法院申请由一至二名具有专门知识的人员出庭就案件的专门性问题进行说明。人民法院准许其申请的，有关费用由提出申请的当事人负担。审判人员和当事人可以对出庭的具有专门知识的人员进行询问。经人民法院准许，可以由当事人各自申请的具有专门知识的人员就案件中的问题进行对质。具有专门知识的人员可以对鉴定人进行询问。"

2002年10月1日实施的最高人民法院《关于行政诉讼证据若干问题的规定》（以下简称《行政诉讼证据规定》）第48条规定："对被诉具体行政行为涉及的专门性问题，当事人可以向法庭申请由专业人员出庭进行说明，法庭也可以通知专业人员出庭说明。必要时，法庭可以组织专业人员进行对质。当事人对出庭的专业人员是否具备相应专业知识、学历、资历等专业资格等有异议的，可以进行询问。由法庭决定其是否可以作为专业人员出庭。专业人员可以对鉴定人进行询问。"

2013年1月1日实施的现行《中华人民共和国刑事诉讼法》第192条规定："法庭审理过程中，当事人和辩护人、诉讼代理人有权申请通知新的证人到庭，调取新的物证，申请重新鉴定或者勘验。公诉人、当事人和

---

① 《中华人民共和国刑事诉讼法》第126条、第144条、第192条，《中华人民共和国民事诉讼法》第79条，最高人民法院《关于民事诉讼证据的若干规定》第61条，最高人民法院《关于审理环境侵权责任纠纷案件适用法律若干问题的解释》第9条，最高人民检察院《关于充分发挥检察职能依法保障和促进科技创新的意见》第12条的表述为"有专门知识的人"；最高人民法院《关于行政诉讼证据若干问题的规定》第48条的表述为"专业人员"。值得注意的是，"专家辅助人"和"有专门知识的人（员）"以及"专业人员"之间并非画等号的关系，通常可以简化地认为"专家辅助人"是"有专门知识的人（员）"或"专业人员"的类型之一，几者间的具体关系可参阅李学军. 意见证据规则要义——以美国为视角，证据科学，2012 (5).

辩护人、诉讼代理人可以申请法庭通知有专门知识的人出庭，就鉴定人作出的鉴定意见提出意见。法庭对于上述申请，应当作出是否同意的决定。第二款规定的有专门知识的人出庭，适用鉴定人的有关规定。"

2013 年 1 月 1 日实施的现行《中华人民共和国民事诉讼法》第 79 条规定："当事人可以申请人民法院通知有专门知识的人出庭，就鉴定人作出的鉴定意见或者专业问题提出意见。"

2015 年 6 月 3 日实施的最高人民法院《关于审理环境侵权责任纠纷案件适用法律若干问题的解释》第 9 条规定："当事人申请通知一至两名具有专门知识的人出庭，就鉴定意见或者污染物认定、损害结果、因果关系等专业问题提出意见的，人民法院可以准许。当事人未申请，人民法院认为有必要的，可以进行释明。具有专门知识的人在法庭上提出的意见，经当事人质证，可以作为认定案件事实的根据。"

(二) 专家辅助人制度的应然作用

尽管司法鉴定意见被冠以"科学证据"[①] 的美誉，在实践中也经常被有意无意地置于整个证据体系中更为优越的位置，被先验性地赋予了更强的证明力[②]；但是，任何证据都必须经过审查核实，才能够用于证明特定的案件事实，司法鉴定意见显然也并不应该例外地享有任何脱离此项要求的"特权"。

《民事诉讼证据规定》第 64 条规定："审判人员应当依照法定程序，全面、客观地审核证据，依据法律的规定，遵循法官职业道德，运用逻辑推理和日常生活经验，对证据有无证明力和证明力大小独立进行判断，并公开判断的理由和结果。"与对普通经验性证据的审核有所不同，对司法

[①]　按照主流的理解，科学证据应包含一切运用常识和经验之外的专门性科学知识和途径而获取的证据，显然司法鉴定意见应该只是科学证据的类型之一。而科学证据的一大特点即，其获取和解读都需要凭借专门知识和技能，都需要加入专业主体的个人意见，而并非纯粹的客观性结论。因此，同样有足够的必要对其进行充分的审查和评断，考察其证据能力和证明力。

[②]　如最高人民法院《关于民事诉讼证据的若干规定》第 77 条第 2 款："物证、档案、鉴定结论、勘验笔录或者经过公证、登记的书证，其证明力一般大于其他书证、视听资料和证人证言。"如果仅仅把这一条款的内容看作一种描述，是没有问题的；但实践中的确不少法官将其视为一种规定，不加具体审查就直接认定同案中的鉴定结论之证明力就要大于其他书证、视听资料和证人证言。这种先验性的预断显然是不当的。

鉴定意见的审查核实具有相当的难度。如前文已述,诉讼中的当事人、代理人及法官对案件中涉及的专门性问题普遍缺乏相应的业务知识,难以对鉴定意见进行实质性质证和认证。而由具备与司法鉴定人同等专业水平的专家辅助人协助当事人对案件中的专门性问题进行审核,向鉴定人做出有专业针对性的质询,则能够有效地实现对鉴定意见的实质性质证,并有利于法官做出相应的认证。

有关权威专家从不同侧面对专家辅助人制度的积极作用予以肯定:"专家辅助人制度的建立,对鉴定意见的质证具有积极的意义,它进一步充实了诉讼当事方的诉讼权利,能与鉴定人出庭作证制度一起,共同架构起对鉴定意见的实质性质证程序,进而防范不具有可靠性或正确性的鉴定意见成为定案证据,进而防范刑事错案的发生。"[1] "专家辅助人制度的确立,使得具有专门知识的人能够参与到诉讼中来,就鉴定人作出的鉴定意见的科学性和合法性进行质证审查,有助于发现鉴定中的差错与问题,确保其真实性和合法性;有助于帮助司法人员和诉讼参与人等澄清误解,正确理解与认识鉴定活动,更全面地认知鉴定意见,做好证据的认证活动。并且专家辅助人制度的确立在保证法庭质证、审查、判断证据活动顺利进行的同时,也确保了鉴定人出庭作证制度的实效性得以真正实现。"[2]

我国的专家辅助人制度借鉴了英美法系的专家证人制度,同时又具有典型的本国特色,它能够促进诉讼双方的力量均衡,实现诉讼双方的平等武装,是现阶段我国推进司法改革,加强庭审中心主义的重要具体举措,是对我国原有司法鉴定人制度的有益补充。专家辅助人对司法鉴定意见进行实质性审查和质证,实现了对司法鉴定意见的"去伪存真",既能够有助于法官准确认定案件事实,提升案件审理质量;又能够对司法鉴定人的行为形成必要的约束和监督,防止司法鉴定意见未经有效审核而过度影响诉讼;还能够有利于避免和减少重新鉴定,节约诉讼资源、提高诉讼效率。

(三)专家辅助人制度实施中的问题和完善

现行《刑事诉讼法》自 2013 年 1 月 1 日起实施,标志着刑事领域专

---

① 李学军,翟李鹏. 专家辅助人制度对公诉活动的挑战及助力——以防范刑事错案为视角//以审判为中心与审判工作发展——第十一届国家高级检察官论坛论文集,2015.

② 陈光中,吕泽华. 我国刑事司法鉴定制度的新发展与新展望. 中国司法鉴定,2012 (2).

家辅助人制度确立至今已有逾三年的时间。而在民事领域，从 2002 年 4 月 1 日起实施的最高人民法院《关于民事诉讼证据的若干规定》至今则已经有 16 年的历史。从当前的实施状况来看，专家辅助人制度在诉讼实务中虽已有一定的应用，但是从应用的范围、程度和效果等方面来看还远未理想，不少具体方面缺乏法律定位和操作指引，诸多细节问题亟待解决和完善。

1. 专家辅助人的准入资格

专家辅助人是否需要同司法鉴定人一样做资格准入的限定，做限定的话如何设置资格条件，如何对专家辅助人资格做审核？我国当前法律对专家辅助人的"资格"限定和审核尚没有直接规定，实务中不乏就专家辅助人的资格问题引发的争议，理论界对此问题亦有不同的声音。

（1）专家辅助人的资格限定

从专家辅助人有关立法的内在精神出发，考虑到维护法庭质证环节严谨性的要求，对于"有专门知识的人"确实应该设置一个资格准入方面的要求，以避免对"专家"的滥用。①

具体如何设置资格条件，有学者主张对专家辅助人的资格要求不能过低，且主要从现有的具备司法鉴定人资质的人员中产生。② 比如邹明理教授曾撰文③指出："大多数'专家辅助人'，都是由具备鉴定人资格的资深鉴定专家担当。但多数鉴定人却不能被聘为'专家辅助人'。因为后者的条件远比一般鉴定人高。"由此，"具备'专家辅助人'条件的人，多数是资深鉴定专家，只有少数是未纳入依法登记的其他特殊专业专家（主要是'三类外'的部分专家）。"刘鑫教授认为④，专家辅助人作为"有专门知识的人"，需要满足相应的形式要件和实质要件，但同时提出："专家辅助人的形式要件是可选要件，并非绝对审查要件，具有专家辅助人形式要件

---

① "专家"或"有专门知识的人"是很难做清晰界定的概念，如果实务中对其不做任何限定和审核，则很难避免对专家手段的不当使用，给正常诉讼带来干扰甚至混乱。

② 此种声音主要来自司法鉴定界，相关专家对于司法鉴定实务比较了解。

③ 邹明理．专家辅助人出庭协助质证实务探讨．中国司法鉴定，2014（1）；王树发，等．对我国专家辅助人制度有关问题的思考//全国第九次法医学术交流会论文集，2013.

④ 刘鑫，王耀民．论专家辅助人资格的审查．证据科学，2014（6）.

的人申请以专家辅助人身份出庭时，只要法庭审理中需要解决的专门性问题不是理论问题而是实践问题，一个未受过高等教育的长期从事该项工作的人，仍然能以专家的身份进入法庭。"形式要件要求主要可以参考我国对司法鉴定人设定的条件①；实质要件要求则主要参考专家所具有的知识范围、专家对专业知识掌握的程度、专家应当具有相应的学术研究或者实践成果、专家所掌握的专业知识必须与法庭上涉及专门问题所需要的专门知识形成——对应的关系等要件。

另有学者主张，有必要对专家辅助人进行资格审查，但审查的标准不应该过于严格和形式化，任何有专业特长和技术的专家，只要能够解决涉案的专门性问题，均可以成为相应的专家辅助人。② 比如有专家建议："对于我国专家辅助人的资格条件，相比于鉴定人较为严苛的认定标准，笔者建议采用开放式、宽松的条件，不局限于拥有相关学识、职称或科研成就的权威专业人士，只要足以辅助当事人对相关专业问题进行阐释即可。"③ "考虑我国司法实践情形，有必要从积极和消极要件两个层面来确定专家辅助人的资格。第一，积极要件，即专家辅助人必须具备对该鉴定意见进行质证的专门性知识。至于专家辅助人是否应同鉴定人一样，必须取得某方面的专业资格，并在司法行政部门登记，笔者认为，对此没有必要加以规定……专家辅助人无须取得特定的专业资格条件和在相关部门予以备案，但必须具备对该专门性问题的专业技能。第二，消极要件……"④

---

① 司法部发布的《司法鉴定人登记管理办法》（2005年）第12条规定，个人申请从事司法鉴定业务，应当具备下列条件：（1）拥护中华人民共和国宪法，遵守法律、法规和社会公德，品行良好的公民；（2）具有相关的高级专业技术职称；或者具有相关的行业执业资格或者高等院校相关专业本科以上学历，从事相关工作5年以上；（3）申请从事经验鉴定型或者技能鉴定型司法鉴定业务的，应当具备相关专业工作10年以上经历和较强的专业技能；（4）所申请从事的司法鉴定业务，行业有特殊规定的，应当符合行业规定；（5）拟执业机构已经取得或者正在申请《司法鉴定许可证》；（6）身体健康，能够适应司法鉴定工作需要。

② 此种声音主要来自法学界，主要是参照了英美法系当事人主义的诉讼模式下对专家证人的要求。

③ 季美君. 专家证据制度比较研究. 北京：北京大学出版社，2008：270-276.

④ 宫雪. 新刑事诉讼法专家辅助人制度的立法缺陷及其完善. 中南大学学报（社会科学版），2014（4）.

（2）专家辅助人的资格审核

对专家辅助人资格进行审核有两种典型的模式：一种是诉前认定型，类似于我国对司法鉴定人的资格确认，专家辅助人的资格已经由相关主管部门在案前做了确认。① 此种模式的益处在于，案件中无须就专家辅助人的资格问题再进行审核，当事人不容易对此产生异议；其弊端在于专业性问题涉及的领域众多、个案中的具体情形千差万别，因此诉前认定的模式在很多情境下欠缺操作性。② 另一种是诉中认定型，即不对专家辅助人的资格做出预先确认，而是在诉讼活动中就专家辅助人是否能够满足相应的资质要求做出审核和确认。此种方式得到了业内专家的认可："辅助人是否经过审核登记、有无相关执业证书，并非决定其专家辅助人意见能否采纳，可否成为定案证据的条件。在建立推行专家辅助人制度的当下，我们实际上是吸纳了英美法系国家'诉中确认'管理方式的精华，在法庭调查时段，动态而非机械地审核专家辅助人的资质，进而评判其提出的专家意见之证据资格和证明力。"③

法官是专家辅助人是否具备相应资格的审核主体，可以要求当事人撤换不符合条件的专家辅助人。专家辅助人同普通证人及司法鉴定人一样，还应当遵循回避原则，即："该专家担任专家辅助人可能与其自身利益有关联的，应当予以回避。如出具鉴定意见的鉴定人与该专家辅助人具有亲戚、同事等关系，或者鉴定意见的处理与专家辅助人有利益关联的，该专家都应当排除在专家辅助人范围之外。"④ 此外，"有专门知识的人"如果

---

① 邹明理教授在其《专家辅助人出庭协助质证实务探讨》一文中就支持这样的做法，提出"专家辅助人"的管理，应当实行司法行政机关为主、人民法院为辅的两结合管理模式。

② 即便考虑对专家辅助人做诉前认定，资质认定的主管部门究竟是哪一家，也依旧是一个涉及面众多的棘手之事。同时，如何做资质认定的困难已经在正文中有所述及，第一是专门性问题范围如此广泛甚至无可穷尽，逐一罗列的形式显然并不具备现实操作性，即便是已经实施的司法鉴定人的职业门类划分，也有相当一部分会因为无法找到现成的鉴定机构、鉴定人进行鉴定，所以只得由相关行业、领域的专门知识者，以出具分析报告、检测报告、业务说明等等方式来加以解决。第二是当前流行的认定专家辅助人资格的依据和方式有很大的弊病，如果仅仅从学历、职称、成果等外在形式来着手，势必会遗漏掉很多实务类型的专家，而且以这种形式化方式选定的专家未必能够有较好的实践能力。因此，从认定主体选择和认定可行性考察双方面看，对专家辅助人的资格问题做诉前认定都会存在相当的困难。

③ 李学军，朱梦妮.专家辅助人制度研析.法学家，2005（1）.

④ 宫雪.新刑事诉讼法专家辅助人制度的立法缺陷及其完善.中南大学学报（社会科学版），2014（4）.

系被采取刑事强制措施期间、或处于无行为能力或者限制行为能力状态，以及其他法律规定或法官酌定不宜作为专家辅助人的情况的，均不应出任专家辅助人。

2. 专家辅助人的诉讼地位

专家辅助人的诉讼地位事关其在诉讼活动中的基本权利和义务，是专家辅助人制度的重要内容之一。当前我国的专家辅助人诉讼地位并不明确，分别有独立诉讼参与人说、辅助诉讼参与人说、证人说、诉讼代理人说以及二重身份说等不同观点。① 近来给予专家辅助人独立诉讼地位的呼声日渐高涨，主张专家辅助人是独立的诉讼参与人，具有独立的诉讼地位。"给予专家辅助人独立诉讼参与人地位，是应对今后诉讼模式转型与大量科学证据进入诉讼领域的需要，而且对于新刑诉法第 126 条、第 192 条的统一理解与适用以及今后将专家辅助人职能从庭审质证阶段扩展至审前程序阶段具有前瞻意义。"② 专家辅助人以其专门性知识，对鉴定意见中的问题向鉴定人发问，揭露其中存在的不足，独立地行使诉讼权利，承担相应的诉讼义务，并不依附于当事人而存在。笔者认为，我国的专家辅助人不同于普通证人和司法鉴定人，将其列为其他各种角色均有不妥，应该考虑赋予其独立的诉讼地位。

3. 专家辅助人的权利义务

专家辅助人必须享有应有的权利以正常行使其职能，来发表对案件中专业问题的意见与说明；同时又必须负担相应的义务以规制其行为，防止因其过失或错误给当事人造成利益损失。我国当前立法对专家辅助人的权利和义务规定几乎是一片空白，仅有现行《刑事诉讼法》第 192 条第 2 款

---

① 黄敏. 建立我国刑事司法鉴定"专家辅助人制度". 政治与法律，2004（1）；卢建军. 司法鉴定结论使用中存在问题及解决途径——兼论我国诉讼专家辅助人制度的建构和完善. 证据科学，2010（6）；司法鉴定与"案结事了". 证据科学，2008（2）；王跃. 专家辅助人制度基本问题研究——以《刑事诉讼法》第 192 条规定为切入点. 西南政法大学学报，2014（1）；王戬."专家"参与诉讼问题研究. 华东政法大学学报，2012（5）；陈瑞华. 论司法鉴定人的出庭作证. 中国司法鉴定，2005（4）；吴高庆，齐培君."论有专门知识的人"制度的完善——关于新《刑事诉讼法》第 192 条的思考. 中国司法鉴定，2012（3）.

② 王跃. 专家辅助人制度基本问题研究——以《刑事诉讼法》第 192 条规定为切入点. 西南政法大学学报，2014（1）.

原则性地规定了："有专门知识的人出庭，适用鉴定人的有关规定。"毕竟专家辅助人同司法鉴定人并非完全等同的概念与角色，简单地规定"适用"一词，并不能由此涵盖对专家辅助人的权利和义务规定，并获得在相应诉讼中的良好适用。有必要就专家辅助人的具体权利和义务做出专门规定。否则，权利规定不完善，专家辅助人会因之心存顾虑，难以准确、有效地发表专家意见，专家辅助人制度不免流于形式；义务规定不完善，会缺乏对专家辅助人的必要规制，容易发表偏颇甚至荒谬的"专家意见"，造成对专家辅助人制度的滥用。

专家辅助人的权利主要包括：（1）了解案情和案件资料的权利，可通过询问、抄录、查阅、复制等方法掌握必要的案情和案件资料，尤其是对司法鉴定的检材、样本情况，鉴定方法，鉴定过程等重要内容有权利向司法鉴定人和相关人员做详细了解；（2）对司法鉴定意见质询的权利，在法庭上经法官允许有权利对存有异议的司法鉴定意见向司法鉴定人进行质询，与司法鉴定人进行辩论和对抗；（3）委托人对专家辅助人的委托要求如有违法或弄虚作假的情况，专家辅助人有权利拒绝不当的委托要求或将已经生效的委托合同终止；（4）专家辅助人享有正常行使其职能所必要的相关权利，如获知开庭时间地点信息、采取必要手段辅助质证等权利；（5）专家辅助人享有获得相应报酬的权利。

专家辅助人的义务主要包括：（1）辅助委托人对司法鉴定意见或其他专门性问题提出质询或说明，从而帮助法官理解和判断；（2）接受对方专家、当事人或法官的询问，比如个人的专业背景、实务经历或社会关系等；（3）提出质询或对询问所做的回应均应立足于相关的专业知识和实际情况，不可以虚假编造或故意歪曲；（4）对因出庭而获知的国家机密、商业秘密和个人信息严格保密；（5）法律规定或当事人约定的其他义务。

4. 专家辅助意见的属性

起初专家辅助意见是不被视为证据的，而只是被视作一种与司法鉴定意见相互对抗的质证意见，"有专门知识的人实际上是代表申请其出庭的一方就鉴定意见发表专业的质证意见，应当将其意见视为申请方的控诉意

见或者辩护意见的组成部分"①。专家辅助意见在法庭上既可以是一种用以质证对方证据的意见，也可以成为被质证的对象。由此带来的突出问题是："鉴定人所作出的鉴定意见是证据，而专家辅助人出具的辅助意见是不能作为证据的意见，以意见对抗证据，如同长矛对步枪，不需开战即定输赢。"② 显然这种状况极度不利于专家辅助意见在诉讼中发挥应有的作用。2015 年的最高人民法院《关于适用〈中华人民共和国民事诉讼法〉的解释》将专家辅助意见视为当事人陈述，赋予了其证据的资格，这将有力地推进专家辅助意见在诉讼活动中应有作用的发挥。

5. 难以找到合适的专家辅助人

案件当事人及其代理人由于对这一业务领域和人员状况不熟悉，同时缺乏获知专家辅助人信息的有效途径，往往都是通过私下关系辗转打听，具有相当的盲目性。实践中亦不乏相当数量的专家出于各种顾虑，刻意回避与同行在法庭上直面对垒。在不少案件中，如果缺乏有效的信息渠道和足够的利益推动，的确不容易找到合适的专家来出演专家辅助人的角色。

此外，当事人对聘任专家辅助人的态度缺乏务实性也是难以找到合适的专家辅助人的原因之一。诉讼实务中，专家辅助人的身份并非完全来自其研究领域的专业性，而是因对个案中具体专门性问题的解决能力而确定。即便是在某些专业领域的大家，如果缺乏对案件中争议问题的仔细了解，也很可能会于事无补，难以符合特定个案"专家辅助人"之名。③ 当前当事人对专家辅助人的选择容易忽视专家对案件中专门性问题的实际了解和把握能力，而只是将注意力放在专家的名气和资历上面。实际上，具备足够的专业能力、对涉案的专门性问题进行过具体考察、能够清楚表达和作证的专业人员，都可以成为适格的专家辅助人。一味务虚，即便请来

---

① 黄尔梅．准确把握立法精神确保法律正确实施——最高人民法院刑事诉讼法司法解释稿简介//卞建林，谭世贵主编．新刑事诉讼法的理解与实施．北京：中国人民公安大学出版社，2013：14.

② 程军伟．司法鉴定的立法思考．中国司法鉴定，2010（4）.

③ 曹丽萍．专家辅助人意见难被采纳的原因．中国知识产权杂志，2016（114）.

形式上的大专家，也可能会因为缺乏对专门性问题所涉及具体领域的精细把握，而未能发挥很好的作用。①

解决以上问题，可以尝试建立由司法行政或相关行业性机构②统领的专家辅助人平台，将各领域的专家辅助人信息做分类汇总并及时更新，便于当事人获得了解和选择专家辅助人的有效渠道，同时有助于实现对专家辅助人的适度③管理、监督和引导。专家辅助人库的建设宜采取个人申报和机构遴选相结合的方式，尤其是注意从有过出庭经历且有意愿继续担任专家辅助人的专家中吸收人选。专家辅助人的个人简历、业务专长、从业经历等相关信息经行政或行业机构备案确认后，面向公检法机关和全社会开放。专家辅助人平台可以成为当事人选择专家的首要途径，但未必所有的专家辅助人只能从平台中产生，当事人自行选择的专家辅助人，经过诉中审查具备条件的，同样可以是适格的专家辅助人。

6. 申请专家辅助人的形式和期限

我国的专家辅助人既可以在涉及司法鉴定意见的案件中对鉴定意见质证，也可以在不涉及司法鉴定意见的案件中就有关专门性问题发表意见或提供说明。在第一种情况下，当事人提出申请专家辅助人，法院应在确认确有必要性④的情况下予以支持和许可，仅需要对专家辅助人的资格条件

---

① 从当事人个人境况来看，此种苦衷和无奈也是可以理解的。毕竟如何了解拟聘用的专家是否足以胜任所期待的委托，对于此专业和行业都不够了解的当事人是难于判断的，于是也只能考虑专家外在的名气、资历等形式条件。当今社会的专业化分工如此之细，即便是某个领域泰斗级的专家也不可能对该领域内的任何一个方面都有十足的研究，如果是跨行业的一些领域则更是这样。此方面的"务实"，有赖于专家辅助人相关实务的积累，比如逐步建立专家辅助人资料库，将相关案件及专家辅助人在其中的作用明确记录下来；当事人和拟聘任的专家亦必须做充分的交流和沟通，以确切地了解专家的能力和对具体专门性问题的认识与理解，不能简单地看专家名气大、资历深，就盲目地信任和做决定。

② 英美法系国家当事人主要通过政府或行业组织发布的信息平台来寻觅专家证人，我国建立专家辅助人平台可以做类似的参照。

③ 鉴于专家辅助人的松散性和市场性，不可能对其实施像司法鉴定人一样的集中统一管理。

④ "确有必要性"的判断可以基于如下考虑：案中的司法鉴定意见是不可忽视的证据形式，对案件最终判决存在直接影响，且当事人就鉴定意见的异议有明确体现。即便此种考虑也不容易实现的话，在排除当事人恶意拖延诉讼的基础上，基于对当事人质证权的尊重，也应该准许当事人申请专家辅助人。

做审查。在后一种情况下，法官对请求专家辅助人的必要性可以做出自由裁量，如果确系需要借助常识之外的其他专门性知识才能够辅助法官理解和解决的专门性问题，也应该做出许可。反之，如果无此必要，法官本身足以理解系争问题，或属于当事人蓄意拖延诉讼的，则可予以驳回并说明理由。此外需要说明的是，聘请专家辅助人是双方当事人的权利，一旦一方当事人获准聘请专家辅助人之后，另一方当事人当然也有权利聘请己方的专家辅助人与之对抗。

在需要对司法鉴定意见进行质证的情况下，申请专家辅助人的期限最早可以始于决定实施司法鉴定委托之时，最晚不迟于做出司法鉴定意见且将用于诉讼之际。越早提出申请专家辅助人，越能够对司法鉴定活动本身形成无形的监督，而且使专家辅助人的准备时间相对更为充分。在不涉及司法鉴定意见的案件中，仅需要就有关专门性问题发表意见或提供说明时，申请专家辅助人应当在正常的举证期限之内，以避免故意拖延、扰乱诉讼秩序。当然如果到证据交换时才意识到有申请专家辅助人的必要，也是可以在庭前加以申请的。

7. 专家辅助人出庭质证的规则

最高人民法院《关于适用〈中华人民共和国刑事诉讼法〉的解释》相关条款①对专家辅助人出庭发问做出原则规定，其基本要义是遵循鉴定人出庭发问的有关规定，专家辅助人只能就案件中与其专业相关的专门性问题发表意见，必须分别进行质证且不能够参与出庭阶段以外的其他庭审过程。

---

① 第213条："向证人发问应当遵循以下规则：（一）发问的内容应当与本案事实有关；（二）不得以诱导方式发问；（三）不得威胁证人；（四）不得损害证人的人格尊严。前款规定适用于对被告人、被害人、附带民事诉讼当事人、鉴定人、有专门知识的人的讯问、发问。"第216条："向证人、鉴定人、有专门知识的人发问应当分别进行。证人、鉴定人、有专门知识的人经控辩双方发问或者审判人员询问后、审判长应当告知其退庭。证人、鉴定人、有专门知识的人不得旁听对本案的审理。"第217条："公诉人、当事人及其辩护人、诉讼代理人申请法庭通知有专门知识的人出庭，就鉴定意见提出意见的，应当说明理由。法庭认为有必要的，应当通知有专门知识的人出庭。申请有专门知识的人出庭，不得超过二人。有多种类鉴定意见的，可以相应增加人数。有专门知识的人出庭，适用鉴定人出庭的有关规定。"

　　现有立法中缺乏更为确切和具有操作性的出庭质证规则①来规定专家辅助人出庭发问的有关方式。参照英美法系国家专家证人出庭质证的模式，结合我国职权主义诉讼模式的特点，可以将其设置为主询问、反询问、再询问和补充询问四个阶段。②

　　主询问由聘任专家辅助人的当事人或其代理人主持，目的在于引导相关的信息对己方的事实主张提供正面的支持。随后对方当事人或代理人可以对主询问当中的内容展开反询问，主要是就主询问当中有错误或矛盾的点进行揭示与反驳，降低甚至否定专家辅助人意见。再询问是对第一轮主询问和反询问的进一步补充，以对前两个阶段中未得到确定的问题进行继续澄清，来对抗或消弭对方的质疑。再询问环节不是新的询问环节，未经法官允许不得引入新的争点，仅是对原有环节的补充。补充询问是由法官主持，在对专家辅助意见仍有疑问或难以理解的情况下可以要求专家辅助人进行后续的解释和回应。

　　8. 专家辅助人出庭能力亟待提高

　　总体来看，目前专家辅助人对案件争议的理解和表达能力欠佳，距离实务的要求尚有较大距离。专家辅助人出庭和司法鉴定人出庭一样，必须能够在庭上传达有效的信息，形成实质的对质，使裁判者能够理解并接受自己的专业意见。不少专家辅助人是单纯的技术出身，不善于在法庭环境下表达意见，时常遭遇"会做不会说"的尴尬。实务中有过不少专家辅助人在发表意见时跑题，所陈述的意见与当事人的诉求发生偏离甚至矛盾。

――――――――――――――――

　　① 现有立法中，对司法鉴定人和专家辅助人出庭发文方式最为详尽的规定莫过于《人民检察院刑事诉讼规则（试行）》第442条："证人在法庭上提供证言，公诉人应当按照审判长确定的顺序向证人发问。公诉人可以要求证人就其所了解的与案件有关的事实进行陈述，也可以直接发问。证人不能连贯陈述的，公诉人也可以直接发问。对证人发问，应当针对证言中有遗漏、矛盾、模糊不清和有争议的内容，并着重围绕与定罪量刑紧密相关的事实进行。发问应当采取一问一答形式，提问应当简洁、清楚。证人进行虚假陈述的，应当通过发问澄清事实，必要时还应当宣读证人在侦查、审查起诉阶段提供的证言笔录或者出示、宣读其他证据对证人进行询问。当事人和辩护人、诉讼代理人对证人发问后，公诉人可以根据证人回答的情况，经审判长许可，再次对证人发问。询问鉴定人、有专门知识的人参照上述规定进行。"

　　② 前三个阶段为典型的交叉询问，后一个阶段为我国所特有。详见王思思，胡德义，刘鑫. 法医专家辅助人出庭质证规则缺陷与对策. 法医学杂志，2015（4）；周湘雄. 交叉询问：专家证言客测生的保障. 四川省政法管理干部学院学报，2005（6）.

有些专家辅助人对于证据与案件的相关性理解不到位，仅就与争议问题有关的技术方面发表意见，并且使用晦涩的专业技术语言甚至是符号公式，使得法官、律师、当事人有如听天书一般，如此一来不但不能够有效质证和澄清疑问，反而使法律专业人员变得更加无从理解，庭上的局面变得更为复杂化和扩大化，影响正常的诉讼进程和裁判者的思路。

此外，专家辅助人和律师（代理人）同为辅助当事人的"战友"，彼此间需要有良好的沟通和协作，以便能够在各自发表意见时做到相互一致与相互支撑。由于专家辅助人只能参与有限的诉讼环节，对代理人的陈述意见并不知悉①，因而实践中不时出现两者间意见彼此不一致，甚至是相悖的情况，这显然会给当事人带来不利的结果。

专家辅助人需要增强实际出庭能力，尽可能以直观、形象的方式将专业性问题向非专业的法官和当事人做通俗化解释，帮助其逾越专业知识不足带来的理解证据和认定事实的障碍。出庭技巧方面可以更多地借鉴英美法国家专家证人成熟的庭证经验和做法，注意采取必要的演示和沟通手段②，以增强实际效果。

---

① 即便知悉也难以理解和相互配合。

② 如英美法国家的专家证人在庭证时就注意采取视觉教具（visual aid）、模型演示（model display）等方式来辅助其对专门原理或操作过程的解释，还特别强调目光接触（eye contact）、身体语言（body language）和表情、语调等方面的表达，来增强对陪审团或法官的实际影响力。

第五章　普通证人意见的审查判断

　　英美法系与大陆法系对"证人"含义的界定有所不同。英美法系国家传统上将证人分为普通证人（lay witness）和专家证人（expert witness），这里的普通证人不仅包括狭义上的证人，还包括接受交叉询问的原、被告双方、刑事被害人和被告人。大陆法系国家没有交叉询问，证人的含义相对较窄，仅指狭义上的普通证人；而英美法系中的"专家证人"对应的是鉴定人。诚然，普通证人和鉴定人都能够提供"证言"，但二者的性质完全不同。由于普通证人是在案件发生过程中、诉讼之前介入案件的，所以其"证言"的作出系基于对案件事实的了解，其向法庭提供的信息应当是与案件相关的事实信息。与之相反，专家证人是在案件发生之后、甚至诉讼开始之后介入案件的，并不了解案件事实，其向法庭提供的"证言"系基于其自身专业知识而作出的鉴定、检验意见。前一种"证言"具有"事实性"，可能掺杂一部分普通证人的个人意见；而后一种"证言"虽以事实为基础，但本质上就是意见。所以，在英美法系国家，立法往往对两种

证言进行了不同的规范。在本章中，我们将以狭义证人，即普通证人为主讨论意见证言的审查判断，同时探讨刑事被害人陈述、被告人供述中意见审查的特殊之处。

一、普通证人意见审查判断的基础理论

（一）普通证人证言中的意见与事实难以区分

虽然区分普通证人证言中的意见与事实，是考察意见证据规则适用情况的前提，但是，意见与事实往往不是泾渭分明、非黑即白的，在很多情况下，意见与事实都呈现出一种交融混杂的状态，我们可将混杂的部分称为"灰色地带"。这种"灰色地带"的出现可以归结于认知和语言两大方面的原因。

从认知的角度来看，一方面，证人对外部事实的感知和反馈都带有一定的主观色彩；另一方面，这种对外部事实的感知往往只有整体印象或推断意见。了解案件事实是证人作出证言的基础，但这种"了解"并非是事实真相的全部、客观、真实的反映。证人从感知案件事实到进入法庭作证，经历了"感知—记忆—表达"三个阶段，其中，"感知—记忆"的过程就可能与案件事实出现偏差。人的大脑皮层在接收外界信息后会留下初步的印象，然后对"印象"进行处理，作出常识性判断。证人的认知能力、认知方式、认知逻辑不同，就会导致对客观事实的反映不同。比如，对一件藏青色衣服的认识。证人的大脑会基于自身的感受和知识储备识别这种颜色，而后证人向法庭作出陈述。但在识别过程中，有些证人会识别为"深蓝色"，有些会识别为"藏青色"，也有些证人会识别为"黑色"，这就使事实的呈现具有了差异性。因此，从认知的角度说，所有的证人证言都带有主观色彩，都不是纯正的"事实"，或者说，意见与事实之间只存在程度大小而不存在有无的区别。另一方面，由于证人并非受过专门训练的人，他们对外界的观察和记忆往往不够细致，所留下的印象也只能是笼统、模糊的。更何况，在案件发生前，证人通常不会刻意去记与自己正常生活轨迹无关、而可能与之后发生的案件有关的事实。因此，其在回忆、陈述事实时很容易夹杂个人的猜测和推断。比如，在"为了寻找失踪

的儿子，老张整整一夜没有睡觉，当太阳出来时，他已经精疲力竭而且着急不堪"这句证言中，"精疲力竭而且着急不堪"就是证人通过观察老张的神态、行为而作出的整体判断，具体老张说了些什么话、有些什么动作、表情如何，他（她）可能并不清楚记得；而且证人通常也会觉得"儿子失踪"和"一夜没有睡觉"会导致"精疲力竭""着急不堪"是必然的，自然而然就会出现这样的表述。可见，认知差异是事实与意见难以区分的原因之一。

从语言的角度来看，普通证人倾向于选择概括性、结论性语言对事实进行陈述，而且由于表达能力不同，证人对事实的描述效果也不尽相同。现实生活中，证人所感知的事实是立体的，但其在表达过程中需要受到语言组合规则和聚合规则的制约，最终的语言会固化成线性结构。[①] 从立体感知到线性描述的转变使单纯的事实性陈述变得困难，这就好比用二维图片来展示三维空间，不可避免存在局限性。而概括性、结论性的语言是证人避免这种困境的方法。例如，阐述人的精神状态，证人的表达通常是"他看上去挺正常的"，或"他精神不太正常，傻乎乎的"。这是一种结论性语言，是证人对当事人行为的概括和判断，具体如何"正常"、如何"傻乎乎"，可能需要侦查人员的提醒或要求举例来完成。又如，阐述"生气"或醉酒状态，显然，证人选择使用"他看上去很生气"或"他喝醉了"这种概括性语言比使用"他满脸涨红，眉头紧皱，牙关咬紧，嘴唇紧闭"或者"他东倒西歪，语言不清"等语言更为容易。事实上，详细描述人的五官、身体动作各方面变化的做法也的确有违常规表达方式[②]，人们往往不会主动选择。另外，普通证人的语言表达能力也会影响事实与意见的混杂程度。如果证人的语言表达能力较强，他就容易区分哪些是"事实陈述"，哪些是"个人意见"，在陈述个人意见时也往往会给予强调。而且，证人的语言表达能力越强，越能选择更准确的词汇对事实进行描述，从而使其反映的事实更为清晰。

（二）普通证人意见的证据分析

普通证人意见证言的排除规则最初从英美法系发展起来，因此要分析

---

① 延慧. 浅谈语言表达人的内部世界的局限性. 陕西师范大学学报（哲学社会科学版），2007（5）：19.

② 何挺. 普通证人意见证据：可采性与运用规则. 中国刑事法杂志，2010（10）：83.

普通证人意见的证据属性，应该先将其置于英美法系的环境中来看。《美国联邦证据规则》第402条规定："除美国宪法、国会立法、本证据规则或者最高法院根据成文法授权制定的其他规则另有规定外，所有有关联的证据均可采纳。无关联的证据不可采纳。"而咨询委员会对此条的注释为："本条以下各项规则遵照具体政策的规定，要求对有关联性的证据予以排除。此外……第7条对意见与专家证言制定具体要求……"① 据此可知，普通证人意见具有关联性而不具有可采性，意见证据规则是规制可采性而非关联性的规则。可见，普通证人意见并非不具有关联性，而是基于法律和价值上的考量，不将其作为证据使用，不赋予其可采性。大陆法系没有可采性的概念，相对应的是证据能力和证明力——只有具备证据能力的才能进入法庭作为证据使用，只有具备真实性和证明价值的才能为法庭采信作为定案根据。② 对证据能力和证明力的考量，可以从客观性、关联性、合法性、真实性、证明价值几个角度进行。而证据的可靠性，实为证据五个核心要素中"客观性""真实性"这两个要素的别称：唯有客观、真实地反映了与案件有关的事实，该证据才称得上是"可靠"③。

其实，无论在英美法系国家还是在大陆法系国家，不采纳普通证人意见证言的原因都是相同的：意见证言不具有真实可靠性。显然，猜测性、评论性的意见证言与证人因感官直接接受外界信号刺激而留存在大脑皮层的印象或痕迹不同。后者是第一手知识，是客观事实的反映，前者则是第二手知识，已经经过了证人的主观处理，且这种主观处理不是"无意识"的，而是"有意识"地对信息进行筛选和整理后得出的结论或推论，是人的主观意识的反映。例如在证言"我猜测'老孙'是股东之一，因为他开车带我们去赌场，赌场工作人员会分点抽水的钱给他"④ 中，法官应对"老孙"是否参与开设赌场进行判断，需要证人提供的信息应该是"老

---

① 何家弘，张卫平主编. 外国证据法选译. 北京：人民法院出版社，2000：596 – 597.

② 何家弘. 证据的采纳和采信——从两个"证据规定"的语言问题说起. 法学研究，2011 (3).

③ 李学军. 意见证据规则要义——以美国为视角. 证据科学，2012 (5)：525.

④ 林某、何某开设赌场案. 广东省佛山市中级人民法院（2016）粤06刑终551号刑事裁定书，【法宝引证码】CLI. C. 8505275.

孙是否参与赌场运行？具体做了什么事情？"而证人此处的猜测显然是将这些信息进行了整合推论，并非陈述了事实本身，一定程度上违背了"客观性"的要求，而其真实性如何也未可知。可见，法律上排除普通证人意见是为了约束普通证人证言的内容，确保证人证言的客观、真实、可靠。

（三）普通证人意见排除和保留的法理依据

裁判者认定案件需要依靠普通证人所提供的基础事实。而证人的意见（推论、总结或结论）有时会剥夺陪审团成员行使事实认定者角色所需的重要信息。[①] 可见，所有对普通证人意见排除的考量都是紧紧围绕"事实认定"的。有学者将包括意见证据规则在内的相关规则称为"技术性证据能力规范"，其目的就是确保特定的事实认定机制得以正常运转，不符合这些技术性规范的证据要么不能被诉讼中特定的事实认定机制所"识别"，要么会对该机制的正常运转造成严重损害。[②] 笔者认同这种观点。毋庸置疑，审判的核心就是"事实认定"，是包括依据什么、认定什么、谁来认定在内的完整机制。在这个机制中，如果普通证人意见被允许采纳，则其一方面阻碍了裁判者认识事实的途径，另一方面侵犯了裁判者认识事实的职权。在美国法中，普通证人又被称为"外行证人"，其出庭作证不以科学、技术等专业知识为基础，只是基于自身感知。但是，由于普通证人的知识经验不同，如果允许其就某些事实进行分析，不同证人的判断、推测可能会大相径庭，而这种判断、推测也容易对裁判者造成误导。传统英美法认为，意见这种证据形式实质上可信度不高，因此应当予以排除，以防止陪审员赋予其过高的证明价值[③]，轻信不大可信的证言。《美国联邦证据规则》第403条就规定："虽然证据具有关联性，但是若其证明价值实质上被下列因素超过，即导致不公正偏见、混淆争议或误导陪审团的危险……则仍然可以排除该证据。"[④] 另外，对案件进行事实认定是裁判者

① 艾伦，等. 证据法：文本、问题和案例：第三版. 张保生，王进喜，等译. 北京：高等教育出版社，2006：715.

② 孙远. 刑事证据能力导论. 北京：人民法院出版社，2007：80.

③ 孙远. 刑事证据能力导论. 北京：人民法院出版社，2007：72.

④ 何家弘，张卫平主编. 外国证据法选译. 北京：人民法院出版社，2000：598.

的固有职权，是裁判者之所以成为裁判者的基础。事实与事实之间的逻辑关系只能由裁判者去构建，而不能由普通证人代为行之。在审判过程中，普通证人只需就其所感知的事实进行描绘和阐述，为裁判者还原案件真相提供基础事实材料即可。因此，普通证人意见证据的排除是为了防止裁判者被误导和维护裁判职权，排除意见证据是案件事实认定机制正常运转的必要。

不过，由于意见与事实的相互交融、不可区分，学理上对普通证人意见并非是完全否定的。当证人无法把意见与事实分开陈述，或者保留意见不会对裁判造成影响，反而有助于裁判者理解和认定事实时，该意见证言就不必排除。很多情况下，普通证人是基于整体感知所作出的体验性陈述、事实性陈述，只能用概括性或推测性的意见形式进行表述，而很难将其剥离或分解。例如，证人"被告人从我身边经过的时候看上去很紧张"的证言。证人对被告人"很紧张"的判断是亲身感知被告人的表情、行为方式后留下的整体印象，是"无意识"主观处理的产物，如果非要其详细描述被告人紧张的一系列事实表现，如低着头、脸很红、全身在发抖等，反倒不容易说得很准确，显得啰唆又浪费时间，而且也不利于裁判者的理解。[1] 所以，当普通证人感知的事实不能用其他方式表达，而证人对事实已经形成了总体印象，且仅仅陈述事实不能准确传达证人所具有的总体印象时[2]，普通证人意见可以保留不予排除。

二、普通证人意见的运用现状与审查判断

我国大陆虽然已经在证据规定和司法解释中确立了意见证据规则，但由于长期以来的职权主义诉讼模式，对普通证人意见审查判断的重视度不够，实务中将普通证人意见作为定案根据的情况屡见不鲜，而真正根据规则进行排除的却很少。我们选取了 14 起案例的 15 份意见证言，以考察普通证人意见证据规则的适用，归纳普通证人意见审查判断的内容和标准。

① 沈志先主编．刑事证据规则研究．2 版．北京：法律出版社，2014：146 - 147.

② 吴丹红．论英美法上的意见证据．律师世界，2003（3）：8.

（一）实证案例的基本情况

考虑到人们的语言表达习惯，意见证言前往往带有"我认为""我怀疑""我估计""猜测""差不多""可能"等词语，因此我们主要采用关键词搜索的方法在北大法宝上搜索到以下案例，见表1。

表1 15 份意见证言样本

序号	案由及案号	证明对象	证言内容
1	故意杀人罪（2016）吉 0182 刑初 363 号	被告人的作案动机	我认为王志全用刀扎汪某甲与我给王海洲介绍对象没有关系。
2	以危险方法危害公共安全罪（2016）鲁 1302 刑初 775 号	被告人犯罪的主观方面为故意或过失	我认为对方是故意撞我的，因为两车相撞的位置就是我坐的位置，蔡某在派出所时说要弄死我，我认为他是想故意伤害我。
3	故意伤害罪（2016）黔 0424 刑初 50 号	犯罪事实中的因果关系	我觉得张某乙突然去世与之前被他儿子张某殴打有一定的关系。
4		被告人的责任能力	张某的精神不正常，也就是我们所说的疯了。平时穿着很脏，自言自语，讲话讲到什么程度都不知道，分不清楚寨邻老幼，不分白天黑夜的乱逛。
5	故意毁坏财物罪（2016）吉 0802 刑初 246 号	实施犯罪的主体	我猜是被占地的十七户人家破坏了铁丝网，具体是谁我不知道。
6	开设赌场罪（2016）粤 06 刑终 551 号	实施犯罪的主体	我猜测"老孙"是股东之一，因为他开车带我们去赌场，赌场工作人员会分点抽水的钱给他。
7	强奸罪（2015）益赫刑一初字第 412 号	被告人与被害人的身份关系	冷某在到我家去玩之前打电话时就告诉我他会带着他女朋友到我家中玩，所以我认为那个女的是冷某的女朋友。我看他俩行为举止比较亲密，像是男女朋友关系。
8	故意伤害罪（2015）东中法刑一终字第 319 号	被告人的犯罪主观方面	我猜是徐某叫人过来将蒋某乙等人打伤的，因为他们之间起了矛盾。
9	盗窃罪（2016）豫 0327 刑初 166 号	实施犯罪的主体	同村何某某上午在家附近转悠，可能是他偷的。

续前表

序号	案由及案号	证明对象	证言内容
10	故意杀人罪（2014）庆中刑初字第 12 号	犯罪客观方面	还在赵某某黑色包内找到了一张出差费条据背面写的保证书，经赵军×看，字迹像是王某某写的。
11	非法拘禁罪（2016）苏 13 刑终 122 号	实施犯罪的主体及同案犯在犯罪中的作用	我认为这事是马某点头同意的，孙某甲指挥，宋某某具体操作，伍某某现场负责的。
12	抢劫罪、故意伤害罪（2016）川 0304 刑初 49 号	实施犯罪的主体	我就叫他不要去找，黄某甲没回复我消息了，后来我就睡了。第二天也就是 3 月 18 日上午我听同学说黄某甲被人杀伤躺医院了，我猜是郑某某干的。
13	故意伤害罪（2017）新刑终 160 号	实施犯罪的主体	我觉得今日孩子身上的伤肯定是唐某某打的，孩子再小也不可能把自己碰的全是伤。
14	故意杀人罪（2016）浙 0111 刑初 457 号	犯罪主体的精神状态、行为能力	唐某甲可能有点抑郁，而且脾气固执，比较偏执的。
15	盗窃罪，掩饰、隐瞒犯罪所得罪（2016）吉 0105 刑初 176 号	犯罪主体的主观明知	因为我们认识，我就总去卖，他们也没说啥，但是我感觉他们应该知道这些东西来路不正。

当然，这种关键词搜索的方法带有一定的局限性和片面性，因为它会过滤掉很多不带有"提示词""前缀语"的意见证言，如"我看见一辆桃红色小轿车从我身边驶过，速度有 90 公里/小时"。这句陈述无法通过关键词搜索显示出来，但同样存在意见证言。证人并没有亲眼看见行驶车辆内显示屏上的速度，而是基于自身的感受对汽车的速度进行了估算，"大约"是"90公里/小时"。而一些带有"提示词""前缀语"的也并非都是意见证言，如"当时我觉得可能要打架，我便带了一把砍刀"[①]，这句话中的"我觉得"是证人对其案发前心理状态的描述，目的是陈述"带了一把砍刀"这一事实，不属于意见证言。当然还有一些描述证人感觉、直觉的话语也不属于

---

① 孙某、蒋某甲开设赌场罪，孙某、蒋某甲寻衅滋事罪案 . 湖北省咸丰县人民法院（2016）鄂 2826 刑初 67 号刑事判决书 .【法宝引证码】CLI. C. 35349832.

意见证言，例如"我感觉右腿疼得厉害，发现腿上有血……"① 等。

以上实证案例中的意见证言均来自裁判文书（包括判决书和裁定书）。由于裁判文书中的证据都出现在"上述事实，有经庭审举证、质证、本院予以确认的下列证据予以证实"和"上述证据所证明的事实与客观事实相符，并与本案具有关联性，且经庭审质证，本院予以确认"之间，因此，除非在"本院认为"中加以说明，所列证据都可以认为是得到法庭认可并予以采纳的。据此，在这 14 起案例的 15 份意见证言中，没有一例被审理法院所排除。可见，普通证人意见证据规则在实务中的运用十分少见。我们也在中国法院网的图文直播栏目中考察了庭审时控辩双方对普通证人意见证言的质证情况，控辩双方明确提出意见证言的存在不合理的极为少见，法庭因意见证言不具有可采性而当庭予以排除的几乎不存在。由此可知，意见证据规则在实务中尚未受到司法人员、律师等人足够的重视。

（二）普通证人意见审查判断的内容和标准

根据普通证人意见证据规则，属于"黑色地带"的意见，应当一律排除，不得作为证据使用；属于"白色地带"的事实，经查证属实后可以为法庭采纳、采信。因此，对普通证人意见的审查判断，主要集中在"灰色地带"上，目的在于经过审查，判断"灰色地带"中的哪些需要排除，哪些可以保留，即在意见与事实相混合的证言中，抽出可以采纳的部分而去除不可采纳的部分。有学者提出，对证据的审查判断应当从证据的来源、证据的内容，以及案内各种证据的联系等方面入手②，最高人民法院《关于适用〈中华人民共和国刑事诉讼法〉的解释》（以下简称《刑诉法解释》）第 74 条③也对证人证言审查的内容作出了规定。笔者以为，对普通

① 严某犯故意伤害罪案．山东省莒南县人民法院（2016）鲁 1327 刑初 455 号刑事判决书．【法宝引证码】CLI. C. 35146818.

② 陈一云主编．证据学．4 版．北京：中国人民大学出版社，2010：155 - 159.

③ 《刑诉法解释》第 74 条："对证人证言应当着重审查以下内容：（一）证言的内容是否为证人直接感知；（二）证人作证时的年龄、认知、记忆和表达能力，生理和精神状态是否影响作证；（三）证人与案件当事人、案件处理结果有无利害关系；（四）询问证人是否个别进行；（五）询问笔录的制作、修改是否符合法律、有关规定，是否注明询问的起止时间和地点，首次询问时是否告知证人有关作证的权利义务和法律责任，证人对询问笔录是否核对确认；（六）询问未成年证人时，是否通知其法定代理人或者有关人员到场，其法定代理人或者有关人员是否到场；（七）证人证言有无以暴力、威胁等非法方法收集的情形；（八）证言之间以及与其他证据之间能否相互印证，有无矛盾。"

证人意见的审查应当分三步走：第一步，判断该意见是否属于意见证言；第二步，判断该意见是否具备可采性；第三步，判断该意见的证明力大小。其中，最重要的是第二步，这也是普通证人意见证据规则最核心的内容。

1. 普通证人意见是否属于意见证言？

何为意见证据？麦克威的解释是："证人基于直接呈现于其感官上之事实，推论系争事实存在与否，法律上称之为意见，证人本于上述推论所作的陈述，称之为意见证据"。克劳斯认为，证据法上的意见是"从观察事实所得出的推论"①。然而，值得思考的是，出现在普通证人证言中的意见就都是意见证言吗？都可以适用意见证据规则吗？显然不是。例如，"吕长林和我说的时候一直以大哥称呼王某甲现，我认为吕长林和王某甲现他们关系不错，就答应了给王某甲现代理二审的案件"②。这句话中虽然出现了关键词"我认为"，但其后面的内容只是证人的事实描述"我给王某甲现代理了二审案件"中的组成部分，该陈述并非是为了表达"意见"，而是为了表明"事实"。前文我们提到，意见证言具有关联性而不具有真实可靠性，这意味着，意见证言必须与待证事实相关。换言之，意见证言的证明对象必须是待证事实的一部分。所谓待证事实，有学者称之为"起诉主张所描述的关于历史事实的命题"③，也有学者称之为由实体法和当事人所决定的争议事实，包括争议中的事实、相关事实、间接事实等。④ 笔者赞同后一种观点。而在该案中，上述证言的证明对象并非"吕长林与王某甲现的关系"，因此不是对待证事实发表的意见，"我认为吕长林和王某甲现他们关系不错"不影响裁判者对事实的认定。因此，笔者以为，这确实属于意见，但不属于意见证言，不属于意见证据规则的调整范围。《澳大利亚联邦1995年证据法》第77条对此有规定："如果法院并非因证明表达意见有关事实的存在，而为其他目的采纳关联性意见作为证

① 吴丹红. 论英美法上的意见证据. 律师世界，2003（3）：7.
② 吕长林诈骗案. 河南省汝阳县人民法院（2016）豫0326刑初136号刑事判决书.【法宝引证码】CLI. C. 35319768.
③ 魏晓娜，吴宏耀. 诉讼证明原理. 北京：法律出版社，2002：125.
④ 肖建国. 证据"关联性"的涵义及其判断. 法律适用，2005（5）：26.

据，则不适用意见证据规则"，正是将意见与意见证据作了区分。

有学者称，之所以确立意见证据规则，排除普通证人意见，原因之一在于"意见证据是证人在陈述客观事实中混杂的个人见解、结论或推测，因而与待证事实没有必然的关联性"①。笔者对此不敢苟同。正如我们之前已经阐述的，普通证人的意见证言实际上与待证事实是存在关联性的，例如实证案例的第 1 份证言"我认为王志全用刀扎汪某甲与我给王海洲介绍对象没有关系"是为了证明被告人的主观方面，即犯罪行为发生的原因；第 3 份证言"我觉得张某乙突然去世与之前被他儿子张某殴打有一定的关系"和第 8 份证言"我猜是徐某叫人过来将蒋某乙等人打伤的，因为他们之间起了矛盾"是为了证明犯罪事实中的因果关系。而与待证事实不存在关联性的实际上是"意见"。因此，区分意见与意见证言，关键要看该意见的证明对象是否是待证事实的一部分。如果普通证人意见所要证明的对象属于待证事实，则认为其是意见证言，受到意见证据规则的调整；反之则不受该规则的调整。

2. 普通证人意见证言是否具备可采性？

可采性审查是普通证人意见证言审查判断的核心内容。对此，笔者认为应该从两个方面着手：一是意见证言作出主体；二是意见证言的内容。②

（1）对意见证言作出主体的审查

普通证人应当具有正常人的感知能力，并且亲身感知事实的发生。这意味着，证人应该具有必要的感受力和记忆力，且具有与作出该意见相符的常识经验或知识储备。这种能力不属于专业知识能力的范畴，也无须通过专门的学习、训练获得，而是渗透在普通证人日常生活经验中，经过实践即可习得。考量证人感知能力的目的在于确定意见证言的"真实可靠性"。通常来讲，感知能力越强，证言内容往往越真实可信。例如，著名电影《十二公民》中，一位证人称其看到了被告人击打受害人，而陪审团对此却提出怀疑：该证人所谓的"目击"是在其高度近视

---

① 沈志先主编 . 刑事证据规则研究 . 2 版 . 北京：法律出版社，2014：153.

② 本部分内容参考何挺 . 普通证人意见证据：可采性与运用规则 . 中国刑事法杂志，2010（10）：87.

且未戴眼镜的情况下进行的，那么其所看到的"事实"是否为真不能确定。可见，感知能力影响着证言的真实可靠性。因此，裁判者在审查时应当综合考虑普通证人的感知能力，衡量其是否与意见证言内容相协调，进而判断该意见证言的可靠性。例如，眼睛近视且未戴眼镜的人对其所看到的场景发表的意见、听力略低于正常水平的人对其所听到的声音发表的意见或者未成年人对其感知的事实发表的意见等。如果以上意见的作出与证人所能够感知事实的能力相适应，则法官可以考虑采纳该证言，否则应当排除。

亲身感知案件事实是普通证人作证的前提，也是其意见证言可以采纳的基础。凭空产生的"纯粹"意见、就道听途说的事实发表的意见和事实基础不充分的意见，其主观性大过客观性，可靠性存疑。所以，裁判者在审查时，应当判断普通证人意见的作出是否源于其所获得的"第一手知识"，由"第一手知识"是否能够必然得出相同的意见。如果普通证人意见并非基于亲身感知，或者案发时的特定客观环境使他们不可能感知到形成意见所必需的案件事实基础，其意见证言就不能作为证据使用。① 例如，在表 1 中的第 4 份证言"张某的精神不正常，也就是我们所说的疯了。平时穿着很脏，自言自语，讲话讲到什么程度都不知道，分不清楚寨邻老幼，不分白天黑夜的乱逛"中，证人就张某的精神状态所发表的意见确系"亲身感知"。一方面，证人判断的基础是与张某的亲身接触和对张某日常行为的观察——"穿着很脏""自言自语""不分白天黑夜的乱逛"等；另一方面，这种观察和了解是长时间积累的结果，并非一次事件或偶然看见的片段化评价。因此该证言是合理建立在证人感知基础之上的，具有较强的真实可靠性。而在第 5 份证言"我猜是被占地的十七户人家破坏了铁丝网，具体是谁我不知道"中，证人之所以作出这样的判断是因为拉铁丝网占了十七户人家的地，导致十七户人家的利益受损，并不是基于铁丝网被破坏这一事件的发生所感知到的客观事实，是纯粹的主观臆断、个人意见表达。由于其缺乏密切相关的事实基础，因而不具有真实可靠性，不得采纳。在上述 15 份意见证言中，存在感知基础的有第 2 份、

---

① 吴光升. 论普通人意见证据的审查与运用规则. 法治研究，2014（10）：129.

第 4 份、第 6 份、第 7 份、第 9 份、第 10 份、第 14 份、第 15 份共 8 份（见表 2），其他 7 份不存在感知基础。但即便如此，这些裁判依然采纳了上述意见证言而没有予以排除。数据量的加大或许更能说明问题。我们曾对 141 起存在普通证人意见证言的刑事案件进行了统计分析。在这 141 起案例中，普通证人意见的作出存在感知基础的仅有 17 例，占 12%；而不存在感知基础的却有 124 例，占 88%。在 124 例存在非基于亲身感知的意见证言的案例中，意见证言最终被法院作为定案依据的却有 113 例，占 124 起案例的 91%。① 可见，目前裁判者尚未对"意见证言的作出需以亲身感知为基础"这一问题加以足够的重视。

表 2　　　　　　　　　　**8 份具有亲身感知基础的意见证言样本**

序号	案由及案号	证明对象	证言内容
2	以危险方法危害公共安全罪（2016）鲁 1302 刑初 775 号	被告人犯罪的主观方面为故意或过失	我认为对方是故意撞我的，因为两车相撞的位置就是我坐的位置，蔡某在派出所时说要弄死我，我认为他是想故意伤害我。
4	故意伤害罪（2016）黔 0424 刑初 50 号	被告人的责任能力	张某的精神不正常，也就是我们所说的疯了。平时穿着很脏，自言自语，讲话讲到什么程度都不知道，分不清楚寨邻老幼，不分白天黑夜的乱逛。
6	开设赌场罪（2016）粤 06 刑终 551 号	实施犯罪的主体	我猜测"老孙"是股东之一，因为他开车带我们去赌场，赌场工作人员会分点抽水的钱给他。
7	非法经营罪（2017）鲁 1424 刑初 23 号	被告人出售的香烟的外包装	香烟外包装上的编码像是用烙铁烙过了，那人说是河北的烟。
9	盗窃罪（2016）豫 0327 刑初 166 号	实施犯罪的主体	同村何某某上午在家附近转悠，可能是他偷的。
10	故意杀人罪（2014）庆中刑初字第 12 号	犯罪客观方面	还在赵某某黑色包内找到了一张出差费条据背面写的保证书，经赵军×看，字迹像是王某某写的。

① 李学军，张鸿绪. 我国刑事诉讼中意见证据规则适用的实证分析. 证据科学，2016（5）：522.

续前表

序号	案由及案号	证明对象	证言内容
14	故意杀人罪（2016）浙 0111 刑初 457 号	犯罪主体的精神状态、行为能力	唐某甲可能有点抑郁，而且脾气固执，比较偏执的。
15	盗窃罪，掩饰、隐瞒犯罪所得（2016）吉 0105 刑初 176 号	犯罪主体的主观明知	因为我们认识，我就总去卖，他们也没说啥，但是我感觉他们应该知道这些东西来路不正。

（2）对意见证言内容的审查

意见证言内容应当有利于裁判者正确理解和认定案件事实，且不能为裁判者的判断所取代，否则便不具有可采性。如果证人所述是合理基于证人的知觉，而且能够方便证人表达和裁判者的理解，有利于裁判者认定案件事实，就可以考虑采纳该意见证言。这一审查原则的设立是基于事实与意见的不可区分性。虽然意见证据排除规则的设置前提是："证人证言中的事实与意见是可以明确区分的，证人可以在其作证过程中将其所感受到的案件事实和其对案件情况的推断意见完全分开来，并只将其中的案件事实告知事实审理者"①；但正如前文提到的，事实与意见有时很难区分，原因之一就在于证人将立体的"亲身体验"转化为线性描述过程中的局限性。有时证人用具象语言根本无法对感知的事实进行描述，如气味、年龄等；有时证人将构成意见之基础的基本情节细致地描述了半天，可裁判者无法明白他说的是什么，或者仅对细节进行描述可能造成歧义、误解。②例如，在第 10 份证言"经赵军×看，字迹像是王某某写的"中，证人赵军×或许很难描述字迹的具体特征，即使描述了，裁判者也很难明白其要表达的意思。而此时如果证人表达出自己的"意见"——"字迹像是王某某写的"——裁判者就能立刻理解证人想要陈述的事实。再如，对人"生气"的事实阐述。如果证人只说"他满脸涨红，眉头紧皱，牙关咬紧，嘴唇紧闭"，而由裁判者判断此人的情绪状态，恐怕十分困难。因为这句话

---

① 何挺. 普通证人意见证据：可采性与运用规则. 中国刑事法杂志，2010（10）：81.

② 李学军. 意见证据规则要义——以美国为视角. 证据科学，2012（5）：523-524.

既有可能是对"生气"的描述，也有可能是对因身体不适而感到痛苦的描述。可以说，这样的具象阐述是"不清晰"的，对裁判者准确理解事实和认定事实无益。但如果证人在前面的描述之后加上"他看起来很生气"或者"他看起来很痛苦"，裁判者就能准确地理解证人的整个陈述了。而且，有时普通证人对事实的观察和记忆只是停留在"整体印象"，并非以独立、片段的方式进行，要使证人将诸如情绪、气温、速度等容易整体性感知的事实逆向分解几乎是不可能的，对普通证人来说也是无法表达的。所以，审查意见证言，要以其是否有利于证人表述、是否有助于案件事实认定作为标准之一。

意见是否能为裁判者的判断所取代是审查普通证人意见内容的另一个方面。如果根据证人的其他陈述，裁判者能够作出与证人相同的判断，那该意见证言就没有存在的必要，就应当排除。毕竟，证人才是案件发生过程的亲历者，其对事实的感知正是裁判者所"不能"之事。因为时光无法倒流，裁判者对案件发生经过的认知是逆向性的，只能借助普通证人的眼睛、耳朵、鼻子去看、去听、去闻，从而知悉当时的情况，还原当时的情境。证人在当时、当地的感知使证人处于裁判者所无法身临其境的"好的位置"①，非身处这一"位置"，裁判者便无法产生这些印象、取代证人的判断，此时证人的这种判断和印象对裁判者来说是必要的。要审查意见能否为裁判者的判断所取代，可以看排除意见证言后，是否影响证人对事实的陈述，是否影响裁判者对该事实的理解？如果去掉意见证言造成证人的表述不完整，达不到证人到庭作证的目的，或使得证人证言难以理解，该份意见证言就应当保留；如果去掉意见证言后证人的陈述依然能够满足裁判者对其作证事实的需要，不影响裁判者对证人所提供事实的理解，该份意见证言就应当排除。例如在第9份证言"同村何某某上午在家附近转悠，可能是他偷的"中，前一句是对事实的描述，后一句是证人对盗窃犯身份的猜测判断。裁判者根据"何某某在被害人家附近转悠"的事实也能够作出"何某某可能是盗窃犯"的判断，此处的证人意见并无存在的必

---

① GRAHAM C LILLY. *Principles of evidence*. 4th edition. Thomson/West，St. Paul，2006：15.

要，因而应当排除。

综上，对意见证言内容进行审查是应当既考量意见证言内容是否有利于裁判者正确理解和认定案件事实，也考量意见证言内容是否能为裁判者的判断所取代。审查这两项内容后，上述 8 份具有亲身感知基础的意见证言中仍符合标准的有 4 份（见表 3）。

表 3　　　　　　　4 份符合作出主体及内容审查标准的意见证言样本

序号	案由及案号	证明对象	证言内容
4	故意伤害罪（2016）黔 0424 刑初 50 号	被告人的责任能力	张某的精神不正常，也就是我们所说的疯了。平时穿着很脏，自言自语，讲话讲到什么程度都不知道，分不清楚寨邻老幼，不分白天黑夜的乱逛。
7	非法经营罪（2017）鲁 1424 刑初 23 号	被告人出售的香烟的外包装	香烟外包装上的编码像是用烙铁烙过了，那人说是河北的烟。
10	故意杀人罪（2014）庆中刑初字第 12 号	犯罪客观方面	还在赵某某黑色包内找到了一张出差费条据背面写的保证书，经赵军×看，字迹像是王某某写的。
14	故意杀人罪（2016）浙 0111 刑初 457 号	犯罪主体的精神状态、行为能力	唐某甲可能有点抑郁，而且脾气固执，比较偏执的。

（3）法官对终极问题的自由裁量

所谓"终极问题"是指案件中事实或法律的最终结论，例如，被告人的刑事责任能力，被告人是否有犯罪行为等，依据审判职权，这类结论只能由裁判者作出。传统英美法系为防止证人篡夺陪审团的权力，一直将"终极问题原则"奉为圭臬，然而《美国联邦证据规则》出台后，规则 704 已经放弃了该原则对普通证人意见的规制，其规定"以意见或推理形式作出的、可另外许可采纳的证言，不能因其涉及有待事实裁判者决定的最终争议，而遭到非议"[1]，许多判决也倾向于取消该规则，而更强调规

---

① 何家弘，张卫平主编．外国证据法选译．北京：人民法院出版社，2000：728.

则 701 规定的证人意见的实用性。尽管笔者并不认为美国的终极问题原则就至为先进，但该原则对裁判者职权的维护确实能够给予我们积极的启发。① 一方面，裁判者在审查判断普通证人意见时，应当意识到，基于确实、充分的证据，借助推理、推论就某些争议事实是否存在给出独立的判断是其职权所属，不能轻易让渡，意见证言只是起到辅助性作用。例如，在实证案例第 4 份证言"张某的精神不正常，也就是我们所说的疯了"中，被告人的精神状况及其责任能力属于犯罪构成要件中的主体要件，是待证事实中的重要组成部分，应当属于裁判者认定的内容，证人在此只能就被告人的平时表现进行阐述，即"平时穿着很脏，自言自语，讲话讲到什么程度都不知道，分不清楚寨邻老幼，不分白天黑夜的乱逛"。另一方面，涉及结论的意见是否可以采纳应当属于裁判者自由裁量的范围。裁判者是审判的主导者，决定案件的争议焦点、裁判要点，对何为"终极问题"和意见证言是否会影响对"终极问题"的裁判，自然有着更为清醒和审慎的认知。因此，在我国大陆法官可以主动调查证据和职业法官审理案件的背景下，立法只需明确"终极问题"的裁量权属于法官和陪审员，至于是否让渡其职权，应当由裁判者自由裁量决定。审查意见证言是否涉及"最终问题"后，表 3 中的意见证言样本中仍符合标准的有 2 份（见表 4）。

表 4　　　　　　　　　　**2 份具有可采性的意见证言样本**

序号	案由及案号	证明对象	证言内容
7	非法经营罪（2017）鲁 1424 刑初 23 号	被告人出售的香烟的外包装	香烟外包装上的编码像是用烙铁烙过了，那人说是河北的烟。
10	故意杀人罪（2014）庆中刑初字第 12 号	犯罪客观方面	还在赵某某黑色包内找到了一张出差费条据背面写的保证书，经赵军×看，字迹像是王某某写的。

3. 普通证人意见证言证明力大小的影响因素？

普通证人意见证言在被允许进入法庭，作为证据使用之后，还需经过证明力大小的检验，即裁判者在多大程度上能够采信该意见证言。一般情

---

①　李学军. 意见证据规则要义——以美国为视角. 证据科学，2012（5）：530.

况下，对证人证言证明力的审查判断应当考量证言的来源、形成过程以及证人的利害关系、品格、操守、年龄；证言内容的关联性、合理度等。[①]意见证言是证人证言的一部分，所以对其证明力的审查基本等同于对证言整体的证明力的审查，需要考量的内容也应当与上述证人证言的考量内容相同。不过，由于在意见证言前两步的审查内容中已经包含了对证言来源、形成过程、合理性等的考察，因而"与待证事实的关联性"和"证人的感知、推断能力以及其所具备的常识经验或知识储备"应当成为审查意见证言证明力时重点考量的因素。例如，与待证事实关联性较强的证言中的意见证明力更强，反之亦然。再如，一位老人的记忆与一位青壮年的记忆相比，时间越久，后者依据记忆作出的意见可靠性更强。当然，对证明力的审查还需法官的自由裁量。

以下用案例就普通证人意见证言审查判断的内容和标准作进一步说明。在李某以危险方法危害公共安全案[②]中，证人（被害人的父亲）作证称："我看见类似白色的物体很快从我身边划过，向南冲去，并且听到物体碰撞的声音……我没有看清撞人的车，只觉得一个'白点'穿过，我感觉当时的车速有 100 码左右。"关于该证人证言的可采性判断如下：首先，本案的争议焦点是被告人是否存在以超过规定的时速驾驶车辆并冲撞人群的行为。而上述证言中"我感觉当时的车速有 100 码左右"是证人对被告人开车速度的判断，是待证事实的组成部分，因此属于"意见证言"。其次，该证人系完全行为能力人，具有正常感知车辆速度的能力，且其对车辆速度的感知是基于看见肇事车辆从身边经过的亲身经历而得到的，因此该意见证言的"事实性"大于"意见性"。最后，肇事车辆的行驶速度是否超过出事路段的限速，属于待证事实中的"终极问题"。该证人猜测的"100 码左右"只能作为裁判者认定的参考，发挥辅助作用，而不能直接作为已认定的事实。况且，对于速度检测这一专门性问题，一般应由具有专门知识的人进行鉴定、检验后提供意见，而不能由非专业人员作过于专

① 何家弘，刘品新. 证据法学. 5 版. 北京：法律出版社，2013：395－396.

② 李永战以危险方法危害公共安全案. （2016）豫 0883 刑初 45 号刑事判决书.【法宝引证码】CLI. C. 35163686.

业的分析。① 在本案中，司法机关也的确委托鉴定人出具了事故车辆技术检验鉴定意见书，证明被告人李某驾驶的车辆事发前的行驶速度应高于77.8km/h。综上所述，"我感觉当时的车速有 100 码左右"这句意见证言不可采纳，即根据意见证据规则应当排除。

三、普通证人意见排除的规范分析

普通证人的意见应当排除几乎已经成为共识，各国都制定了相关规则予以规范。我国三大诉讼法也基本上确立了普通证人意见证据排除规则。

（一）普通证人意见排除规则在不同国家地区的表现形式

"证据能力虽然由法律规定，但其规定的方法，不是以［有证据能力的是什么］这种形式，而是采用［没有］证据能力是什么的形式，即从限制证据能力方面进行规定"②。所以世界大多数国家或地区对普通证人意见排除规则的规定是以"否定性、消极性、反面性"为主的，从正面规定的是少数。综合来看，关于普通证人意见的排除，主要有三种立法表现形式：

1. "原则＋例外"式规则

"原则＋例外"式是指在条文中明确普通证人意见不具有可采性，并给出可采的例外情形，美国、澳大利亚、英国即属此类。③《美国联邦证据规则》规则 701 规定："如果证人不是作为一个专家作证，则其以意见或推理的形式表达的证人证言仅限于下述意见和推理：（a）合理建立在证人的感觉之上；以及（b）有助于澄清该证人证言或确定争议事实。"④ 意即，普通证人证言不可采纳——这是意见证据规则的一般原则，除非证言作出者为专家证人，或者同时符合上述两个要求——这是意见证据规则的

----

① 蔡震宇 . 论意见证据规则的完善 . 中国检察官，2015（4）：9.

② 土本武司 . 日本刑事诉讼法要义 . 董璠舆，宋英辉，译 . 台北：五南图书出版公司，1998：308 - 309. 转引自房保国 . 刑事证据规则实证研究 . 北京：中国人民大学出版社，2010：131.

③ 由于英美法系国家的判例与成文法都可以作为法院判决的依据，因而这里将在判例中确立的规则也作为表现形式的一部分。

④ 何家弘，张卫平主编 . 外国证据法选译 . 北京：人民法院出版社，2000：722.

例外情形。由此可见，在美国，如果证人要以其意见或推理作证，必须满足三个条件：（1）不以科学、技术等专业知识为基础；（2）合理且亲身感知；（3）有利于案件事实认定。① 《澳大利亚联邦 1995 年证据法》第 76 条"不得采纳意见证据以证明所表达意见的事实之存在"，规定了普通证人意见证据不可采的一般原则。同时其第 78 条规定了可采的例外情形："如果（a）意见以该人看见、听见或者以其他方式对事物或者事件的感知为基础；以及（b）意见证据对于充分说明或者理解该人对事物或者事件的感知是有必要的，则该人所表达的意见证据不适用意见证据规则。"

美国、澳大利亚的"原则＋例外"规则均是在法条中明确规定的，而英国是在法条中规定了排除的原则，同时在判例中明确了可以采纳的例外情形。按照英国法，证人必须说出他曾经观察到的事实，不应表示意见，但在下述情形中，普通证人可以提出他的意见：（1）意见所根据的事实疾逝而过没有来得及注意或记忆；（2）指出事实会打断他的叙述的流畅性；（3）用提出意见的方式把所观察到的事实做简单扼要的报告。② 单就例外情形来看，美国、澳大利亚的表述相对概括，且更加强调普通证人感知事实的亲身性、事实的充分性，以及意见对理解事实的有用性；而英国判例中对例外情形的表述则更为具体，是从普通证人的感知、记忆和表达过程进行的考量。

2. "排除"式规则

所谓"排除"式规则，是指法律条文中只规定了普通证人意见证据不可采的原则，而没有列出可以采纳的例外规定情形，代表是俄罗斯和我国台湾地区。《俄罗斯刑事诉讼法》第 75 条规定不允许采信被害人、证人基于猜测、假设、传闻所作的陈述③，其中"猜测、假设"性陈述属于意见证言的范围，所以该条款基本体现了普通证人意见证据排除的要义。同时

---

① 宋英辉，汤维建主编. 我国证据制度的理论与实践. 北京：中国人民公安大学出版社，2006：255.

② 沈达明编著. 英美证据法. 北京：中信出版社，1996：95. 转引自沈志先主编. 刑事证据规则研究. 2 版. 北京：法律出版社，2014：142.

③ 郭天武主编. 刑事证据法学原理·案例·实验. 北京：中国法制出版社，2015：320 - 321.

可见，俄罗斯将"被害人"也纳入了意见证据规则的调整范围。我国台湾地区"刑事诉讼法"第160条规定："证人之个人意见或推测之词，不得作为证据"①，该条款直接使用了"个人意见"一词，并将其与"推测之词"进行并列，表述上与其他国家地区不同，但对"不得作为证据"的"意见"究竟是什么，规定得并不详细。不过整体上看，该条对普通证人的意见证言的可采性所作的原则性规定，体现了意见证据排除规则的本质。

3. "可采"式规则

所谓"可采"式规则，是指法律条文中并没有明确规定普通证人意见不可采纳，而是直接规定了可以采纳的情形。例如日本《刑事诉讼规则》第199条第13项规定："诉讼关系人不得进行下列询问：……（3）要求意见或者有关议论的询问；（4）对证人未曾直接经历的事实的询问。"同时，其《刑事诉讼法》第156条规定："证人可以供述根据实际经历过的事实推测的事项。"② 综合两项条款，日本的刑事诉讼制度并不认为证人的意见证言具有证据能力，但并没有以"排除"的方式作出一般规定，而是将证人可以表达的意见限定为"根据实际经历过的事实所作的推测"，言下之意，与经验事实不相关的意见或由其他事实推测的意见都不具有可采性。但什么内容的"推测事项"可以采纳，什么内容的"推测事项"不能采纳，法律并没有做出明确规定，留予法官自由裁量。

综合来看，在三种立法表现形式中，第一种"原则＋例外"式规则无疑是条文规定最为完整，在排除和采纳的立场上也最为明确的一种方式。上述立法上的不同形式或许与两大法系不同的诉讼模式有关：英美法系基于历史发展中对陪审团行为的规制，证据规则的体系性较强；大陆法系长期以来由专业法官作为裁判者，更加注重自由心证，对证据规则的重视度不及英美法系，相应规定也较为零散。不过笔者以为，虽然不同国家地区对普通证人意见排除的立法形式不同，但基本都遵循了"有限可采原则"，即一般情况下应当排除普通证人意见，而符合例外情形的意见证据可以采纳。

---

① 刘善春，毕玉谦，等．诉讼证据规则研究．北京：中国法制出版社，2000：166.
② 沈志先主编．刑事证据规则研究．2版．北京：法律出版社，2014：140.

（二）我国大陆关于普通证人意见排除及例外规则的规定与分析

与英美法系将证人分为外行证人和专家证人的做法不同，我国采用了普通证人与诉讼当事人①、鉴定人相分开的方式，因而三大诉讼法中对意见证据的规制针对的主要是普通证人的意见证言。在意见证据规则的立法形式上，大陆与澳大利亚较为相似，即采用"原则＋例外"式的规定，从消极角度对普通证人意见证言的可采性加以规范②，但在表述上又略有不同。

1. 现有规定及其发展

我国三大诉讼法的条文虽然没有明确规定，但相关司法解释均否定了普通证人意见证言的证据能力。2002 年的最高人民法院《关于民事诉讼证据的若干规定》（以下简称《民事证据规定》）是三大诉讼法中最早规定意见证据的法规，其第 57 条规定，"出庭作证的证人应当客观陈述其亲身感知的事实"，"证人作证时，不得使用猜测、推断或评论性的语言"。同年的最高人民法院《关于行政诉讼证据若干问题的规定》（以下简称《行政证据规定》）第 46 条也规定："证人应当陈述其亲历的具体事实。证人根据其经历所作的判断、推测或者评论，不能作为定案的依据。"可以看出，从《民事证据规定》到《行政证据规定》，法条的语言表述更加规范准确。正如前文我们所分析的，证人的"猜测、评论或推断"并不一定带有相关的语词提示，还要分析证言的目的是表述"事实"还是表述"意见"。因此，笔者以为，《民事证据规定》中"不得使用……的语言"只是从语言表达方面对证人证言作出了限制，而忽略了不带有意见性质语词的证言或者混淆了事实与意见的表达。相比之下，《行政证据规定》中的语言表述更为规范，直接指出了规则所要排除的本质，即"证人的判断、推测或者评论"。但《民事证据规定》和《行政证据规定》的共同缺陷在于，均没有对可以采纳的意见证言的例外做出规定。而新修订的《民事诉讼法》（2013 年）和《行政诉讼法》（2015 年）以及它们的司法解释，也都没有对意见证据规则的例外情况作出补充。

---

① 指的是刑事诉讼中的被害人、被告人；民事诉讼、行政诉讼中的原、被告双方。
② 沈志先主编. 刑事证据规则研究. 2 版. 北京：法律出版社，2014：137.

刑事诉讼立法中，2010 年的最高人民法院《关于办理死刑案件审查判断证据若干问题的规定》（以下简称《死刑案件证据规定》）最先确立了刑事意见证据排除规则，其第 12 条第 3 款规定，"证人的猜测性、评论性、推断性的证言，不能作为证据使用，但根据一般生活经验判断符合事实的除外"。2013 年的《刑诉法解释》第 75 条第 2 款几乎毫无差别地复制了该条款，再一次确认了意见证据排除规则。与《民事证据规定》和《行政证据规定》相比，《刑诉法解释》的条款中增加了例外规则，规定了意见证据可被采纳的"但书"，它使得三大诉讼法对意见证据规则的设置产生了区别：民事诉讼和行政诉讼中是"绝对排除"，而刑事诉讼中是"相对排除"。显然，刑事诉讼的做法更加可取，因为例外规定使意见证据规则更加完整、科学并具有一定的可操作性。同时，刑事诉讼的意见证据规则条款表述也比《民事证据规定》和《行政证据规定》更加规范、严谨。"证人的猜测性、评论性、推断性的证言"不仅直接指出了规则所要排除内容的本质，而且明确了排除的对象——证人证言，避免了《行政证据规定》中的"证人判断、推测或者评论"不属于证据材料的情况。当然，该排除规定的表述也更加适应例外规则，体现了原则上排除意见证言，而将部分"灰色地带"的意见证言予以保留的立法目的。

2. 对现有规定的分析

与英美法系国家的证据规则相比，我国的证据规则呈现出明显的大陆法系证据规则的特点，即立法上关于证据规则的规定缺乏体系性，散见于诉讼程序规定之中。[①] 意见证据规则的规定也是这样。三大诉讼法对普通证人意见证据的规范均体现在证据规定和司法解释中。而且，民事诉讼、行政诉讼中的意见证据规则规定得也不完整。经过多年发展，意见证据规则的条文表述不断进步完善，既有可取之处，也有不足之处。由于《刑诉法解释》中的意见证据规则条文最为完整，因而我们的规范分析以该条文为核心，即："证人的猜测性、评论性、推断性的证言，不得作为证据使用，但根据一般生活经验判断符合事实的除外。"

---

① 刘金友主编．证据法学．北京：中国政法大学出版社，2001：341.

（1）对原则性规定的审视

法条将普通证人意见概括为"猜测性、评论性、推断性的证言"。其实对于何为应当排除的"意见"，不同国家或地区的表述不尽相同，如美国用的是"意见或推理"；澳大利亚直接用的"意见"；我国台湾地区用的是"意见或推测"；俄罗斯用的是"猜测、假设"；日本用的是"推测事项"。"意见"一词本意是人们对事物所产生的看法或想法、见解或主张，是一种对客观事实的主观判断。显然，"意见证据规则"中"意见"的含义比其本意的外延要大得多，猜测、评论、推断、推测、推理性表述都属于"意见证据"的范畴。在这一点上，笔者认为《刑诉法解释》中"猜测性、评论性、推断性证言"的表述是可圈可点的。因为如果直接使用"个人意见"或"意见"，不仅意见内容不如现有规定明确，而且扩大了法官的自由裁量权；而"猜测性、评论性、推断性证言"比较全面地概括了"意见"的外延，对法官的审查判断也具有指导性意义。

有学者提出，法条所提及的"猜测性、评论性、推断性证言"中，只有推断性意见可能具有证据能力。因为只有推断性意见，才是根据一定事实或前提得出的相应结论，而猜测性意见并非建立在所感知基础之上，评论性意见夹杂了个人价值。[①] 因此，在猜测性意见、评论性意见不可能具有证据能力的情况下，"例外规则"无从谈起。意即，猜测性、评论性意见始终处于"黑色地带"，例外规定中根本不可能包括猜测性、评论性意见，而只是为"推断性意见"留下的余地。笔者不以为然。从语义上看，"猜测"指的是猜度、揣测，或者凭借某些线索猜度、揣测，并非都没有事实基础。虽然"推断"与"事实"之间的逻辑关系比"猜测"与"事实"之间的逻辑关系更强，但在实务中，有些普通证人的意见证言很难分清究竟是"猜测"还是"推断"。例如在某证言"我看他俩行为举止比较亲密，像是男女朋友关系"中，证人就被害人与冷某（被告人）关系的陈述，既可以认为是"猜测"，也可以认为是"推断"，二者并没有明确的区分界限。而有时评论性意见与事实陈述也是难以区分的，因为证人经常无意间就在事实中掺杂了个人看法。例如，对某人脾气秉性的说明："他这

---

① 吴光升. 论普通人意见证据的审查与运用规则. 法治研究，2014（10）：129.

个人很和善，和谁关系都不错"，这句话不光是事实性陈述，其实也包含了证人对此人的评价。可见，法条中所规定的"猜测性、评论性、推断性证言"的确相对全面。

（2）对例外规定的审视

例外规定的存在是证据规则体系不断发展演进的结果。在它出现之前，意见证据规则等作用的发挥是僵化的"一刀切"，排除了许多本能够为事实认定所使用的证据。例外规定回归到规则设置本身的目的，即"让证据为裁判所用"，它以"具体证据具体分析"的方式增加了可用证据的数量，提高了证据的使用率。因此，例外规定的出现是证据规则精细化发展的结果。例外规定的完善也使意见证据规则能够更贴合实际、更具有可操作性。

意见证据规则是保障证据真实可靠性的规则。在大陆法系中，真实可靠性属于证明力的判断范畴，而排除意见证据系否定了其证据资格。按照学者们的观点，这是以"釜底抽薪式"的方法，避免裁判者受不具有真实可靠性的证据之误导。也有学者提出，诸如意见证据规则的例外规定，是证明力对证据能力的反制作用。① 笔者虽然并不认同例外规定体现了证明力对证据能力的侵蚀，但却十分认可这种通过规制证据能力来规制证明力的方式。毕竟，意见证据规则设置的原因之一就是排除可能不具有真实性的意见证言，避免那些与事实不符、不具有真实可靠性、可能对裁判产生误导的证据进入法庭。因此，当裁判者能够确认意见证言的真实性，或者该意见证言无法以其他方式表达且有助于认定案件事实时，意见证言可以采纳，具有证据资格。可见，意见证据规则例外的设定，一方面是基于"意见"与"事实"相互混杂的状态，规范"灰色地带"的必要性；另一方面是意见证据规则本身属性使然。

关于例外规则的表述方式，参考笔者之前所列国家的规定，除英国是从普通证人的感知、记忆和表达过程进行的考量外，美国、澳大利亚、日本都是以证人对事实的感知与意见的关系为主进行的规范，美国还强调了意见证据对事实认定的有利价值。我国的表述——"根据一般生活经验判

---

① 纵博. 证明力反制证据能力论. 中国刑事法杂志，2014（4）.

断符合事实的除外"与大多数国家相同，也是着眼于事实对意见的基础性作用，以及意见由事实得来的可能性。但不可否认，在没有判例法作为补充的情况下，《刑诉法解释》这样的规定略显笼统，操作性也不强。它没有进一步解释何为"一般生活经验"，因此对"一般生活经验"的判断就成了法官自由裁量的范围。而这一心证由于缺乏具体的指导和统一的标准，可能造成"类似意见不同处理"的结果。对此，笔者以为，这里的"一般生活经验"应当视证人身份做出相应的理解和评断，因为证人自身阅历、生活方式都会影响其对事物或事件的看法。例如，由于"生活经验"的特殊性，医生可能对环境的清洁程度、某个人的身体健康程度比普通人更为敏感，也更有可能留下不同的印象，作出不同的判断。我们或可以司法解释的方式，对"一般生活经验"给出相对清晰的解释，即证人日常工作、学习、生活中积累的知识、技能、经验、教训等。判断证人的意见证言是否符合"一般生活经验"，就要综合考虑证人的职业、身份、性格等特点，看证人的意见证言是否能够从其以往的积累或经验中得出，以及可能性大小。① 当然，最终是否符合"一般生活经验"仍是法官自由裁量的范围。不过，我国整个的法律文化传统、思维方式以及对自由裁量权行使结果的评价，似乎都对法官自如、自觉行使自由裁量权设置了一定的障碍，配套制度的不完善使得目前的例外规则难以真正得以有效适用。②

例外规则不仅强调意见证言作出的根据是"一般生活经验"，还强调"判断符合事实"。这一表述意味着只有"根据一般生活经验"得出且具有真实性的意见证言才能被采纳。笔者以为，这种"符合事实"的表述颇有违背法理和逻辑之嫌。首先，这里的"事实"在立法本意上更倾向于指"客观真实"，只有绝对真实的意见法官才能采用。它无疑带有我国传统上"实事求是""以事实为根据"的影子，与学界目前的主流观点"法律真实"背道而驰。其次，裁判者的核心职能就是认定案件事实，审判的落脚点正是"事实"。如果法官在尚不知"事实"为何的情况下，其如何知道意见证言的内容是"符合事实"的？法官认定了案件事实之后再回来确定

① 李学军，张鸿绪．我国刑事诉讼中意见证据规则适用的实证分析．证据科学，2016（5）：526.

② 李学军．意见证据规则要义——以美国为视角．证据科学，2012（5）：532.

该意见证言具有证据资格，是一种逻辑上的逆行，不符合审查判断的顺序。在此以实证案例分析：在一起违反安全保障义务责任纠纷案件中，被告人辩称："以我对吕某酒量的了解，当天我们喝的那些酒根本就不至于导致吕某喝醉……我觉得吕某当时的状态也不是醉酒状态，所以我才没有送吕某回家……我走的时候我认为吕某是清醒的，他扶刘某下车也没有跌倒……"[①] 被告人对死者吕某是否醉酒的判断是在亲身感知了其行为，根据"一般生活经验"作出的，应当属于可以采纳的意见范畴，但由于吕某是被冻死的，其当时是否醉酒已无法查证，因而无法判断被告人的意见是否"符合事实"，但据此认定该证言不具有证据资格显然是不当的。最后，虽然"符合事实"反映了意见证据规则对证据真实性的约束，但是区分意见与事实的要点在于确定其究竟是证人的纯粹主观判断，还是建立在合理感知基础上，不以意见形式就无法呈现给裁判者的客观事实，更应强调的是证人对案件事实的亲历性和事实与意见之间的紧密性。如果以"符合事实"作为标准，将会使一些"符合事实"但本应排除的主观意见进入法庭。例如，证人在描述完犯罪嫌疑人的动作、行为后说"这个人看上去毛手毛脚"。如果按照现有例外规定的表述，这句话的确是根据一般生活经验判断作出的。但是显然，证人对犯罪嫌疑人动作、行为的描述才是证言的核心内容，"毛手毛脚"的结论办案人员同样可以得出，因此对事实判断不具有证明价值。综上所述，现有例外规定中，无论是"根据一般生活经验"还是"符合事实"都有不妥之处，我们应当探寻一种更加恰当而明确的表述方式。

（三）普通证人意见排除规则的完善思路

虽然对普通证人意见证据的排除和采纳规则已经在三大诉讼的证据规定或司法解释中得以先后确立，法条也逐步得到完善，但其理论研究相对薄弱，在实务中的适用相对欠缺。笔者以为，欲发挥普通证人意见证据规则的应有功能，需着眼于意见证据规则"可操作性"的增强，提升规则的规范性和适用性。

---

　　① 内蒙古达拉特旗人民法院（2016）内 0621 民初 1867 号民事判决书。【法宝引证码】CLI. C. 35450489.

1. 例外情形由笼统走向具体

对于什么情形下普通证人的意见可采以及是否应该在例外规定中列举可采情形，学者们的观点并不相同。有的认为应该借鉴英美法系国家的例外规定，以列举方式规定哪些意见证言具有可采性："证人在以下方面依据自己体验的事实作出的推测、判断或评论，具有可采性：（1）尝和闻的有关问题；（2）车辆的速度；（3）证人自己的意图；（4）声音、笔迹的认定；（5）另一个人的情感或状态。"① 有学者以上述五种情形为基础，将可采的范围分为两类：一是诉讼证明需要的就是意见，二是看见、听见、闻到或者以其他方式对事物或者事件的感知。② 民事诉讼与刑事诉讼相同："应当明确规定什么样的意见是可采的，范围主要包括：（1）目睹有关事物或者事件；（2）耳闻有关事物或者事件；（3）触感有关事物或者事件；（4）鼻嗅有关事物或者事件。"③ 当然，也有学者并不认可这种立法模式，因为"普通证人意见是否可采，在很多情况下取决于案件和证言的具体情况，很难通过列举的方式明确"，而且由于法官可以主动调查证据，"理应赋予审判人员较大的自由裁量权"④。还有学者提出："赋予审判人员较大的自由裁量权并不意味着无需归纳总结普通证人意见证据可采的特殊情形，完全可以在总结司法经验的基础上归纳特殊情形以供审判人员参考。"⑤

综合来看，两种观点都体现了学者们对于例外规则发展趋势的认同：即从笼统规范走向具体说明，只是对"具体说明"应该放在法条还是实务案例中的看法不同。笔者比较认同第二种观点，即在证据规定或司法解释

---

① 张月满. 刑事证人证言规则. 北京：中国检察出版社，2004：173.

② 可采的意见范围包括：一种是某些时候诉讼证明需要的就是意见，具体包括：当案件事实本身就是意见时；对观察对象的身体外形、精神状况的描述性意见；直接基于个人经验的常识性判断意见；比较事物的同一性和相似性的意见；关于温度、风力等气候情况的意见；关于物品的价值、数量、性质及色彩等的意见。另一种是普通证人看见、听见、闻到或者以其他方式对事物或者事件的感知的基础，以及意见证据对充分说明或者理解普通证人对事物或者事件的感知有必要的，或者对确定争议中的事实有益的。沈志先主编. 刑事证据规则研究. 2版. 北京：法律出版社，2014：154.

③ 王蕴. 证据排除规则研究——以民事诉讼为中心. 北京：法律出版社，2014：173.

④ 龙宗智，夏黎阳主编. 中国刑事证据规则研究. 北京：中国检察出版社，2011：312.

⑤ 何挺. 普通证人意见证据：可采性与运用规则. 中国刑事法杂志，2010（10）：87.

中以概括的形式对可以采纳的意见证据情形作出规范,而以指导性案例的形式就例外情形的具体事项作出说明。这主要是基于三点考量:其一,案件的多样性需要遵循"具体情况具体分析"的原则,因此应当赋予法官一定的自由裁量权以适应案情需求;其二,指导性案例中的说明可以为法官的自由裁量权划定范围、指明方向,供法官参考使用,也能在一定程度上规范法官过于宽泛的心证,有利于裁判的统一性;其三,如果将可以采纳的情形在法条中一一列举,难免会造成法律条文的烦琐和冗长,对于意见证据规则,我们更应该做的是充实规则的内容体系,而不是无限增加法条的内容。对于例外规定的概括性表述,笔者以为应该更加突出证人对事实的亲历性和意见对事实认定的帮助。因此,刑事诉讼法中的条款或可修正为:"证人应根据其亲身感受的事实进行客观陈述。证人的推测性、评论性、推断性证言,不得作为证据使用,除非这些意见性证言系基于证人平时的感知积累,且能实质性帮助事实认定者理解证人证言或对待证事实作出判断。"[①] 至于例外情形的具体内容,笔者借鉴各家观点,总结概括如下:(1)对声音、味道、触感等的描述;(2)对感情的描述;(3)对速度的描述;(4)对整体印象的总括性陈述等。当然,究竟哪些意见证言可以采纳,哪些不可以采纳,还需要法官在具体案件中综合考虑各种因素予以裁量,而这里的几项仅起到为法官裁判提供参考的作用。

2. 明确规定几种不可采的情形

虽然可以采纳的情形不必在法条中详细列明,但笔者认可学者提出的明确不得采纳普通证人意见证据的情形。这主要包括以下三种:一是并非建立在证人亲身感知之上、缺乏事实基础的证言;二是关于其他证人可信度的意见证言;三是关于法律定性问题的意见证言。[②] 不具备事实基础的意见显然处于意见证言的"黑色地带",脱离了亲身感知,也就脱离了证人作证的必要性。而证人的可信度以及法律事项都是法官审查判断的职权所在,是法官"能为"的必要范围,证人就是否采信某事实以及法律适用发表看法,无疑是侵犯了法官的审判职权。因此,上述三种情形属于应当

---

① 李学军,张鸿绪.我国刑事诉讼中意见证据规则适用的实证分析.证据科学,2016(5):527.

② 何挺.普通证人意见证据:可采性与运用规则.中国刑事法杂志,2010(10):85.

明确的不可采纳的范围。

3. 加强规则适用的程序保障

普通证人意见证据规则的目的是确保证据内容的可靠性。笔者认同法官在判断意见证据是否可以采纳时应当依法充分行使自由裁量权的观点。但这种充分行使离不开以下两个方面：一方面，为法官们创造一个能自如、自觉行使裁量权的氛围是意见证据规则得以有效适用的前提。目前我国法律对法官的自由裁量权并没有比较明确的规定，且还没有形成法官在具体案件的证据审查判断中自由、自主地行使裁量权的氛围：有时受制于非直接言词审理，有时受制于证明力判断上的法定主义因素，有时受制于客观真实的追求，等等。因此，赋予法官合理的自由裁量权是重要的改进方向。另一方面，证人出庭作证和充分的质证是意见证据规则适用的必要程序。如果证人不出庭作证，法官就无法了解该证人作出意见的事实基础、感知情境——这恰恰是审查其意见是否符合"一般生活经验"的前提。而且，法官欲获得具有可采性的意见证据，审查判断其是否真实可靠、是否具有证明力，需要诉讼当事人借助直接询问、交叉询问的质证程序才能完成。如果诉讼当事人对某陈述是"意见"还是"事实"没有争议、没有质疑，法官自然也就不需要对该陈述进行裁量。因此，缺乏质证程序，普通证人的意见证据规则就无以适用。① 目前，我国对证人出庭的保障制度尚不完善，证人不敢出庭、不想出庭的现象普遍，而严格适用意见证据规则与促进证人出庭作证能够相互作用，取得"双赢"的效果。另外，强化庭前证据开示制度能够为诉讼当事人及法官审查普通证人意见提供条件。虽然从证据规则的适用来说，现有的庭前会议仅就证据的合法性进行抗辩，但是随着我国刑事诉讼中对抗制和当事人因素的引入，庭前会议的内容将逐步扩大，这将为控辩双方讨论普通证人意见证言的可采性提供平台。最后，裁判文书说理的细化、文书的公开，也能够为意见证据规则的适用提供保障：它将督促法官就普通证人意见作出明确判断和认定，从而推动意见证据规则的规范适用。

---

① 李学军. 意见证据规则要义——以美国为视角. 证据科学，2012（5）：532.

四、刑事被害人陈述、被告人供述中意见的审查判断

根据《美国联邦证据规则》，意见证据包括"外行证人"的意见和"专家证人"的意见，被害人、被告人在庭上提供证言，接受交叉询问，同样被视为"外行证人"，统一适用意见证据规则。而我国借鉴大陆法系的模式，将证人、鉴定人、被害人、被告人进行了不同的区分，已基本确立的意见证据规则仅适用于"证人"，也就是狭义上的普通证人，对被害人陈述、被告人供述中出现意见是否应该排除，法律并没有给出明确规定。

然而，被害人陈述、被告人供述中同样也会出现"意见性陈述"（见表5）。

表5　　　　　　　　3份被害人陈述和2份被告人供述中的意见证言样本

序号	罪名	案号	意见作出者	意见内容
1	盗窃罪	（2015）杭西刑初字第1054号	被害人	其查看了监控，发现同年12月29日晚21时16分许，有一戴白色口罩及白色帽子、身穿粉红色大衣的女子进入其房间，其怀疑就是她偷的钱。
2	盗窃罪	（2016）豫1122刑初163号	被害人	其怀疑是本村的赵某丙，因为当天赵某丙曾经去她家两次，第一次借故借电锤，第二次来时其两个孙子在西屋。
3	故意伤害罪	（2017）粤1704刑初19号	被害人	我估计应该是我被打之前的某天我曾与梁某某在该处发生过口角争吵，我当时推了几下梁某某，梁某某因此怀恨我，就在几天后（也就是事发当日）纠集了这些男子一起来殴打我。
4	开设赌场罪	（2016）浙0282刑初952号	被告人	"大保"的钱可能是"阿宽"给的。……"大保"是10月中旬来赌场的，其看到他在赌场推庄，他可能是"阿宽"叫过来的。
5	盗窃罪，掩饰、隐瞒犯罪所得罪	（2017）豫1522刑初29号	被告人	我与对方在潢川汽车站旁边一家小宾馆内见面，对方拿出190余克首饰，我估计是偷来的，就压低价格，以37 000元成交。

在第 1 份被害人陈述中,被害人根据粉红色衣服女子案发时间进入其房间的监控录像,推断这名女子是偷窃其钱财的犯人;在第 2 份被害人陈述中,被害人根据赵某丙反常的行为推测是赵某丙趁其不备偷了钱财;在第 3 份被害人陈述中,被害人根据其曾与被告人存在矛盾的事实推测被告人的犯罪动机和主观故意。而在第 4 份被告人供述中,被告人则是对赌场的运行方式、对同案犯的情况进行的推测;第 5 份被告人供述一方面是对自身主观明知的证明,另一方面是对其他被告人实施盗窃行为的推测。以上均属意见性陈述。

(一) 被害人陈述、被告人供述中意见是否应适用意见证据规则

在《俄罗斯刑事诉讼法》第 75 条规定的意见证据规则[1]中,被害人的猜测、假设也被列入了调整范围。笔者以为,被害人陈述、被告人供述中意见应当适用意见证据规则,主要原因有以下两点。

1. 被害人陈述、被告人供述的证据属性是其适用的基础

根据我国《刑事诉讼法》第 48 条的规定,被害人陈述与犯罪嫌疑人、被告人供述和辩解属于法定证据种类。毋庸置疑,对案件事实有证明作用是被害人陈述、被告人供述适用意见证据规则的前提。

刑事诉讼中的被害人包括两种:一种是与作案人有直接接触或者在犯罪现场亲眼目睹犯罪行为发生的被害人;另一种是与作案人没有直接接触或没有亲眼目睹犯罪行为发生的被害人。[2] 这里所谓的“直接接触”是指被害人与作案人在犯罪行为发生过程中有过正面接触,通常表现为进行过言语沟通、发生过肢体接触等。所谓的“亲眼目睹犯罪行为发生”是指见证了案件事实发生的主要经过,比较全面地了解了犯罪的客观方面。前一种被害人往往是案件的亲历者,亲眼目睹了案件的起因、经过、结果等,对案件的发生过程有着最深切的感知,其本人便承载着案件的证据信息,应当提供事实陈述来证明案件发生过程,帮助裁判者还原案件。例如,故意伤害案、强奸案中作为犯罪行为直接承受者的被害人,诈骗案中与作案人进行过正面接触的被害人等。而后一种被害人通常不知晓案件的发生,

---

① 郭天武主编.刑事证据法学原理·案例·实验.北京:中国法制出版社,2015:320 - 321.

② 何家弘,刘品新.证据法学.5 版.北京:法律出版社,2013:397.

他们虽然没有亲历案件的发生，但仍可以就案件发生的背景、案件发生前后其所知晓的事实提供证明，为裁判者认定事实提供帮助。例如，盗窃案中的被害人等。虽然我国大陆的审判机制与英美法系不同，被害人无须接受交叉询问，但毋庸置疑，其陈述对事实的证明作用并不小于普通证人的证言。

在共同犯罪中，被告人供述可能涉及同案犯的犯罪行为证明，如上述第3份被告人供述。这种情况下，被告人供述能够在一定程度上证明他人的犯罪事实，起到与"证人证言"类似的证明作用。当然，被告人对其是否存在犯罪行为无论是"认罪"还是"不认罪"，对案件发生经过无论是"知晓"还是"不知晓"，都会在供述中以提出事实的方式予以证明。但应注意的是，法官对被告人供述中意见的审查应当后置于供述的合法性审查。[①] 因为相比于关联性规则、合法性规则，意见证据规则是规制证据真实可靠性的规则。如果被告人供述不具有合法性，意见证据规则便无用武之地。而在刑事冤错案件中，被告人实际上并非案件事实的"亲历者"，他们往往既不知晓"事实"，更难以表达"意见"。这提醒我们，在对被告人供述中的意见进行审查时，要提前考量该供述本身的真实性。

我们需要对"辩解"与"意见性陈述"有所区分。显然，被告人的"辩解"虽然与待证事实相关，但其就是为了陈述意见，不是为了陈述事实，而"意见性陈述"的最初目的是陈述事实，二者性质不同，不能盲目地将属于"辩解"的部分适用意见证据规则。另外，《澳大利亚联邦1995年证据法》第81条规定："传闻法则和意见证据规则不适用于自认；不适用于先前陈述之证据，先前陈述包括（a）进行自认时或者自认前后不久，有关自认所作之陈述；以及（b）为理解自认而合理必要的陈述"[②]。笔者以为，这一规定的原因在于，自认使案件争点不复存在，裁判者无须再行使职权对案件事实作出认定，也就谈不上意见对其的妨碍和侵犯。因而，在被告人自首或者自认的情况下，其供述不适用意见证据规则。

2. 被害人陈述、被告人供述中的意见有排除的必要性

判断被害人陈述、被告人供述中意见是否应适用意见证据规则，依前

---

① 自然，被告人供述与待证事实相关，所以此处省略了"关联性审查"。

② 何家弘，张卫平主编. 外国证据法选译. 北京：人民法院出版社，2000：242-244.

文所述，需从该意见是否阻碍了裁判者认识事实的途径和是否侵犯了裁判者认识事实的职权两个方面着手。在表5的前两份被害人陈述中，对"犯人"的认定属于裁判者应当履行的职权，而且基于监控记录的事实和赵某丙不正常的行为，裁判者同样能够做出"粉红色衣服女子"和"赵某丙"可能是盗窃犯的判断。同样的，在第3份被害人陈述中，只要有被害人之前与被告人发生过矛盾的陈述，法官也可以推知被告人的行为动机。所以在裁判者"能为"的情况下，被害人没有作出上述意见陈述的必要性，而且，如果采纳该意见，还有可能对裁判者正常的事实认定产生影响。因此，这两份被害人陈述中的意见性陈述应当排除。第4、5份被告人供述中的意见不应采纳也是同样的道理，赌场的运行机制、其他被告人是否存在盗窃行为是裁判者应查明的事项，故被告人只需就其所感知的事实作出陈述，而不应就事实进行个人推测和判断。可见，被害人陈述、被告人供述中的意见同样有可能违背意见证据的价值判断，需要通过排除规则进行调整和规范。

值得一提的是，被害人陈述中对被告人的辨认虽然同属"意见性陈述"的范畴，却不应当排除。最主要的原因在于，被害人对被告人的辨认——对被告人的年龄、相貌、体型、行为方式的认知——属于"根据一般生活经验"可以判断的事实，是被害人亲身体验的事实。它虽然包含了一定的推测与评断，但与事实很难划分，被害人也很难将二者分开描述，因此应当予以采纳。然而，被害人辨认虽然可以作为证据使用，但并不一定是"真实"的，即不一定"符合事实"，其辨认存在错误的可能，陈金昌等四人抢劫案①正是因被害人辨认错误而产生的错案。这也印证了笔者前面的观点，即《刑诉法解释》的例外规定"根据一般生活经验符合事实的除外"中对意见真实性的要求是不合理的。

（二）被害人陈述、被告人供述意见的审查与规范

与狭义上的普通证人相比，被害人、被告人对案件的感知有着特殊性。从被害人来看，其对案件事实的认识、对犯罪者的感知往往比一般证人更加强烈，记忆也更加深刻。尤其是那些与作案人有直接接触或者在犯罪现场亲眼目睹犯罪行为发生的被害人，受到的心理冲击比证人更大，更

---

① 案情参见郭欣阳. 刑事错案评析. 北京：中国人民公安大学出版社，2011：311-318.

容易因案发时的害怕、紧张情绪而影响了感知的准确性、判断的可靠性。有学者在研究证人心理对证言准确性的影响时称，证人在不同的情绪状态下，对案件的记忆不同。其中最为典型的是"武器中心效应"，即当罪犯持有武器时，证人因看到武器的恐惧，使注意焦点从犯罪者身上转移到武器上，抑制了证人对犯罪者信息及其他中心信息细节的记忆。[①] 而且正是因为情绪的冲击、感知的模糊，被害人相对一般证人来说，更容易只留下"整体印象"，无法注意细节，也更容易以意见代替事实陈述。因此，在审查被害人的意见性陈述时，除了要审查与一般证人相同的内容外，还应当查清被害人据以作出意见的基础事实是在何种情况下感知的，当时的精神状态如何，以及在当时的环境条件下是否可以看到、听到或以其他方式感知到这些事实。[②] 不仅是被害人，对一些初次犯罪的被告人来说，其在实施犯罪时也可能因为紧张、害怕被发现等情绪的影响而忽略了对周围事物的感知，因此对其感知条件的审查必不可少。另外，由于存在被告人非作案人的可能性，还应对供述中意见内容的合理性、逻辑性进行审查判断。

　　目前我国三大诉讼法对刑事被害人陈述、被告人供述中的意见性陈述如何处理，并未作出明确规定。但不少学者认为，应当将意见证据规则的适用范围扩大到被害人陈述、被告人供述，甚至民事诉讼、行政诉讼中的原告、被告和第三人。[③] 笔者认同该观点，但同时认为，由于修法程序较为复杂，可以先从实践中总结经验，再逐步修改纳入法律条文中。如果实务操作中出现采纳被害人陈述、被告人供述中的意见可能会对正常裁判造成影响，而排除该意见对裁判者事实认定有利的情况，就可先以指导性案例的形式对其排除的理由进行阐释，对其排除的方式予以说明，从而实现对类似案件如何处理的引导和规范。当然，在将被害人陈述、被告人供述纳入意见证据规则的调整对象时，还应当规定被告人自认等例外情形，以确保规则的完整性。

---

　　① 杨伟伟，罗大华. 国外心理学关于证人证言的研究及其启示. 证据科学，2007（15）：63.

　　② 参考何家弘，刘品新. 证据法学. 5版. 北京：法律出版社，2013：397.

　　③ 李慧. 证据制度的探索与反思. 北京：知识产权出版社，2011：231；戴泽军. 证据规则. 北京：中国人民公安大学出版社，2007：519.

第六章 专家证人意见的审查判断

一般而言，证人应当就其所感知的案件事实作证，重在描述其所观察到的案件事实，而不能对案件事实发表任何推测性、评论性、总结性的证言内容。但是，为了有助于理解案件中涉及的某些专业性问题，弥补裁判者的"不能"，专家证人意见在符合一定条件的情况下可以被采纳为证据使用。本章将对专家证人意见的相关内容展开研究。首先，对专家证人意见的概念、特点、种类进行简要介绍；其次，基于中国语境，对鉴定意见和专家辅助人意见这两种专家证人意见的审查判断问题进行研究。

一、专家证人意见概述

（一）专家证人意见的概念

在刑事诉讼活动中，对案件事实的认定往往涉及某些专门性、技术性的问题，例如笔迹鉴定、足迹鉴定、文书鉴定、DNA 鉴定、声像鉴定、射击残留物鉴定等，但裁判者作为独立的认识主体，其对知识的掌握范围

不可能触及所有专业领域，而这种局限性一定程度上致使裁判者在对这些具有专门性、技术性事实进行认定上的"不能"。因此，为有助于裁判者准确查明案件事实，各国在不同程度上纷纷建立了"专家"参与诉讼活动的制度。

当然，尽管"专家"参与诉讼活动的价值均体现在可以就案件中涉及的某些专业性、技术性问题作出专业性解答，以弥补裁判者在对这些事实进行认定方面的"不能"。但是，基于各国诉讼制度的不同，"专家"在不同国家诉讼活动中的表现形式及诉讼地位有所差异。在大陆法系，由于证人的范围比较狭窄，即仅指知晓案件事实并向司法机关提供陈述的人，而专家在提出意见时并非以本人知道案件事实为基础，并且其所提出的"专家意见"在内容、程序等方面的特殊性也决定了其不可能以证人的身份提出。因此，大陆法系国家创设了鉴定人制度，即"专家"可以凭借鉴定人的身份参与诉讼活动。而与大陆法系的鉴定人制度不同，在英美法系传统的证据学理论中，证人的范围不仅包括普通证人（lay witness），还包括专家证人（expert witness）。因此，在英美法系国家的诉讼活动中，"专家"具有与普通证人同样的诉讼地位，也就是说，专家可以以证人的身份就案件中涉及的某些专业性、技术性问题提出自己的意见。

诚然，大陆法系与英美法系的诉讼制度致使"专家"在不同国家的诉讼活动中具有不同的诉讼地位，但是与普通证人相比，"专家"已经成为各国诉讼活动中帮助裁判者理解或者认定某些专业性、技术性问题不可或缺的重要组成部分。即"专家"可以"基于通过专业学习或特殊培训而获得的知识和经验提供证据，这些知识和经验允许他们以某种方法对事实认定者感到不明白的数据进行拼合或解释"①。换言之，"专家"可以凭借其专业知识或经验对案件中涉及的某些专业性、技术性问题作出推测性、评论性、总结性的意见，并且这种意见具有可采性。实践经验表明，这种借助"专家"参与诉讼活动的方式不仅可以帮助裁判者更好地查明案件事实，一定程度上也可以起到令当事人信赖裁判结果的作用。

　　① 艾伦，等. 证据法：文本、问题和案例：第三版. 张保生，等译. 北京：高等教育出版社，2006：721.

总之，不论各国的诉讼制度赋予"专家"何种诉讼地位，其在诉讼活动中的重要性不言而喻。因此，基于"专家"在诉讼活动中所能发挥的价值及其提供意见的内容，笔者认为，专家证人①意见又可以称为专家证言或者专家证据，是指某领域具有专家资格的人在接受当事人委托或法院指定的情况下，基于案件材料并凭借专业知识或经验针对案件中涉及的专业性、技术性问题所提供的含有推测性、评论性、总结性的意见性证言。

(二) 专家证人意见的特点

作为与普通证人意见相对应的范畴，通过前述内容可知，专家证人意见具有如下特点：

1. 专家证人意见的提供主体具有特殊性

纵观世界各国的诉讼制度，专家证人意见之所以区别于普通证人意见，其原因之一在于提供意见的主体具有特殊性，即专家证人意见的提供者以具备专家资格为基础。例如，根据《法国刑事诉讼法》规定，"出于技术上的原因，预审法官有时也不得不请特定的人进行某些验证活动，向这些人提出具体问题并要求就他们可以给予帮助的某些疑点查明真实情况"②。而此处"特定的人"即为"专家"。再例如，根据日本《刑事诉讼法》第165条规定，"法院可以请有学识经验的人员进行鉴定"③。因此，在日本的诉讼活动中，鉴定人也应当以具备一定的学识、经验作为从事鉴定活动的基础。

那么，何谓"专家"？按照《元照英美法词典》的解释，所谓"专家"(expert)，是指"通过教育或经验等而获得在某一领域普通人所不具有的专门知识或技能的人"④。从该定义可知，"专家"应同时符合两个基本条件：一是某人通过教育或经验等在某一领域获得专门知识或技能，这是成为专家的基础条件；二是这些专门知识或技能不为普通人所掌握，在诉讼

---

① 此处的"专家证人"应做广义上的理解，即不仅局限于英美法系证据学理论中的专家证人，还包括大陆法系诉讼制度中的鉴定人。换言之，此处的专家证人是指具有专家资格的人的总称。

② 布洛克.法国刑事诉讼法.罗结珍，译.北京：中国政法大学出版社，2009：428.

③ 何家弘，张卫平主编.外国证据法选译.北京：人民法院出版社，2000：1372.

④ 薛波主编.元照英美法词典（缩印版）.北京：北京大学出版社，2013：515.

活动中即表现为审理案件的裁判者在对此类问题进行认定时出现了认识上的"不能"。由于"专家"在各国诉讼制度中的表现形式不同，因而在实行鉴定制度的大陆法系国家，作为专家的鉴定人的资格在诉前就已经得到确认，即只有经过严格的考核程序，在满足一定资格条件并且经审查后被列入鉴定人名册中的人员才能够从事鉴定活动。而此名册一定程度上也是判断某人是否可以以"专家"资格参与诉讼活动的基础。例如，根据法国《刑事诉讼法》第157条规定，"专家应从最高法院办公厅制作的全国专家名册中所列的自然人和法人中选取，或者从各上诉法院与总检察长商定提出的名册中选取"①。因此，凡是未被列入全国（法国）专家名册中的人，一般不得以专家的身份就案件中涉及的专门性、技术性问题提出意见。此外，我国也实行鉴定人登记制度，并且2005年全国人大常委会通过的《关于司法鉴定管理问题的决定》对鉴定人的资质还以列举的形式提出了明确的要求。而与此相对，在英美法系诉讼制度中，专家的概念则更为广泛，即只要经过教育或凭借经验在某一领域中具备普通人所不具有的专业知识或技能，就可以作为专家就案件中涉及的与其所掌握的专门知识相关的问题发表意见。例如，《美国联邦证据规则》第702条规定："如果科学、技术或其他专业知识，将辅助事实裁判者理解证据或裁断有争议的事实，因其知识、技能、经验、培训或教育而具备专家资格的证人，可以意见或其他形式对此作证。"② 由此可知，只要某人掌握的专业知识有助于事实裁判者理解证据或裁断争议事实，则其就具备了专家资格，可以针对该事实提出专家证人意见。

总之，专家证人意见的提出必须以具备专家资格为基础。

2. 专家证人意见的提出以案件材料为基础

在刑事诉讼活动中，证人提供证言应当以存在感知基础为前提条件。笔者认为，这里的"感知基础"可以划分为两种情况：一是直接感知，即证人应当以亲历案件事实的感知为基础提供证言；二是间接感知，即证人未亲眼目睹案件事实的发生，但是通过查阅、分析案件材料形成对案件事

---

① 何家弘，张卫平主编. 外国证据法选译. 北京：人民法院出版社，2000：390.

② 艾伦，等. 证据法：文本、问题和案例：第三版. 张保生，等译. 北京：高等教育出版社，2006：723.

实的间接感知，并以此为基础提供证言。一般而言，普通证人必须以直接感知为基础提供证言，否则其证言内容不具有可采性；而专家证人则可以凭借其专业知识弥补裁判者对某些案件事实认识上的"不能"，但由于其并未亲历这些涉案事实，因而专家证人在提供意见时必须以翔实的案件材料为基础，只有在经过全面分析案件材料并结合其所掌握的专业知识的基础上继而提出的专业性、技术性意见才具有可采性。例如，在美国，根据《联邦证据规则》第 702 条的规定，专家证言只有在符合一定条件时才具有可采性，即："（1）证言基于充足的事实或数据……并且（3）证人将这些原理和方法可靠地适用于案件的事实。"① 由此可知，充足的案件材料是专家证人提供意见的必备条件之一。再例如，我国 2016 年 5 月 1 日施行的《司法鉴定程序通则》第 14 条第 2 款规定："对于鉴定材料不完整、不充分，不能满足鉴定需要的，司法鉴定机构可以要求委托人补充；经补充后能够满足鉴定需要的，应当受理。"同时，该《通则》第 24 条第 1 款规定："司法鉴定人有权了解进行鉴定所需要的案件材料，可以查阅、复制相关资料，必要时可以询问诉讼当事人、证人。"总之，在诉讼活动中，专家证人所提供的意见必须以相关的案件材料为基础。

3. 专家证人仅可就事实问题提出意见

一般而言，普通证人在作证时必须遵循两个要求：一是必须以感知的案件事实为基础提供证言；二是应当客观地描述其所感知的案件事实，不能发表推测性、评论性、总结性的证言。例如，以"姜秀敏故意杀人案"为例："证人孟某甲证言：我怀疑是儿媳妇姜秀敏把人杀了，她有精神病。"② 在该份证言中，证人孟某甲并未亲眼目睹姜秀敏杀人的事实，其推测姜秀敏存在杀人行为的事实明显属于推测性、猜测性意见，应当予以排除。因此，尽管其被称为普通证人意见，但这里的"意见"指的是证人对其所感知事实的客观描述。

相比较之下，如果普通证人意见的作用在于弥补裁判者对案件事实发生过程的不可知性，而专家证人意见的功用则表现在帮助或者增强裁判者

---

① 艾伦，等. 证据法：文本、问题和案例：第三版. 张保生，等译. 北京：高等教育出版社，2006：723.

② 山东省德州市中级人民法院（2014）德中刑一初字第 4 号刑事判决书.

对案件中所涉专业性问题的理解或认识。正如约翰·W. 斯特龙教授所言："一个普通目击者有资格出庭作证因为他拥有关于现场或者交易的第一手信息。专家证人出庭则基于不同的原因，这就是知识或者技能的力量，即专家证人能够从事实中推导出结论，而陪审团则做不到这一点或者得出的结论不是很可靠。"① 因此，专家证人意见的提出不受意见证据规则的限制，即专家证人可以基于专业知识对案件中涉及的事实问题提出推测性、评论性、总结性的意见，并且此意见具有可采性。例如，澳大利亚联邦《1995 年证据法》第 79 条规定："如果某人基于其训练、学习或者经验而具有专门知识，则意见规则并不适用于关于该某人完全或者主要基于该知识所表达的意见证据。"② 当然，这种意见的提出也并非不受任何限制，如法国《刑事诉讼法》第 158 条规定："鉴定人的目的只是查明技术方面的问题，其具体任务应由进行鉴定的决定加以明确。"③ 由此可知，在法国的诉讼活动中，尽管鉴定人可以就案件中涉及的专门性问题提出意见，但是此鉴定意见应当仅局限于事实问题而不能触及法律问题。此外，英美法系国家的诉讼制度也对此提出了明确的要求，并且英国专家学会于2006 年制定的《专家证人指南》（the Expert Witness Directory）还以列举的方式对可以聘请专家证人的具体事项进行了说明。

4. 专家证人意见具有较强的主观性

正如前文所述，从作证内容来看，专家证人作证的最大特点体现在可以基于专业知识对涉案事实提出专业性、技术性的意见，而此意见的提出往往容易受到专家证人主观因素的影响，具体表现为：第一，该意见受到专家证人所掌握的专业知识、实践经验等因素的影响，这也是司法实务中容易造成同一涉案事实出现多份不同鉴定意见的主要原因。第二，该意见容易受到委托人意志的左右而出现偏向性。在英美法系国家，尽管各国均规定专家证人应当客观公正地向法庭发表意见，但是在聘请程序上，专家证人一般由当事人自行委托并支付报酬，可以说，专家证人参与诉讼活动

---

① 斯特龙主编. 麦考密克论证据：第五版. 汤维建，等译. 北京：中国政法大学出版社，2004：31.

② 王进喜，译. 澳大利亚联邦证据法（中英对照）. 北京：中国法制出版社，2013：115.

③ 何家弘，张卫平主编. 外国证据法选译. 北京：人民法院出版社，2000：390.

的目的在于维护委托人的利益，在此前提下很难要求其本着中立、不偏不倚的态度提供意见。此外，在我国诉讼制度中，司法鉴定报告最初被称为"鉴定结论"，但是随着 2005 年全国人大常委会通过的《关于司法鉴定管理问题的决定》以及 2012 年新修订的《刑事诉讼法》（以下简称新《刑诉法》）将其修改称为"鉴定意见"，鉴定报告便失去了"证据之王"的地位。之所以在概念上进行修改，究其原因在于鉴定报告具有较强的主观性，只有经过严格审查之后才能将其作为定案根据。

5. 专家证人具有可替代性

一般而言，普通证人应当以其亲身感知的案件事实作证，因此，普通证人在诉讼活动中往往具有不可替代性。相反，专家证人参与刑事诉讼活动并非以其亲身感知案件事实的发生过程为基础，其之所以能够提供专家意见，原因在于其所掌握的专门知识、技能或者经验有助于案件的审理。但是，该专业知识不具有人身依附上的唯一性，即任何人都可以经过教育、学习或者经验积累而掌握该知识，并且凭借该专业知识参与诉讼活动。由此可见，专家证人具有可替代性。

（三）我国专家证人的种类

纵观世界各国，专家证人在不同诉讼制度中的表现形式有所差异。在英美法系国家，作为证人的一种表现形式，专家证人一般以证人的身份参与诉讼活动。而在大陆法系国家，由于实行鉴定制度，因而专家在诉讼活动中具有与证人不同的主体身份，即专家可以凭借鉴定人的身份就案件涉及的专门性、技术性等事实问题发表意见。相比较而言，从我国立法以及司法实践情况来看，虽然没有专家证人的概念，但是"专家"在诉讼活动中一直发挥着重要的作用。我国 1979 年《刑事诉讼法》第 88 条规定："为了查明案情，需要解决案件中某些专门性问题的时候，应当指派、聘请有专门知识的人进行鉴定。"此外，1996 年《刑事诉讼法》对此也规定了相同内容。由此可见，专家在我国司法活动中主要是以鉴定人的身份参与诉讼活动。新《刑诉法》于第 192 条第 2 款规定："公诉人、当事人和辩护人、诉讼代理人可以申请法庭通知有专门知识的人出庭，就鉴定人作出的鉴定意见提出意见。"该规定标志着我国刑事诉讼专家辅助人制度的确立。至此，专家证人在我国司法制度中主要存在两种表现形式：一是鉴

定人,二是专家辅助人。因此,结合我国实际情况,下文主要针对鉴定意见和专家辅助人意见的审查判断问题展开研究。

二、鉴定意见的审查判断

作为专家证人意见的一种表现形式,鉴定意见在司法实践中运用非常广泛。据统计,2015 年 1 月至 11 月期间,我国共完成各类司法鉴定业务193 万余件[1];2016 年全国完成各类司法鉴定业务 213 万余件。[2] 由此可见,鉴定意见在诉讼活动中发挥着重要作用,一定程度上有助于裁判活动的顺利进行。但是,通过前述内容可知,鉴定意见具有较强的主观性,同时其意见内容也容易受到鉴定人实践经验的影响,一旦运用不当则极易造成冤案、错案的严重后果。例如,在石东玉案中,经检验,法医发现从石东玉家里提取到的血衣上含有 O 型血和 A 型血,而被害人关传生的血型为 A 型,由此便得出石东玉是杀人凶手的结论,最终造成冤案的发生。此外,在滕兴善案、李久明案等案件中也存在因鉴定意见错误而造成冤案的情况。可以说,"科学证据提升了司法证明的科学性,可以使执法司法人员更加准确地认定案件事实,从而降低错判发生的概率。但是,科学证据并不都是科学可靠的,也会出现误差"[3]。因此,应当注重对鉴定意见的审查判断。

(一) 鉴定意见审查判断要点

在证据学理论中,证据的审查判断包含两层含义:"一是审查证据能力,确认其是否可以进入诉讼的'大门';二是审查证明效力,确认其是否可以作为定案的根据。"[4] 任何证据只有在同时具备证据能力和证明力的情况下,才能成为定案根据。鉴定意见作为解决案件中所涉及的专门性

---

① http://www.moj.gov.cn/Judicial _ identification/content/2016 - ~ 03/21/content _ 6533067.htm? node=74593. [2017 - 02 - 13].

② http://www.moj.gov.cn/index/content/2017 - 03/01/content _ 7033525.htm? node = 7343. [2017 - 03 - 02].

③ 何家弘. 亡者归来:刑事司法十大误区. 北京:北京大学出版社,2014:67.

④ 何家弘. 短缺证据与模糊事实. 北京:法律出版社,2012:225.

和科学性问题的法定证据，在刑事程序法的立法过程中一直备受立法者的重视。

作为我国第一部刑事程序法，1979年《刑事诉讼法》第31条明确将"鉴定结论"规定为我国六种法定证据种类之一，从而在法律上确立了鉴定结论的证据地位。不仅如此，在该部法律中，还设立专节对鉴定程序的启动条件、鉴定报告的署名等问题进行了规定。例如，根据第89条规定，"鉴定人进行鉴定后，应当写出鉴定结论，并签名"。这些规定对于规范鉴定报告的制作起到了重要作用。此外，该法针对庭审过程中鉴定人员的回避与出庭、鉴定报告的举证、质证、补充鉴定以及重新鉴定等问题也作出了相应规定，为鉴定报告能够成为定案根据提供依据。例如，该法第115条规定："当事人和辩护人可以申请审判长对证人、鉴定人发问，或者请求审判长许可直接发问。"由此可知，在当事人和辩护人对鉴定报告存在质疑时，可以通过审判人员或经允许后直接向鉴定人询问，以确保鉴定报告的证据效力。

尽管1979年《刑事诉讼法》有关鉴定问题的规定具有积极意义，为解决鉴定问题提供了法律依据，但是从内容来看，这些规定本身仍存在一些不足之处：一是将鉴定报告表述为"鉴定结论"，人为地赋予了鉴定报告"证据之王"的地位，无形之中为审查判断活动设置了障碍；二是规定并未触及鉴定报告的实质内容，致使审查判断活动流于形式；三是规定缺乏对鉴定报告有效的质证程序，致使庭审效果大打折扣；四是规定没有针对鉴定活动设置相应的惩罚性条款，无法对鉴定活动产生有力的制约。随着刑事司法活动的不断深入，这些问题也逐渐暴露出来，全国人大在1996年修订《刑事诉讼法》时对此也进行了相应完善。例如，修订后的《刑事诉讼法》第120条第2款规定："对人身伤害的医学鉴定有争议需要重新鉴定或者对精神病的医学鉴定，由省级人民政府指定的医院进行。鉴定人进行鉴定后，应当写出鉴定结论，并且由鉴定人签名，医院加盖公章。"可以说，该内容弥补了人身伤害医学鉴定在司法实践中欠缺法律依据的不足。此外，该法第120条还增加了鉴定人故意作虚假鉴定时应当承担法律责任的规定，加强了对鉴定活动的约束。但是，总体来看，"鉴定结论"证据之王的现状仍未改变，1996年《刑事诉讼法》也未从本质上

解决鉴定报告的审查判断问题。直至 2005 年全国人大常委会通过的《关于司法鉴定管理问题的决定》首次将"鉴定结论"的表述改成"鉴定意见",这种局面才有所扭转。根据现代汉语词典的解释,"结论"是指"对人或事物所下的最后的论断"①。言外之意,除特殊情况外,鉴定结论具有终局性、结果性。而"意见"则是指"对事情的一定的看法或想法"②。换言之,鉴定意见只是鉴定人凭借其所掌握的专业知识、个人经验和科学技术设备,针对案件中涉及的专门性、技术性问题提出的个人见解,并不具有终局性,需要经过审查判断才能成为定案根据。由此可见,"结论"到"意见"的转化,意味着鉴定报告不再是司法裁判者盲目崇信的对象。

2010 年两高三部又通过了《关于办理死刑案件审查判断证据若干问题的规定》(以下简称《死刑证据规定》),可以说该《死刑证据规定》对于鉴定意见的审查判断而言具有划时代的意义。一是《死刑证据规定》首次对审查判断鉴定意见的证据能力、证明力作出了明确规定。例如,根据《死刑证据规定》第 23 条之规定,"对鉴定意见应当着重审查以下内容:(一)鉴定人是否存在应当回避而未回避的情形。(二)鉴定机构和鉴定人是否具有合法的资质……(八)鉴定意见与案件待证事实有无关联……"二是《死刑证据规定》明确了鉴定意见的排除规则。例如,根据《死刑证据规定》第 24 条之规定,"鉴定意见具有下列情形之一的,不能作为定案的根据:(一)鉴定机构不具备法定的资格和条件,或者鉴定事项超出本鉴定机构项目范围或者鉴定能力的;(二)鉴定人不具备法定的资格和条件、鉴定人不具有相关专业技术或者职称、鉴定人违反回避规定的……(六)送检材料、样本来源不明或者确实被污染且不具备鉴定条件的……"因此,当鉴定意见符合排除标准时,应当予以排除而不能作为定案根据。此外,新《刑诉法》对鉴定意见的规定也进行了改革和完善:首先,新《刑诉法》将"鉴定结论"的表述修改为"鉴定意见",首次从法律的高度对鉴定报告的证据属性重新进行了定性;其次,新《刑诉法》取消了由省级人民政府指定的医院进行医学鉴定的规定,实现了鉴

---

① 现代汉语词典.6 版.北京:商务印书馆,2012:663.
② 现代汉语词典.6 版.北京:商务印书馆,2012:1545.

定管理权的统一；最后，新《刑诉法》在《死刑证据规定》的基础上进一步完善了鉴定意见审查判断的相关内容，同时对鉴定人出庭问题也作出了明确规定。例如，新《刑诉法》第 187 条第 3 款规定："公诉人、当事人或者辩护人、诉讼代理人对鉴定意见有异议，人民法院认为鉴定人有必要出庭的，鉴定人应当出庭作证。经人民法院通知，鉴定人拒不出庭作证的，鉴定意见不得作为定案的根据。"由此可知，当鉴定人在收到法院的出庭通知而拒绝出庭时，其鉴定意见将会失去证据效力被排除在定案证据之外。

综上，通过对前述几部法律规定的分析可知，在刑事诉讼活动中，对鉴定意见可以从证据能力和证明力两个方面进行综合审查：

1. 证据能力审查

所谓证据能力，又称为证据资格或者证据的可采性，是指"某个东西或材料能否满足诉讼等法律活动对证据的基本要求，是否具备成为证据的能力，是否具备担任证据的资格"[①]。换言之，证据能力考察的是证据材料能否进入诉讼大门的问题，如果将证据的审查判断活动划分为两个阶段的话，则证据能力的审查为第一阶段，只有顺利通过第一阶段，证据材料才能进入第二阶段接受证明力的审查。就鉴定意见的证据能力审查而言，主要包含以下几个因素：

（1）鉴定主体资质

一般而言，主体资质是相关主体从事特定活动所应具备的条件、身份、能力等基础条件，如果欠缺资质条件，则主体也就失去了实施特定活动的能力。例如，医生要想从事医疗活动，必须具备医师执业资格；律师要想开展法律业务，则首先要通过国家司法考试取得资格证书，同时还要顺利通过实习律师的执业考核，才能以律师的身份进行执业。由此可见，具备一定资质对于主体从事特定活动而言至关重要。在刑事诉讼活动中，广义上的鉴定主体一般包含两种情况：一是鉴定机构，二是鉴定人。因此，鉴定机构和鉴定人在从事司法鉴定活动时应当以具备相应资质为基础，而对其进行资质审查则成为认定鉴定意见能否具备证据能力的首要问

---

① 何家弘．短缺证据与模糊事实．北京：法律出版社，2012：232.

题。例如，2012 年修订的《人民检察院刑事诉讼规则（试行）》第 250 条第 1 款规定："鉴定人进行鉴定后，应当出具鉴定意见、检验报告，同时附上鉴定机构和鉴定人的资质证明，并且签名或者盖章。"再如，2012 年通过的最高人民法院《关于适用〈中国华人民共和国刑事诉讼法〉的解释》（以下简称《刑诉法解释》）第 84 条第 1 款规定："对鉴定意见应当着重审查以下内容：（一）鉴定机构和鉴定人是否具有法定资质……"从规定内容来看，立法者将鉴定机构和鉴定人的资质审查放在鉴定意见审查条款的首部，可见鉴定主体资质审查的基础性和重要性。

具体而言，根据有关法律规定，鉴定主体在从事司法鉴定活动时应当符合的基本资质条件包括：首先，鉴定机构从事司法鉴定业务，应当有明确的业务范围；有在业务范围内进行司法鉴定所必需的仪器、设备；有在业务范围内进行司法鉴定所必需的依法通过计量认证或者实验室认可的检测实验室；此外，每项司法鉴定业务应当有 3 名以上鉴定人。其次，鉴定人从事司法鉴定活动，应当具有与所申请从事的司法鉴定业务相关的高级专业技术职称；具有与所申请从事的司法鉴定业务相关的专业执业资格或者高等院校相关专业本科以上学历并从事相关工作 5 年以上；或者具有与所申请从事的司法鉴定业务相关工作 10 年以上经历，具有较强的专业技能。此外，因故意犯罪或者职务过失犯罪受过刑事处罚的，受过开除公职处分的，以及被撤销鉴定人登记的人员，不得从事司法鉴定业务。总之，鉴定主体在从事司法鉴定业务时必须具备相应的资质条件，如果鉴定机构不具备鉴定资质或者鉴定事项超出其业务范围，或者鉴定人不具备相应鉴定资质，该份鉴定意见将会失去证据效力而直接被排除在法定证据之外，无须再进行其他方面的审查。

（2）鉴定方法的科学性

在刑事诉讼中，鉴定意见是鉴定人运用科学技术或专门知识对案件涉及的专门性问题进行鉴别和判断之后所出具的意见性证据，具有较强的主观性。为了规范司法鉴定活动，保证鉴定意见的科学性和可靠性，司法鉴定人员在进行鉴定活动时应当遵循严格的鉴定程序，并采用科学的技术标准、技术规范和技术方法。在英美法系国家，尽管法庭对专家证人资格没有太多严苛的要求，即某人只要掌握了法官和陪审团所不具有的专门知识

或者技能，便可以作为专家证人出席法庭并发表专家意见，但是为了保证该专家意见具有可采性，裁判者仍需对出具专家意见所采用的理论或技术方法进行审查。一般而言，裁判者考察的因素主要包括：（1）是否一项"理论或技术……能被（且已被）检验"；（2）它是否"已经历了同行审议并发表"；（3）就一项特定的技术来说，是否"已知或可能存在的错误率"很高，以及是否有"对该技术操作进行控制的标准"；（4）该理论或技术是否在"相关学术界"内具有"普遍接受性"①。由此可见，理论或技术方法的科学性、普遍接受性等因素直接影响着专家证人意见的可采性。而从我国的实际情况来看，我国法律规定对鉴定人员所使用的技术标准、技术规范等也提出了明确的要求。例如，2015 年通过的《司法鉴定程序通则》第 4 条规定："司法鉴定机构和司法鉴定人进行司法鉴定活动，应当遵守法律、法规、规章，遵守职业道德和执业纪律，尊重科学，遵守技术操作规范。"第 22 条第 2 款规定："司法鉴定机构和司法鉴定人在鉴定过程中应当严格依照技术规范保管和使用鉴定材料……"第 23 条规定："司法鉴定人进行鉴定，应当依下列顺序遵守和采用该专业领域的技术标准、技术规范和技术方法：（一）国家标准；（二）行业标准和技术规范；（三）该专业领域多数专家认可的技术方法。"又如，《刑诉法解释》第 84 条对司法鉴定活动的程序和方法应符合相关专业规范明确提出了审查要求。此外，司法部作为鉴定活动的管理机关，也颁布了一系列司法鉴定技术规范，如《电子数据司法鉴定通用实施规范》《电子邮件鉴定实施规范》《法医临床影像学检验实施规范》《建设工程司法鉴定程序规范》等。这些规定的出台，一方面为鉴定机构和鉴定人从事司法鉴定活动提供了准则，另一方面也为鉴定意见的审查判断活动提供了考察标准和依据。

总之，在司法鉴定活动中，鉴定意见只有建立在科学、可靠的理论、技术方法以及技术标准等条件的基础之上，才能符合证据能力的要求而进入诉讼的"大门"。

---

① 艾伦，等. 证据法：文本、问题和案例：第三版. 张保生，等译. 北京：高等教育出版社，2006：746.

（3）鉴定意见书制作

作为鉴定意见的表现形式，鉴定意见书是鉴定人基于鉴定活动所形成的并呈现于当事人和法庭的意见性文本。为了保障鉴定意见书的规范性，我国法律对其形式要件明确提出了一些审查要求，主要涉及鉴定意见书的文本格式、鉴定人签名或鉴定机构盖章、鉴定意见书的补正等内容。例如，根据《刑诉法解释》第84条之规定，对鉴定意见应当审查形式要件是否完备，是否注明提起鉴定的事由、鉴定委托人、鉴定机构、鉴定要求、鉴定过程、鉴定方法、鉴定日期等相关内容，是否由鉴定机构加盖司法鉴定专用章并由鉴定人签名、盖章。又如，新《刑诉法》第145条第1款规定："鉴定人进行鉴定后，应当写出鉴定意见，并且签名。"再如，2015年通过的《司法鉴定程序通则》第19条规定："司法鉴定机构对同一鉴定事项，应当指定或者选择二名司法鉴定人进行鉴定；对复杂、疑难或者特殊鉴定事项，可以指定或者选择多名司法鉴定人进行鉴定。"第36条规定："司法鉴定机构和司法鉴定人应当按照统一规定的文本格式制作司法鉴定意见书。"总之，鉴定意见书的制作必须在形式上符合法定的要求，否则将会失去证据能力而被排除。

2. 证明力审查

所谓证明力，是指"证据对案件中待证事实的证明效果和力量，换言之，证据对待证事实的证明是否有效，证据是否能够达到法定标准地证明待证事实"①。在刑事诉讼活动中，证据材料经过证据能力审查并不意味着其可以直接成为定案根据，还必须接受证明力的审查。一般而言，鉴定意见的证明力审查主要包括以下几个因素：

（1）鉴定意见的真实性

在刑事司法鉴定活动中，鉴定人并未亲历案件的发生过程，其之所以能够提出鉴定意见，除了因为其掌握着某项专业知识或技能外，还因为其是以委托人提供真实、充分的鉴定材料为基础。如果委托人提供的鉴定材料在真实性上存在问题，则鉴定意见的可靠性也将受到影响。此外，就鉴定意见而言，如果意见内容存在虚假性或失真性问题，则也极易造成冤错

---

① 何家弘. 短缺证据与模糊事实. 北京：法律出版社，2012：232.

案件的发生。例如，在钱某某徇私枉法案①中，作为法医，钱某某在收受贿赂后故意提供虚假伤情鉴定，将被鉴定人的伤情由"轻微伤"鉴定成为"轻伤"，致使行为人杨某被处以刑事处罚的严重后果。因此，为了保障鉴定意见的真实性，我国法律规范对鉴定意见的真实性提出了明确的审查要求。例如，2015 年通过的《司法鉴定程序通则》第 14 条规定："司法鉴定机构应当对委托鉴定事项、鉴定材料等进行审查。……对于鉴定材料不完整、不充分，不能满足鉴定需要的，司法鉴定机构可以要求委托人补充；经补充后能够满足鉴定需要的，应当受理。"此外，《通则》第 15 条又进一步规定，司法鉴定机构如果发现鉴定材料不真实、不完整、不充分或者取得方式不合法的，则不得受理。又如，《刑诉法解释》第 84 条、第 85 条规定，对于鉴定意见应当审查检材的来源、取得、保管、送检是否符合法律、有关规定，与相关提取笔录、扣押物品清单等记载的内容是否相符，检材是否充足、可靠，如果送检材料、样本来源不明，或者因污染不具备鉴定条件的，则不得作为定案的根据。由此可见，鉴定意见必须在经过真实性审查之后，才能作为定案根据。

（2）鉴定意见的关联性

在证据学理论中，关联性又称相关性，是指证据必须与待证事实之间存在一定的联系，否则不能作为证据使用。因此，鉴定意见必须与需要证明的案件事实之间具有关联性，这也是鉴定意见证明力审查所要考量的重要因素。关于鉴定意见的关联性审查，我国法律规定也提出了明确要求。例如，根据《刑诉法解释》第 84 条、第 85 条之规定，对鉴定意见进行审查时应着重审查"鉴定意见与案件待证事实有无关联"，如果鉴定意见与案件待证事实之间不存在关联性，则该鉴定意见不得作为定案的根据。

此外，关于鉴定意见的证明力审查，除了真实性、关联性以外，我国法律还规定了一系列审查措施。例如，根据《刑诉法解释》第 84 条的规定，对鉴定意见应当审查是否与勘验、检查笔录及相关照片等其他证据存在矛盾。又如，在鉴定意见的证明力存在不足或者缺陷时，可以采取补充鉴定或者重新鉴定的方式进行必要的补充。

① http://news.hf365.com/system/2012/10/19/012682100.shtml. ［2017－04－15］.

（二）鉴定意见审查判断现状及存在问题

作为一种科学证据，鉴定意见不仅涉及法医类鉴定、物证类鉴定，还涉及声像资料鉴定以及其他经国家司法行政主管部门依法批准登记的鉴定事项，可以说，鉴定意见在刑事诉讼活动中的运用非常广泛。也正是基于此，为了规范鉴定意见以使其在刑事诉讼活动中发挥应有的作用，我国法律规范对鉴定意见的审查判断规则进行了详细规定。但是，从司法实践的情况来看，鉴定意见的审查判断仍然存在着一些问题。

1. 辩护方在鉴定活动中的参与度不高

在刑事司法鉴定活动中，辩护方能够充分地参与鉴定活动对于鉴定意见的审查判断具有重要的作用。但是根据一份针对北京、上海、青岛和呼和浩特等四个城市开展的实证调研的数据结果显示，辩护方在鉴定活动中的参与空间非常有限。例如，在该份调研报告中，调研组查阅了四个城市各地中级人民法院总计 305 份案卷，其中，有 209 起案件是由侦查机关在侦查阶段依职权启动，其比例占阅卷总数的 98.03%；有 6 起案件在审判阶段启动，其中，有 3 起案件是由法官在庭审阶段依职权启动，有 3 起案件是由当事人申请重新鉴定并经法官同意后启动。[①] 由此可见，在司法实践中，司法鉴定程序的启动权主要是由依法享有职权的侦查机关和法院等办案机关行使，而与鉴定意见密切相关的辩护方却无直接启动鉴定程序的权利，只能依法提出补充鉴定或者重新鉴定的申请。当然，这种依靠职权启动司法鉴定程序的模式，一方面有利于侦查机关通过鉴定程序查明案件事实并且及时固定证据；另一方面也有利于法官对庭审过程的掌控，避免辩护方利用启动司法鉴定程序而达到恶意拖延诉讼的目的。但是，这种依靠职权启动司法鉴定程序的模式也存在一些弊端。

第一，侦查机关鉴定部门资源有限，在大量鉴定业务工作需要完成的情况下，难以保证鉴定意见的高质量。在刑事诉讼活动中，大部分鉴定业务是由侦查机关启动并由其鉴定部门负责实施，这就容易产生两种矛盾：一是侦查机关鉴定部门有限的鉴定资源与需要完成的大量的鉴定业务之间的矛盾。为了完成鉴定工作，很难保证鉴定人员高质量地完成每项鉴定工

---

① 汪建成. 中国刑事司法鉴定制度实证调研报告. 中外法学，2010（2）：5.

作，无形之中给鉴定意见的审查判断工作增加了难度。此外，在侦查机关主导的情况下，也很难保证鉴定程序的公开性和透明性。二是侦查机关鉴定业务量之多与社会鉴定机构刑事案件鉴定业务量贫乏之间的矛盾。相比于侦查机关的鉴定部门，社会鉴定机构涉及的刑事案件鉴定业务量很少，由此造成鉴定业务资源的不合理配置。

第二，辩护方欠缺选择鉴定机构的参与权，容易产生对鉴定程序及鉴定意见的不信任。首先，在司法实践中，"由于鉴定启动权的分配不平衡，司法鉴定多由公安司法机关启动，辩方对这种公权机关委托鉴定得出的鉴定意见不可避免地持有异议，但又没有能力对鉴定意见展开有效质证"①。其次，大多数法官选择鉴定机构时往往倾向于选择级别较高或者熟悉的鉴定机构，此时，辩护方不仅无法参与鉴定机构的选择程序，也无法对鉴定机构的选择程序实施有力的监督。在这种情况下，辩护方很容易基于对鉴定程序的不信任而申请补充鉴定或者重新鉴定，无疑会对鉴定意见的审查判断活动造成一定影响。

2. 鉴定人出庭率不高影响审查判断效果

作为鉴定意见的最终提供主体，鉴定人能够出庭接受质询对于鉴定意见的审查判断至关重要。尽管新《刑诉法》第187条第3款对鉴定人出庭问题作出了明确规定，即："公诉人、当事人或者辩护人、诉讼代理人对鉴定意见有异议，人民法院认为鉴定人有必要出庭的，鉴定人应当出庭作证"；但是在司法实践中，鉴定人出庭率普遍偏低仍是老大难问题，严重地阻碍了鉴定意见审查判断活动的顺利进行。之所以存在鉴定人出庭困难的状况，究其原因主要有以下几个方面。

第一，鉴定人对于出庭接受质询的行为存在排斥心理。根据新《刑诉法》第189条规定，经审判长许可，公诉人、当事人和辩护人、诉讼代理人可以对鉴定人发问。同时，审判人员也可以在审理过程中询问鉴定人。由此可见，鉴定人出席法庭接受质询便意味着需要接受来自法官、公诉人、辩护人、当事人以及诉讼代理人的质询，面对着各方的种种质询，鉴

---

① 卞建林，郭志媛. 解读新《刑事诉讼法》推进司法鉴定制度建设. 中国司法，2012（3）：13.

定人必然承受着巨大的心理压力。此外，与证人不愿意出庭作证一样，鉴定人担心出庭接受质询的行为会降低自己的社会评价而饱受他人指责，毕竟法庭是审理被告人的地方。因此，对于出庭而言，鉴定人往往存在排斥心理。

第二，出于保护自己及其近亲属人身安全的考虑。众所周知，鉴定意见是鉴定人基于专业知识或技能对案件中涉及的专门性问题提供的专业意见，其作用在于弥补法官在某些专门知识方面的"不能"，可以说，鉴定意见在形成法官心证的过程中发挥着重要的作用。为了保障鉴定工作的顺利进行，以及为鉴定人出庭接受质询提供安全保障，我国法律对鉴定人及其近亲属的人身安全作出了详细规定。例如，新《刑诉法》第 62 条规定："对于危害国家安全犯罪、恐怖活动犯罪、黑社会性质的组织犯罪、毒品犯罪等案件，证人、鉴定人、被害人因在诉讼中作证，本人或者其近亲属的人身安全面临危险的，人民法院、人民检察院和公安机关应当采取以下一项或者多项保护措施：（一）不公开真实姓名、住址和工作单位等个人信息；（二）采取不暴露外貌、真实声音等出庭作证措施……"尽管法律规定较为全面，但是在司法实践中，鉴定意见所指向的不利方往往将败诉结果归责于鉴定人，仍然对鉴定人及其近亲属实施打击报复、恐吓等行为，致使鉴定人不敢出庭接受质询。此外，与仲裁程序之选任仲裁机构及其仲裁员的"当事人共同选择"模式不同，在鉴定机构及其鉴定人的选任程序上，目前我国采取的是"单方委托鉴定"的模式，鉴定程序的启动完全由委托方单方面主导，因此，委托方是否支持鉴定人出庭在一定程度上也会成为影响鉴定人出庭与否的重要因素。

3. 法官对鉴定意见多侧重于形式审查

如前文所述，一直以来，鉴定报告在我国的法律规定中被表述为"鉴定结论"，尽管 2005 年全国人大常委会通过的《关于司法鉴定管理问题的决定》将"鉴定结论"修改为"鉴定意见"，但是从实践情况来看，鉴定报告之"证据之王"的地位并未有实质上的改变，直至新《刑诉法》将相应表述修改为"鉴定意见"，鉴定意见才进入审查判断的视角。之所以鉴定意见的审查判断问题逐渐受到重视，与近几年不断曝光的冤错案件不无关系。可以说，如果鉴定意见运用不当，极有可能成为造成冤错案件的

"推手"。根据何家弘教授的一份调研数据显示，在"容易导致刑事错案成因"的调查问卷中，选择鉴定意见的被调查者占到了被调查对象总数的15.8%。① 由此可见，鉴定意见在刑事诉讼活动中的重要性不言而喻。尽管法律条文中的文字表述由"结论"修改成了"意见"，但是要想转变法官的既定思维模式仍然面临着一些挑战，鉴定意见的审查判断一定程度上仍流于形式。

4. 鉴定意见书在形式上存在瑕疵

一般而言，在刑事司法鉴定活动中，鉴定过程往往具有不透明性，即除了鉴定人以外，其他人并未参与鉴定过程，只能通过鉴定意见书的内容了解鉴定过程、鉴定方法、采用的技术标准以及鉴定设备等情况。因此，正如前文所述，鉴定意见书作为鉴定人提供的用以记载鉴定过程并阐明鉴定意见的书面文件，法律对其制作内容及形式提出了明确要求，以便为审查判断活动提供依据。在司法实践中，尽管鉴定意见书在阐述鉴定人的意见方面比较规范，能够基于鉴定活动得出鉴定意见，并且很少涉及对法律问题的判断，但是，大多数鉴定意见书对于鉴定过程、具体鉴定方法以及鉴定设备等情况的表述过于简单，有些甚至是没有进行说明。例如，根据汪建成教授的一份调研报告显示："上海市调阅的案卷中附卷的鉴定结论基本符合内容清楚、规范的标准，但大部分的鉴定结论都没有对鉴定的过程、使用的仪器等鉴定事项给予说明。青岛市附卷的鉴定结论与上海地区鉴定结论的规范性水平基本相同，值得一提的是其 DNA 鉴定的鉴定报告内容大致涵盖了鉴定原理、使用仪器、试剂数量、鉴定程序、引用数据等专业内容，属于各鉴定种类中最为规范的鉴定结论范式。呼和浩特市调阅的鉴定结论基本能够保持内容清楚，鉴定结论制作比较简单，大部分没有鉴定过程等内容的记载。"② 由此可见，鉴定意见书欠缺鉴定过程等相关事项的记载已是普遍现象，在现有的以"书面审查"为主的诉讼制度下，这种现状一定程度上阻碍了鉴定意见审查判断活动的有效进行。

（三）鉴定意见审查判断的改革建议

正如前文所述，鉴定意见在认定案件事实的过程中发挥着重要作

---

① 何家弘. 亡者归来：刑事司法十大误区. 北京：北京大学出版社，2014：13.
② 汪建成. 中国刑事司法鉴定制度实证调研报告. 中外法学，2010（2）：298 - 299.

用，但是鉴定人参与度不高、鉴定人出庭率偏低、鉴定意见书欠缺完善等情况的存在导致鉴定意见的审查判断活动往往流于形式。因此，为了进一步提高鉴定意见审查判断的效果，笔者认为可以从以下几个方面加以改进。

1. 提高鉴定人出庭率

首先，加强对鉴定人的教育培训，使其转变排斥心理，积极出庭接受质询。根据汪建成教授的一份调研报告显示，在鉴定人群体中，有65％的鉴定人明确表示不愿意出庭。① 因此，为了改变这种现状，司法行政管理机关可以加强对鉴定人的教育培训：一方面，提高鉴定人员的业务水平，从而保证鉴定意见能够经得住来自各方面的质询和审查；另一方面，消解鉴定人员的心理顾虑，使其转变认识，积极主动地出庭接受质询。

其次，加强对鉴定人本人及其近亲属人身安全的保护力度。一般而言，鉴定人之所以出庭率偏低，人身安全也是其考虑的重要因素，往往担心会因为自己的出庭行为而遭受打击报复。因此，为了加强对鉴定人本人及其近亲属的保护，我国法律规定了一系列的保护措施，包括不公开个人信息、不暴露外貌、发布禁止令以及对人身和住宅采取专门性保护措施等。但是，从现有保护性措施所适用的对象来看，这些措施主要针对四类犯罪案件中所涉鉴定人及其近亲属，即危害国家安全犯罪、恐怖活动犯罪、黑社会性质的组织犯罪以及毒品犯罪。诚然，这几类犯罪的社会危害性及人身危险性较之一般的犯罪而言确实更为严重，鉴定人及其近亲属遭受打击报复的可能性也更大，但是在司法实践中，这几类犯罪的案件数量在整个刑事案件总数中占比较低，而对于占据多数的其他类型的刑事案件中从事鉴定活动的鉴定人及其近亲属所采取的人身保护措施明显不足。因此，笔者认为可以将法律规定中的保护措施适用于所有案件，以便为鉴定人从事鉴定活动以及出庭接受质询提供保障。

最后，转变现有出庭模式，降低门槛，为鉴定人出庭接受质询提供基础。在刑事诉讼活动中，目前我国鉴定人出庭采用的是"申请＋允许"的

---

① 汪建成. 中国刑事司法鉴定制度实证调研报告. 中外法学，2010（2）：292.

模式，即公诉人、当事人或者辩护人、诉讼代理人提出鉴定人出庭的申请，并且法院在认为鉴定人有必要出庭的情况下，才能强制鉴定人出庭。可以说，鉴定人出庭与否的最终决定权完全由法院掌握。而从司法实践的情况来看，即使相关主体基于对鉴定意见存在异议提出通知鉴定人出庭的申请，也容易遭到法院的拒绝。之所以法官对鉴定人出庭存在排斥心理，其原因主要表现在："（1）对鉴定意见很难进行专业性质证；（2）一旦出庭鉴定人的表述与鉴定意见不一致，很难处理；（3）重新鉴定所要承担的责任要小于鉴定人出庭后法官自己作出裁判。"[①] 此外，还有出于对"人少案多"现状的考虑，担心鉴定人出庭会拖延诉讼时间、影响诉讼效率。在此情况下，法官享有的通知鉴定人出庭接受质询的"批准权"就演变成了"拒绝权"，致使鉴定意见的审查判断活动往往流于书面审查，在无法保证鉴定人出庭的情况下很难实现有效的质证。因此，笔者认为，关于申请鉴定人出庭的问题，在经依法审查核实之后，除非鉴定人存在正当理由无法出庭且鉴定意见记载详细，或者鉴定人确实没有必要出庭，否则法院应当依法通知鉴定人出席法庭接受质询，如果鉴定人在接到通知后拒绝出庭，则该份鉴定意见不得作为定案的根据。

2. 扩大辩护方在鉴定活动中的参与权

在刑事司法鉴定活动中，作为与鉴定意见利益相关的辩护方，能够参与鉴定程序是维护犯罪嫌疑人、被告人合法权益的重要保障。但是正如前文所述，实践中辩护方能够参与鉴定程序的权利和空间极为有限，不论是鉴定程序的启动权，还是鉴定机构及其鉴定人的选择权等都受到限制。此外，即便是行使权利向法院提出补充鉴定或者重新鉴定的申请，也很难获得准许。由此可见，辩护方在司法鉴定活动中往往处于弱势地位，这在一定程度上影响了其在鉴定意见审查判断活动中所能发挥的作用。相较于我国，在国外的刑事立法以及司法实践中，辩护方在司法鉴定活动中的参与权更为广泛，不仅可以享有鉴定人的选择权，还可以享有鉴定时的在场权。例如，奥地利《民事诉讼法》第 351 条第 1 款规定："证据调查需要鉴定人时，判决法院就鉴定人的人选询问后当事人应尽快选任一名或数名

鉴定人。此时，除了有特别的情况需要不同处理外，为了进行必要的种类鉴定，应特别考虑公选的鉴定人。"① 再如，日本《刑事诉讼法》第170条之规定："检察官和辩护人可以在鉴定时在场。"② 有鉴于此，笔者认为应当赋予辩护方更多地参与鉴定程序的权利，以提高鉴定活动的透明度，实现"阳光下的鉴定"，具体建议如下。

首先，在法庭审理阶段，应当赋予辩护方选择鉴定结构及其鉴定人的权利。在刑事诉讼活动中，如果在法庭审理阶段需要对涉案事实委托鉴定，则应当由控辩双方共同在司法行政管理部门的鉴定人名册中选择鉴定机构及鉴定人，也可以共同委托法院进行指定。通过这种方式，不仅可以促使鉴定机构及鉴定人的选任程序透明化，形成有力的外部监督；而且可以提高辩护方对鉴定主体的信任度，从而有助于鉴定意见审查判断活动的顺利进行。

其次，在侦查机关办理阶段，应当赋予辩护方委托具有专门知识的人监督鉴定活动的权利。正如上文所述，刑事诉讼活动中大多数鉴定程序都是由侦查机关在办案过程中依职权启动并由其内设鉴定部门负责实施鉴定工作，鉴定人员往往面临着"人少案多"的工作压力，在此情况下，很难保证高效率地完成鉴定任务，也很难保证鉴定意见的质量，致使鉴定意见审查判断活动困难重重。因此，笔者认为可以借鉴国外的做法，允许辩护方委托具有专门知识的人参与侦查机关鉴定部门实施的鉴定活动，从而对鉴定活动起到监督的作用。当然，此处参与鉴定活动的专家并不具备鉴定人的身份，不能参与具体的鉴定活动，也不能对鉴定工作人员的鉴定活动进行干预，其作用重在监督。如果专家发现鉴定人员在鉴定程序中存在违法或者不当之处，则可以向犯罪嫌疑人及其律师说明情况，或者经委托人同意后直接向检察院或者法院提出建议。之所以委托专家参与鉴定活动，一是可以对侦查机关鉴定部门的鉴定活动进行监督，保证鉴定程序的规范性；二是通过参与鉴定活动，专家能够对鉴定过程、采用的鉴定方法、鉴定设备等情况有所了解，有助于其在法庭上与鉴定人展开质证。

　① 何家弘，张卫平．外国证据法选译．北京：人民法院出版社，2000：520.
　② 何家弘，张卫平．外国证据法选译．北京：人民法院出版社，2000：1373.

3. 规范鉴定意见书的制作内容

作为审查判断鉴定意见的主要依据，鉴定意见书的内容直接决定着审查判断的效果。但是正如前文所述，尽管《刑诉法解释》等相关规定对鉴定意见书的审查内容提出了明确的要求，但司法实践中鉴定意见书的内容仍欠缺完善。并且在此情况下，除非鉴定意见本身存在明显问题，否则一般被作为定案根据的比例很高。例如，根据有学者的调研结果显示，在查阅的"246件涉及鉴定的刑事案件中，仅有8件鉴定意见未被采纳，即96.7%的鉴定意见被采纳"[①]。由此可见，如果鉴定意见书所记载的事项不完整，辩护方根本无法对鉴定意见展开有效的质证，法官也无法进行实质性审查，致使鉴定意见的审查判断活动表现为对鉴定意见书的形式审查。因此，为了发挥鉴定意见审查判断活动的实质作用，笔者认为，应当对鉴定意见书的制作内容提出明确要求。即鉴定意见书的内容不仅要满足《刑诉法解释》第84条、《人民检察院刑事诉讼规则（试行）》第250条以及《公安机关办理行政案件程序规定》第80条第1款等相关规定，包括提起鉴定的事由、检材和对比样本等相关材料、鉴定委托人、鉴定机构、鉴定要求、鉴定过程、鉴定方法、鉴定仪器设备使用情况说明、结论性鉴定意见、鉴定日期、鉴定机构和鉴定人的资质证明等相关内容；而且根据2015年通过的《司法鉴定程序通则》第27条之规定，"司法鉴定人应当对鉴定过程进行实时记录并签名。记录可以采取笔记、录音、录像、拍照等方式。记录应当载明主要的鉴定方法和过程，检查、检验、检测结果，以及仪器设备使用情况等。记录的内容应当真实、客观、准确、完整、清晰，记录的文本资料、音像资料等应当存入鉴定档案"。因此，鉴定人在提交鉴定意见时，也应当同时提交该份关于鉴定过程的实时记录以供审查判断。如果鉴定意见书欠缺前述这些内容，且鉴定人又未能出庭接受质询，则该份鉴定意见不得作为定案的根据。

三、专家辅助人意见的审查判断

在刑事诉讼活动中，由于鉴定意见具有较强的专业性、技术性、科学

---

① 胡铭. 鉴定人出庭与专家辅助人角色定位之实证研究. 法学研究，2014（4）：197.

性等特点，除了鉴定人以外，其他人很难对鉴定意见展开实质性审查，缺乏专业知识便成为阻碍鉴定意见审查判断的瓶颈。也正是基于此，尽管我国已经出台了一系列关于鉴定意见的审查判断规则，但是从司法实践的情况来看，因鉴定意见审查不力而造成冤错案件的现象仍然存在。例如，在滕兴善案中，鉴定人员通过对（从滕兴善家中提取到的）斧头上附着的毛发进行 DNA 鉴定后得出与被害人的血型相同的鉴定结果，便以此认定该斧头就是作案工具的鉴定意见，以致造成滕兴善蒙冤入狱的严重后果。可以说，正是对鉴定意见缺乏有效的审查判断，致使一些冤错案件发生。因此，为了进一步加强对鉴定意见审查判断的力度，以使鉴定意见走下"证据之王"的"神坛"，新《刑诉法》首次在刑事诉讼活动中确立了专家辅助人制度。

新《刑诉法》第 192 条第 2 款规定："公诉人、当事人和辩护人、诉讼代理人可以申请法庭通知有专门知识的人出庭，就鉴定人作出的鉴定意见提出意见。"从该法律规定的内容可知，我国的专家辅助人制度具有一些特点：首先，申请专家辅助人出庭的主体包括公诉人、当事人和辩护人、诉讼代理人。其次，专家辅助人出庭采取的是"申请＋同意＋通知"的模式，这就意味着专家辅助人能否出庭的最终决定权取决于法庭。如果申请人不能提供充分的理由，或者虽然说明了理由，但法庭认为没有必要通知专家辅助人出庭，则此时申请专家辅助人出庭的请求将会遭到拒绝。正如有学者所言："从操作层面上讲，当事人能否获得专家辅助人的帮助往往具有不确定性。因为当事人申请专家辅助人需要获得法院的批准，而法院对当事人的申请应否批准并没有客观的标准，这样就使得法院的决定具有很大的随意性。"[1] 再次，专家辅助人出庭的作用在于针对鉴定意见提出专门性意见。换言之，在刑事诉讼活动中，如果案件不涉及鉴定问题，专家辅助人就失去了存在的意义。当然，关于专家辅助人出庭是否必须以鉴定人出庭为基础，笔者认为，从现有规定来看，并不需要以鉴定人出庭作为申请专家辅助人出庭的前提。即，只要案件中涉及鉴定意见，即

---

[1]　邵劭. 论专家证人制度的构建——以专家证人制度与鉴定制度的交叉共存为视角. 法商研究，2011 (4)：91.

使鉴定人未出庭接受质询，相关主体也可以申请法庭通知专家辅助人出庭针对该份鉴定意见提出意见。

可以说，专家辅助人制度的确立，在鉴定意见审查判断的诉讼活动中发挥着重要作用，特别是在控诉方和辩护方地位不平等的情况下，专家辅助人出庭针对鉴定意见发表意见有助于辩护方实现辩护效果。正如有学者的调研结果显示："从律师希望获得专家协助的原因分析，超过半数的律师表示获得专家的协助能够加强对合议庭的说服力，有超过三分之一的律师表示能够有效反驳对方的指控，这两个主要原因都说明律师将获得鉴定专家的协助视为是加强辩护力量，与公诉方进行对抗的有力手段。"[①] 不过，作为一种科学性意见，如何对专家辅助人意见本身进行有效的审查判断也是不容忽视的问题。

（一）专家辅助人意见审查判断要点

随着新《刑诉法》对专家辅助人制度的确立，其他刑事法律规范对此也进行了相应规定。例如，《刑诉法解释》第 217 条第 1 款规定："公诉人、当事人及其辩护人、诉讼代理人申请法庭通知有专门知识的人出庭，就鉴定意见提出意见的，应当说明理由。法庭认为有必要的，应当通知有专门知识的人出庭。"又如，《人民检察院刑事诉讼规则（试行）》第 440 条第 4 款规定："必要时公诉人可以申请法庭通知有专门知识的人出庭，就鉴定人作出的鉴定意见提出意见。"可以说，专家辅助人制度在刑事诉讼活动中已经得到了全面的认可。作为与鉴定意见抗衡的一种专业性意见，专家辅助人意见具有较强的主观性、专门性、技术性和经验性等特点。因此，针对专家辅助人意见自身所具有的诸多特点，同时结合我国法律规范以及司法实践经验，笔者认为，应当着重从以下几方面对专家辅助人意见进行审查判断。

1. 专家辅助人资质

根据《现代汉语词典》的解释，资质是指"从事某种工作或活动所具备的条件、资格、能力等"[②]。可以说，资质是从事特定工作或活动所应

---

① 汪建成．中国刑事司法鉴定制度实证调研报告．中外法学，2010（2）：313.
② 现代汉语词典．6 版．北京：商务印书馆，2012：1721.

具备的最基本的条件。在刑事诉讼活动中，专家辅助人的作用在于通过对鉴定意见发表意见，以实现驳斥或者削弱鉴定意见的可采性。因此，专家辅助人必须具备相应的专门知识、技能或者经验才能以专家的身份出庭发表意见。而与鉴定人相比，我国法律对专家辅助人资质的规定比较宽泛，或者说并未对专家辅助人的资质提出明确的要求，只是规定了需要具备"专门知识"。因此，在理论上，任何具备专门知识的人，都可以接受委托作为专家辅助人出席法庭针对鉴定意见提出意见，而无须事先经过有关部门注册登记或者审核。①

　　但是，由于专家辅助人肩负着"特殊使命"，并且考虑到其所提供意见内容的专业性，"如果对有专门知识的人没有任何资格限制，法庭在面对控辩双方申请专家辅助人出庭参与诉讼时就会难以决定，一些'伪专家'就有可能进入诉讼，对鉴定意见的审查判断不但没有实质性帮助甚至还有可能带来负面影响"②。此外，专家辅助人之所以需要接受必要性资质审查，其原因还表现在：首先，某人具有鉴定意见中所涉及的专门知识，只能表明其熟知、了解或者在该专业知识领域具有专业性、权威性，但是刑事诉讼活动不同于科学研究，具有专门知识的人只有将其意见无障碍地在诉讼活动中进行表达③，才能在鉴定意见的审查判断活动中发挥作用，从而实现专家辅助人意见的真正价值。其次，进行必要性资质审查，可以将不具备专家辅助人资质的人拒绝在刑事诉讼活动的大门之外，一定程度上可以避免申请人利用专家辅助人的出庭行为恶意拖延诉讼活动，浪费司法资源。最后，进行必要性资质审查还可以对需要回避的专家辅助人起到监督作用，以保障其能够客观地发表专家意见。

---

　　① 当然，有学者认为，既然专家辅助人的作用在于与鉴定意见进行对抗，那么，只有经过职权部门的考核并取得执业资格之后，才能以专家辅助人的身份参与诉讼活动。例如，有学者认为："有资格接受委托成为刑事诉讼专家辅助人的人员必须经过法定的职权部门依照法律法规规定考试合格后取得相应的职业资格证（执业许可证）。"卢建军．刑事诉讼专家辅助人制度的构建．中国司法鉴定，2011（6）；13.

　　② 常林，李苏林．刑事诉讼专家辅助人制度关键问题探讨．中国司法鉴定，2013（4）；9.

　　③ 此处专家辅助人的"表达"形式，既可以表现为语言表达，即专家辅助人直接在法庭上对鉴定意见发表意见；也可以是书面表达，即专家辅助人将其意见以书面文字的形式提交给法庭。

2. 专家辅助人意见的关联性

从法律规定的内容来看，专家辅助人出庭的作用体现在"就鉴定人作出的鉴定意见提出意见"。换言之，专家辅助人接受委托出席法庭的主要目的在于帮助委托人与鉴定人进行对质，或者针对鉴定意见发表意见，以此实现否定或者降低鉴定意见可采性的效果。因此，鉴定意见是专家辅助人参与诉讼活动的基础，而专家辅助人所发表的意见也必须围绕鉴定意见的内容展开。例如，专家辅助人可以就鉴定材料的可靠性、鉴定设备的可用性、结论性鉴定意见的准确性，以及鉴定意见采用的技术原理、鉴定方法的科学性等内容发表意见。正如有学者所言："一个专家是否被允许提供意见证据，关键要看其证言的有效性及该专家擅长的技能与所要证明的案件事实之间是否具有相关性。"[1]

总之，专家辅助人提出的专业性意见必须与鉴定意见存在关联，否则将会因失去效力而被排除。

3. 专家辅助人意见的客观性

正如前文所述，专家辅助人之所以能够接受委托参与刑事诉讼活动，究其原因在于其掌握着可以对鉴定意见进行评论的科学原理、技术方法以及经验等专门知识，而这些知识在转化为专家辅助人意见的过程中往往容易受到主观因素的影响。根据法律规定，公诉人、当事人和辩护人、诉讼代理人可以根据需要申请法庭通知具有专门知识的人出庭对鉴定意见进行分析、评论。可以说，与鉴定人参与刑事诉讼活动的程序相比，申请主体在选择专家辅助人的过程中具有更多的自主权，其可以向任何有利于己方、值得信任的具有专门知识的人支付费用，聘请其作为专家辅助人出庭帮助自己针对鉴定意见发表意见。也正是基于此，有学者称："专家辅助人不仅有自己发表意见的机会，还有替当事人、律师发表意见的机会，事实上成为鉴定意见质证这一特殊环节中的'律师'。"[2] 因此，考虑到专家辅助人的中立性问题可能会影响到其意见内容的客观性，自专家辅助人制度被确立以来，其中立性问题一直备受关注，并形成了两种意见相反的学说。

① 季美君. 专家证据的价值与我国鉴定制度的修改. 法学研究，2013 (2)：154.
② 胡铭. 鉴定人出庭与专家辅助人角色定位之实证研究. 法学研究，2014 (4)：203.

　　第一种是支持中立说。支持该学说的学者认为，专家辅助人作为提供科学性、专门性意见的主体，应当在保持中立性的基础上客观地发表意见，不能因为受聘于某一方而在发表意见时对其表现出倾向性。例如，有学者认为："当事人聘请的专家辅助人可能存在偏向性，使得他们在其专业知识允许的范围内尽可能地为己方的当事人说话，从主观上加大了专家辅助人意见和鉴定意见的分歧。"因此，"要强化专家辅助人的中立性，通过行业的内部制约和法律的外部规范来限制其自发的偏向性，从主观上缩小专家辅助人意见与鉴定意见形成分歧的可能性"①。又如，有学者认为，专家辅助人"专业知识的可靠性要求和对法庭的帮助性要求决定了中立性应当是法庭上具有专门知识的人所出具的专业意见的本质属性。因此，法律必须明确专家辅助人应当具有中立性，应当对法庭负责，对其专业知识负责，而不能成为当事人利益的代言人"②。

　　第二种是反对中立说。支持该观点的学者认为，尽管专家辅助人应当本着科学的态度客观地发表意见，但是其参与诉讼活动的目的在于针对不利于委托人的鉴定意见发表意见。因此，专家辅助人所发表的意见应当有利于维护委托人的合法权益，而不能对其有所损害。例如，有学者认为："无论是面对鉴定意见或其他专家意见，还是直接面对案件中的专门性问题，专家辅助人均应本着对其当事人负责的态度，利用自己的专门知识，根据事实材料和背景信息去审查相关的鉴定意见或其他专家意见是否客观可靠，是否需要从专门知识的视角进一步寻求解决方法和应对策略。一般来说，专家辅助人不应当提出不利于其当事人的意见，否则，将严重影响诉讼的正常推进。"③ 再如，有学者认为："'专家辅助人'是为受聘方服务，既不同于鉴定人，也不同于证人，其法律地位与辩护人或诉讼代理人近似，不要求其必须处于绝对中立地位。"④ 又如，有学者认为："虽然专家的意见可能带有偏向性，但并非所有带有偏向性的东西都不能作为证

---

① 常林，李苏林. 刑事诉讼专家辅助人制度关键问题探讨. 中国司法鉴定，2013（4）：11.
② 罗芳芳. 从"科学的代言人"到"当事人的枪手"——专家证人历史沿革与我国现实考察. 证据科学，2013（4）：508.
③ 李学军，朱梦妮. 专家辅助人制度研析. 法学家，2015（1）：155.
④ 邹明理. 专家辅助人出庭协助质证实务探讨. 中国司法鉴定，2014（1）：8.

据，如最带有偏向性的当事人陈述就可以成为证据。"① 可见，该学者也认为专家辅助人意见可以具有偏向性。

笔者认为，由于专家辅助人意见具有专业性、主观性以及经验性等特点，因而有必要对其进行客观性审查。但是，专家辅助人在坚持客观性的基础上，可以针对鉴定意见提出有利于其委托人的专门性意见，换言之，专家辅助人意见可以同时兼容客观性与偏向性。具体而言：一方面，对于专门性意见本身而言，专家辅助人应当以科学原理、技术方法等为基础，本着实事求是、遵循科学的原则客观地发表意见，而不能故意编造或者违背科学原理、技术方法提供意见；另一方面，专家辅助人接受委托参与诉讼活动的主要目的在于针对鉴定意见发表意见，从而否定或者降低鉴定意见的证据效力，持有偏向性立场能够增强对抗性，为审查鉴定意见是否存在问题创造条件。澳大利亚司法管理委员会的一项调查结果显示："澳大利亚27％的法官认为专家证人在作证时经常带有偏向性，67％的法官认为专家证人作证时偶尔带有偏向性。"② 由此可见，专家辅助人在发表意见时具有偏向性并不违背其制度价值。因此，在刑事诉讼活动中，专家辅助人应当与律师一样遵循一定的职业道德③，在法庭上可以有选择性、针对性地发表意见。即，在坚持科学原理、技术方法等客观性的基础上，对于有利于委托人的意见应当积极发表；而对于有损于委托人利益的内容，可以选择性不说，不能发表有损于或者反对委托人的意见。

4. 专家辅助人意见采用的技术原理的可靠性

一般而言，专家辅助人在法庭上针对鉴定意见发表意见时，必须以科学的技术原理、技术方法或者经验为基础。在法庭审理过程中，除了需要对专家辅助人的资质以及其所提供意见的关联性、客观性进行审查以外，还应当审查其意见所依靠的技术原理的可靠性，只有建立在科学、可靠的技术原

---

① 邵劭. 论专家证人制度的构建——以专家证人制度与鉴定制度的交叉共存为视角. 法商研究，2011（4）：92.

② 姜丽娜，罗大华，应柳华. 英美专家证人制度评析及对我国的启示. 西部法学评论，2008（3）：139.

③ 新《刑诉法》第46条规定："辩护律师对在执业活动中知悉的委托人的有关情况和信息，有权予以保密。但是，辩护律师在执业活动中知悉委托人或者其他人，准备或者正在实施危害国家安全、公共安全以及严重危害他人人身安全的犯罪的，应当及时告知司法机关。"

理、技术方法或者经验的基础之上，专家辅助人意见才能被法庭采纳。正如有学者所言："对专家辅助人意见的审查判断，应着重审视、分析专家辅助人意见是否有科学可靠的原理作为支撑，是否为合理论证和技术理性的产物，以及专家辅助人是否将相关原理和方法恰当地适用于个案。"①

从国外的情况来看，英美法系国家尽管对专家证人资质的规定比较宽泛，但是，作为提供意见的依据，法律规范对专家证人提供意见所倚靠的技术原理、技术方法、前提假设等内容提出了明确的要求。例如，《美国联邦证据规则》第 702 条之规定："……（2）证言是可靠的原理或方法的产物，并且（3）证人将这些原理和方法可靠地适用于案件的事实。"② 因此，在美国的司法实践中，"如果法官确信专家的意见是基于特殊的事实，而采信该事实显然是不合理的，那么专家的意见将不会被采纳。如果专家证人对待决案件中具体事实的评价发表意见，必须是那些对事实的假设建立在一个适当的基础上"③。由此可见，可靠的技术原理、技术方法、前提假设等内容对于专家意见的可采性而言具有很重要的作用，而这些内容也往往成为法庭上控辩双方争论的焦点。

总之，为了保证专家辅助人意见建立在科学、可靠的基础之上，有必要对其进行科学性、可靠性审查判断。

（二）专家辅助人意见审查判断现状及存在的问题

刑事诉讼专家辅助人制度的确立，"有助于发现鉴定中的差错与问题，确保其真实性和合法性；有助于帮助司法人员和诉讼参与人等澄清误解，正确理解与认识鉴定活动，更全面地认知鉴定意见，做好证据的认证活动"④。可以说，专家辅助人制度是我国诉讼模式由职权主义走向对抗制主义的产物，专家辅助人通过在法庭上与鉴定人进行对质，或者针对鉴定意见发表意见，能够更好地体现司法的公平与正义。

① 李学军，朱梦妮．专家辅助人制度研析．法学家，2015（1）：159.

② 艾伦，等．证据法：文本、问题和案例：第三版．张保生，等译．北京：高等教育出版社，2006：723.

③ 斯特龙主编．麦考密克论证据：第五版．汤维建，等译．北京：中国政法大学出版社，2004：34.

④ 陈光中，吕泽华．我国司法鉴定制度的新发展与新展望．中国司法鉴定，2012（2）：4.

当然，尽管新《刑诉法》确立了专家辅助人制度，但由于缺乏与之相配套的审查判断规则，司法实践中出现了不知如何用、不敢轻易用的情况。可以说，专家辅助人意见在实践中的运用情况并不理想。正如有学者的实证调研结果显示："新刑事诉讼法实施以来，专家辅助人虽然极受关注却也极为罕见，凤毛麟角式的个案显然不能实现法律预设的目的。专家辅助人的身份极为模糊，这很容易使司法实践无所适从。"① 其间存在的具体问题如下。

1. 专家辅助人资质欠缺实质性审查标准

正如前文所述，某人是否具备针对鉴定意见发表意见的"专门知识"直接决定着其出庭效果。因此，为了保证专家辅助人在法庭上能够对鉴定意见发表有针对性的专业意见，有必要对专家辅助人进行资质审查。但是，我国法律规范对专家辅助人资质审查的规定比较宽泛，或者说欠缺实质性审查标准。例如，根据《刑诉法解释》第 180 条之规定，对于提起公诉的案件，法院应当指定审判人员审查以下内容："（五）……是否申请法庭通知证人、鉴定人、有专门知识的人出庭，并列明有关人员的姓名、性别、年龄、职业、住址、联系方式……"此外，《人民检察院刑事诉讼规则（试行）》第 393 条关于起诉书的制作，对于涉及专家辅助人的，也规定了同样的内容。由此可见，对于专家辅助人的资质问题，法律只是对其姓名、性别、年龄、职业、住址、联系方式等基本情况提出了要求，而对于教育背景、业务水平、从业经历、工作经验等直接关系到其是否具备足以针对鉴定意见发表意见的"专门知识"水平的内容却存在空白。也许，正是由于欠缺对专家辅助人资质的实质性审查标准，实践中专家辅助人资质的审查往往流于形式，不同法院在审查内容上也存在着差异。例如，有些法院在开庭前会详细审查"专家辅助人的姓名、单位、从业经历、专业范围等内容"②，而有些法院则仅仅审查法条中所列明的基本事项，导致原本应当被排除的"伪专家"③ 得以进入法庭发表意见，从而影响了对鉴定意见的准确认定。

① 胡铭．鉴定人出庭与专家辅助人角色定位之实证研究．法学研究，2014（4）：205.

② 胡铭．鉴定人出庭与专家辅助人角色定位之实证研究．法学研究，2014（4）：202.

③ 此处的"伪专家"不是指该主体不具备专门知识，而是其所掌握的专门知识不足以针对鉴定意见发表意见，从而不符合以专家辅助人出庭针对鉴定意见发表意见的资质。

当然，从英美法系国家的实践情况来看，由于专业知识的范围非常广泛，可以说是没有界限、无穷无尽的，对专家的资质规定严格的审查判断标准不具有可操作性。因此，专家的资质问题往往是通过法庭上控辩双方的交叉询问进行审查。但是，我国目前主要采用的是职权主义诉讼模式，庭审活动往往由法官主导，控辩双方在法庭上无法通过交叉询问对出庭专家充分进行资质审查。因此，有必要对专家辅助人的资质规定相应的审查判断标准。

2. 专家辅助人采用的技术原理缺乏可靠性审查标准

作为专家辅助人发表意见的基础，技术原理的可靠性直接决定着专家辅助人意见的效力，如果其发表的意见所依据的技术原理经受不住科学性、可靠性的检验，则该意见将不会被法庭采纳。从我国的实践情况来看，刑事诉讼法及其相关司法解释对专家辅助人意见所依据的技术原理尚未规定明确的审查判断标准，造成司法实践中法官对此无所适从，往往选择回避或者在经过简单询问之后直接进入法庭审理程序。例如，有学者通过对个案的研究表明，在该案中，"涉及鉴定人出庭和专家辅助人参与的主要流程如下：（1）核实鉴定人、专家辅助人的身份；（2）询问鉴定人；（3）专家辅助人发表意见；（4）询问专家辅助人；（5）鉴定人询问专家辅助人并做补充说明；（6）法官询问鉴定人、专家辅助人；（7）鉴定人、专家辅助人最后陈述与修正意见；（8）双方再次对鉴定人和专家辅助人的陈述发表意见"①。从专家辅助人出庭参与该案件的整个诉讼活动流程来看，控辩双方没有对专家辅助人在发表意见时所采用的技术原理的可靠性进行辩论，法官也没有对此进行询问，而是在简单了解了专家辅助人的身份之后便开始进入案件的审理程序。此时，在无法保证专家辅助人所依据的技术原理的可靠性的前提下允许其对鉴定意见发表意见，不仅不利于对鉴定意见进行审查判断，而且有可能对其正常的认定活动产生干扰。

（三）专家辅助人意见审查判断的改良

在刑事诉讼活动中，专家辅助人"在法庭上的任务是专门就对方的鉴定意见挑毛病、提问题，用以指出对方鉴定意见在科学性方面的破绽和问题，或者就对方提出的专门性问题进行回答，以此加强庭审质证，使得鉴

---

① 胡铭. 鉴定人出庭与专家辅助人角色定位之实证研究. 法学研究，2014（4）：201.

定意见作为证据的一种，法官采信与否建立在公开、公正的庭审程序基础之上"①。可以说，专家辅助人意见在一定程度上决定了鉴定意见的可采性。但是，正如前文所述，如何对作为一种科学证据的专家辅助人意见进行审查判断仍存在一些亟待解决的问题。因此，为了进一步完善专家辅助人意见的审查判断活动，笔者认为，应当从以下几点进行改进。

1. 完善专家辅助人资质的审查判断标准

目前，我国关于专家辅助人资质的审查主要停留在核实专家辅助人的姓名、职业、住址等基本信息上，而在专家辅助人是否具备针对鉴定意见发表意见的能力或者水平方面则存在审查空白。即便是在英美法系国家，虽然"法律并没有明文规定专家证人应具备什么样的具体条件，但从其众多的判例中可以归纳出带有普遍性的有关专家证人资格的标准"②。因此，笔者认为，除了有必要核对专家辅助人的基本信息以外，还应当加强对其专业能力、专业水平等方面的审查。

首先，专家辅助人应当提交教育背景、学历等证明文件。从英美法系国家的司法实践情况来看，专家证人主要可以划分为两种情况：一是针对案件中涉及的超出裁判者知识范围的专业性事实发表意见，其作用在于帮助裁判者认定案件事实。因此，对于专家证人资质的审查标准也相对较低，即任何具有专门知识的人均可以作为专家证人出庭发表意见。例如，驾驶经验丰富的司机，即使没有很高的学历，也没有经过专业化训练，仍然可以对驾驶习惯、驾驶技巧等问题发表意见。二是针对对方提出的鉴定性证据发表意见，其作用在于否定其证据效力。在这种情况下，由于鉴定性证据的制作需要具备一定的条件，如鉴定人懂得鉴定技术、有鉴定设备等，因而只有经过专业化培训且经验丰富的人才能作为专家证人在法庭上对该份鉴定性证据进行分析、评论，也正是基于此，该类专家证人的资质标准相对较高。例如，在美国著名的辛普森案件中，辩护方为了削弱控方提交的不利于辛普森的（沾有被害人血迹的血手套和血衣的）鉴定意见的证明力，聘请了巴里·谢克（Barry Scheck）和彼得·诺伊费尔德（Peter

① 黄太云. 刑事诉讼法修改释义. 人民检察，2012（8）：18.
② 季美君. 专家证据的价值与我国鉴定制度的修改. 法学研究，2013（2）：153.

Neufeld)两位DNA专家作为专家证人出庭发表意见,并且取得了很好的效果。而相比于英美法系国家,我国的专家辅助人类似于前述第二种专家证人,如果没有经过专业培训,则其很难与鉴定意见形成有效的对质。因此,为了保证其具备发表专业性意见的能力,专家辅助人应当提供相应的教育背景、学历等证明文件作为审查其专业能力的参考。

其次,专家辅助人应当提交从业经历、工作经验等证明。众所周知,从业经历以及工作经验等情况能够在一定程度上反映出一个人的工作能力和业务水平。因此,作为"英美法系国家的专家证人,除了我们常说的工程师、科学家以外,具有多年从业经验的技工、机械师、泥瓦匠、木匠、电工,甚至是街上巡逻的警察或动物的训练师等都可以成为专家证人,在法庭上就某一特殊或专业问题提供专家证据"[①]。可以说,从业经验是某人是否具备专家资格的重要参考因素。有鉴于此,为了保障所聘请的专家辅助人具备针对鉴定意见发表意见的能力,专家辅助人应当提交经由其工作单位或所在机构出具的证明文件,以此保障专家辅助人的出庭质量。

最后,如果某人曾经担任过专家辅助人,则其应当提交曾经作为专家辅助人出庭发表意见的情况说明,包括作为专家辅助人出庭的次数、发表意见的内容以及其意见被采纳的情况等。一般而言,如果某人作为专家辅助人出庭的次数居多,并且其意见被采纳的频率很高,则可以证明该人在与鉴定意见对抗方面具有一定的效果,尽管最终其意见可能不被法庭采纳,但至少能够对鉴定意见的审查判断起到一定的效果。

当然,为了保障更多的专家辅助人可以参与刑事诉讼程序,对于其情况证明的要求不应过于严格,足以证明其专业能力或水平即可。

2. 提高鉴定人出庭率,通过专家辅助人与鉴定人的直接对质实现对专家辅助人意见的审查判断

一般而言,专家辅助人参与庭审活动的主要作用在于针对鉴定意见发表意见,从而进一步强化对鉴定意见的审查认定。但是,从我国现有的法律规定来看,鉴定意见的采纳并不以鉴定人的出庭为基础,换言之,即便是鉴定人不出庭,其提供的鉴定意见也有可能在经过审查之后被用作定案

---

① 季美君. 专家证据的价值与我国鉴定制度的修改. 法学研究,2013(2):153.

证据使用。在这种情况下，如果专家辅助人参与了法庭审理，则其只能单方面对鉴定意见阐述意见，此时，法官也很难对专家辅助人意见的专业性、科学性、可靠性等作出准确的判断。因此，笔者认为，在鉴定人出庭率低的情况下，专家辅助人在刑事诉讼活动中的预期效果也会大打折扣。反之，如果提高鉴定人的出庭率，通过专家辅助人与鉴定人进行直接对质：一方面，通过对质，可以实现对鉴定意见审查判断的效果；另一方面，通过鉴定人的解释和反驳，还可以起到审查鉴定意见的作用，避免"伪专家"干扰鉴定意见的认定活动。

3. 完善专家辅助人意见所依据的技术原理的可靠性审查标准

专家辅助人意见作为一种科学性、专门性意见，除非他人也掌握一定的专门知识，否则很难对其进行评价。也正是基于此，致使专家辅助人具有双面性，即：一方面，通过对鉴定意见提出质疑，从而有利于鉴定意见的审查判断；另一方面，由于专家辅助人意见具有较强的专业性，因而对于外行者来说又很容易被误导。

在英美法系国家，关于如何保障专家证言所依据的技术原理的可靠性问题，一般有两种途径：一是通过控辩双方在法庭上进行激烈的交叉询问，以甄别技术原理的可靠性。正如有学者所言："科学证据的性质或许增加了不可靠证据将在交叉盘问中暴露的可能性。专业证据的证明力在很大程度上可能取决于所称科学过程的合理性和方法论，这些内容都可能在盘问证人的过程中详尽探究。"[1] 二是作为专家证言所依据的技术原理必须具有"普遍接受性"，换言之，"专家证人推导结论所依赖的规则、方法是否在其所属的特定领域内获得普遍认可"[2]。相较而言，在我国职权主义诉讼模式下，由于缺乏交叉询问制度，控辩双方很难在法庭上针对专家辅助人采用的技术原理的可靠性展开激烈的辩论。同时，由于鉴定人在制作鉴定意见的过程中必须遵循一定的技术规范，而专家辅助人意见又是针对鉴定意见而提出的，因而笔者认为，专家辅助人在发表意见时所依据的技术原理应当以鉴定意见所采用的技术规范为基础。

---

① 艾伦，等. 证据法：文本、问题和案例：第三版. 张保生，等译. 北京：高等教育出版社，2006：726.

② 程翔. 英、美专家证人制度的新发展及其借鉴意义//张卫平主编，民事程序法研究. 第二辑. 厦门：厦门大学出版社，2006：269.

图书在版编目（CIP）数据

意见证据制度研究/李学军等著 . —北京：中国人民大学出版社，2018.8
ISBN 978-7-300-25131-8

Ⅰ . ①意… Ⅱ . ①李… Ⅲ . ①司法鉴定-证据-司法制度-研究 Ⅳ . ①D918.9

中国版本图书馆 CIP 数据核字（2017）第 272487 号

法学理念·实践·创新丛书

意见证据制度研究

李学军　朱梦妮　等　著

Yijian Zhengjü Zhidu Yanjiu

出版发行	中国人民大学出版社	
社　　址	北京中关村大街 31 号	**邮政编码**　100080
电　　话	010 - 62511242（总编室）	010 - 62511770（质管部）
	010 - 82501766（邮购部）	010 - 62514148（门市部）
	010 - 62515195（发行公司）	010 - 62515275（盗版举报）
网　　址	http://www.crup.com.cn	
	http://www.ttrnet.com（人大教研网）	
经　　销	新华书店	
印　　刷	天津中印联印务有限公司	
规　　格	170 mm×228 mm　16 开本	**版　　次**　2018 年 8 月第 1 版
印　　张	14.75 插页 1	**印　　次**　2018 年 8 月第 1 次印刷
字　　数	223 000	**定　　价**　48.00 元